幼儿园教师全员培训教材
实践取向的幼儿园教师专业发展丛书
丛书主编　刘明远

幼儿园新教师导读

You'eryuan Xinjiaoshi Daodu

主　编　叶　岚
编写者　李惠渝　王晓莉　陆　艳
　　　　王　芳　吴　昀　范玉茹
　　　　蔡　菡　秦　璞　刘　芸

高等教育出版社·北京
HIGHER EDUCATION PRESS　BEIJING

内容提要

本书内容包括：第一章"适应新角色"，介绍新教师入职后需要迅速转变和自我调整的方面及方法；第二章"胜任新工作"，介绍幼儿园在生活照料、班级管理、家长工作等日常工作的内容和要求，以及一些实用有效的方法和建议；第三章"做个主动的学习者"和第四章"做个观察记录者"，旨在让新教师了解"主动学习、观察反思"在教师专业成长过程中的重要作用，了解在工作中学习的主要途径和观察记录、反思札记的具体内容和方法；第五章"制订生涯规划"，介绍幼儿园教师专业素质的基本内涵和发现专业潜能的方法，以及制订职业生涯规划的内容。本书适于新入职的幼儿园教师使用。

图书在版编目（CIP）数据

幼儿园新教师导读/叶岚主编. —北京：高等教育出版社，2011.8（2013.12 重印）
ISBN 978-7-04-031985-9

Ⅰ.①幼… Ⅱ.①叶… Ⅲ.①幼教人员-师资培养-教材
Ⅳ.①G615

中国版本图书馆 CIP 数据核字（2011）第 093683 号

策划编辑	王文颖	责任编辑	王文颖	封面设计	于文燕	版式设计	范晓红
责任校对	殷 然	责任印制	尤 静				

出版发行	高等教育出版社	咨询电话	400-810-0598	
社　　址	北京市西城区德外大街4号	网　　址	http://www.hep.edu.cn	
邮政编码	100120		http://www.hep.com.cn	
印　　刷	北京市密东印刷有限公司	网上订购	http://www.landraco.com	
开　　本	787mm×960mm　1/16		http://www.landraco.com.cn	
印　　张	13.25	版　　次	2011年8月第1版	
字　　数	240千字	印　　次	2013年12月第3次印刷	
购书热线	010-58581118	定　　价	28.00元	

本书如有缺页、倒页、脱页等质量问题，请到所购图书销售部门联系调换。
版权所有　侵权必究
物　料　号　31985-00

致新教师

每一位新教师从踏上工作岗位起，就走上了自己的专业成长之路。可以说，入职初期是新教师职业生涯中非常特殊和重要的时期，对新教师未来的专业成长将会产生长久的影响。

如何走好职业生涯的第一步，是新教师面临的主要问题。工作伊始，新教师一般都充满了热情和期待，踌躇满志地要做一名好老师。然而，处在适应期的新教师们可能不久就会发现，现实与愿望之间存在着很大的差距，自己的努力没有换来想象中的顺利和成功。于是，迷茫、焦虑、困惑、失落接踵而来，生理、心理都开始产生疲劳之感，甚至会对自己能否做好一名教师产生疑惑……那么，如何才能让新教师更好地解决入职初期所遇到的问题和困难，保持良好的情绪和态度，走好职业生涯的第一步呢？本书力图给新教师提供实用有效的方法和建议。

在编写本书的过程中，编写者与多名工作1~3年的新教师进行了交流，也与许多经常培带新手的老教师进行了沟通，在获得的大量信息中筛选出新教师入职后面临的最主要的问题和困难，并结合幼儿园教育工作对新教师最基本的要求确定了编写内容。全书围绕着"新"字展开，通过"适应新角色"和"胜任新工作"这两章，让新教师了解入职后需要迅速转变和自我调整的方面及方法，了解幼儿园在生活照料、班级管理、家长工作等日常工作的内容、要求，以及一些实用有效的方法和建议；通过"做个主动的学习者"和"做个观察记录者"这两章，让新教师了解"主动学习、观察反思"在教师专业成长过程中的重要作用，以及在工作中学习的主要途径和观察记录、反思札记的具体内容和方法；"制订生涯规划"这一章介绍了幼儿教师专业素质的基本内涵和发现专业潜能的方法，以及制订职业生涯规划的内容，让新教师从起步开始就明确专业成长的要求和方向，有意识、有计划地规划自己的成长之路。

学高为师，身正为范。作为一名教师，除了要具备专业知识和专业能力，更重要的是要拥有高尚的师德，师者"德为先"。本书中师德的内容虽然没有编成独立的章节，但是"爱岗敬业、为人师表、关爱学生、教书育人、严谨治学、团结协作、尊重家长、终身学习"等关于师德的一些具体内容和要求都融进了各个章节，它会潜移默化地影响教师的思想和言行，新教师需要细细体会和感悟，因为教育是一件需要用心去做的事。

著名作家刘墉曾说过："你可以一辈子不登山，但你心中一定要有座山，它使你总有一个奋斗的方向，它使你任何一刻抬起头，都能看到自己的希望。"期待每一个新教师心中都有一座山，山上的每一个驿站就是专业发展的阶段目标；每到达一个驿站都能继续积蓄能量向下一个目标迈进。祝愿每一位新教师都能有一个良好的开端，实现自己专业生涯的理想目标！

编　者

2011 年 4 月

目录

第一章 适应新角色 ……………………………………………… 1

 第一节 转换角色 …………………………………………… 2
  一、了解幼儿园 ……………………………………………… 2
  二、养成好习惯 ……………………………………………… 5
  三、保持好情绪 ……………………………………………… 9

 第二节 亲近孩子 …………………………………………… 11
  一、和孩子一起聊天 ………………………………………… 11
  二、适时给予孩子帮助 ……………………………………… 12
  三、学一些孩子喜欢的游戏 ………………………………… 13

 第三节 接近家长 …………………………………………… 14
  一、熟悉家长的方法 ………………………………………… 15
  二、做好第一次家访 ………………………………………… 16

第二章 胜任新工作 ……………………………………………… 19

 第一节 重要的生活照料 …………………………………… 20
  一、入园和离园 ……………………………………………… 20
  二、进餐 ……………………………………………………… 22
  三、盥洗 ……………………………………………………… 27
  四、午睡 ……………………………………………………… 30
  五、散步 ……………………………………………………… 33
  六、安全 ……………………………………………………… 36

 第二节 有序的班级管理 …………………………………… 38
  一、班级环境的设置 ………………………………………… 39
  二、班级常规的建立 ………………………………………… 44
  三、制订工作计划 …………………………………………… 46

 第三节 有效的家长工作 …………………………………… 56

- 一、当前家长工作难做的原因 …………………………………… 56
- 二、取得家长的信任 …………………………………………… 58
- 三、家园交流的内容与途径 …………………………………… 60
- 四、做好家长工作的基本原则 ………………………………… 62
- 五、与家长沟通交流的策略与方法 …………………………… 63
- 第四节 让班级充满爱意 ………………………………………… 67
  - 一、掌握爱的能力和技巧 ……………………………………… 67
  - 二、应对幼儿的问题行为 ……………………………………… 74

第三章 做个主动的学习者 …………………………………… 85

- 第一节 用心学习身边榜样 ……………………………………… 86
  - 一、身边处处有榜样 …………………………………………… 86
  - 二、向榜样学习的途径与方法 ………………………………… 90
- 第二节 积极投身教研活动 ……………………………………… 94
  - 一、观摩活动 …………………………………………………… 94
  - 二、业务练兵活动 ……………………………………………… 96
  - 三、学习研讨活动 ……………………………………………… 98
  - 四、撰写教育案例、论文 ……………………………………… 100
- 第三节 让阅读成为你成长的阶梯 ……………………………… 101
  - 一、选择阅读内容 ……………………………………………… 101
  - 二、掌握阅读方法 ……………………………………………… 104

第四章 做个观察记录者 ……………………………………… 107

- 第一节 在实践中观察 …………………………………………… 108
  - 一、寻常时刻，细致观察 ……………………………………… 108
  - 二、问题情境，悉心观察 ……………………………………… 112
  - 三、认真做好观察记录 ………………………………………… 118
- 第二节 在反思中提升 …………………………………………… 122
  - 一、反思是教师成长的必要环节 ……………………………… 123
  - 二、让反思成为习惯 …………………………………………… 125
  - 三、反思的几种类型 …………………………………………… 125
  - 四、写好反思札记 ……………………………………………… 136

第五章 制订生涯规划 ………………………………………… 143

- 第一节 了解教师的专业素质 …………………………………… 144

一、专业理想 …………………………………………………… 144
　　二、专业态度 …………………………………………………… 144
　　三、专业知识 …………………………………………………… 145
　　四、专业能力 …………………………………………………… 146
　第二节　发现专业潜能 ……………………………………………… 159
　　一、从兴趣特长中发现自己的专业潜能 ……………………… 159
　　二、从工作的点点滴滴之处发现自己的专业潜能 …………… 160
　　三、从他人的反馈中发现自己的专业潜能 …………………… 161
　第三节　制订可行的职业生涯规划 ………………………………… 162
　　一、剖析自己的现状 …………………………………………… 162
　　二、树立明确的目标 …………………………………………… 163
　　三、设计可行的路径 …………………………………………… 164

附录1　幼儿园工作规程 ……………………………………………… 168

附录2　幼儿园教育指导纲要(试行) ……………………………… 178

附录3　儿童权利公约 ………………………………………………… 186

参考文献 ……………………………………………………………… 200

后记 …………………………………………………………………… 202

第一章

适应新角色

> 每一个步入职业生涯的新教师，首先面对的将是自己的角色身份发生了根本的变化——由被教育、受照顾的学生转变为"传道、授业、解惑"的教师，从只需埋头学习的学生转变为要时刻与幼儿、家长、同事互动的"多面手"，这就是社会赋予每个新教师的角色和使命。
>
> 新教师顺利走好职业生涯的第一步，就是要适应这个全新的角色，在适应的过程中也许期待夹杂着失落、欢笑伴随着泪水。但是，适应是一份勇气，更是一种智慧，正如这一章将要告诉新教师的：怎样在不断的自我调节中完成角色转换，怎样在真心的付出中亲近孩子、接近家长、走近同事。

第一节 转换角色

进入幼儿园，新教师首先将面对的是角色的转换——由学生转变为教师，开始自己的职业生涯。和所有初入职场的毕业生一样，新教师肯定会有紧张、忙乱、困惑等种种不适应的感觉，这些都是每个职场新人所必经的。新教师可以从了解工作环境、培养良好的习惯以及不断调整心理状态等方面入手，缩短自己的适应期，从而实现社会角色的顺利转换。

一、了解幼儿园

刚到一个新的单位，一切都是新鲜的。此时新教师要多观察、多倾听，以了解幼儿园的具体情况，其中包括感受和了解幼儿园的文化、有关制度，熟悉幼儿园工作环境中的人、事、物等。

（一）感受幼儿园文化

什么是幼儿园文化？"幼儿园文化是以幼儿园群体为主体，在长期的教育实践中经过自身努力、外部影响、历史积淀形成的并为其成员认同和遵循的价值观念体系、行为规范准则和物化环境风貌的一种整合和结晶。"[①] 它是幼儿园个性化的根本体现，是幼儿园生存、竞争和发展的灵魂，它具有凝聚力、激励力、约束力和导向力。作为一名新教师，感受与了解所在幼儿园的文化，可以帮助自己更快地适应和融入幼儿园，并将自身发展目标与幼儿园发展愿景相结合，在日常工作中更好地实现角色转换。

幼儿园文化一般可分为精神文化、物质文化、制度文化和行为文化四个方面，不同的幼儿园其呈现形式也会有所不同。新教师可以从以下几方面去感受所在幼儿园的文化：

（1）幼儿园的发展历程，比如何时建园、幼儿园沿革，新教师从中能感受到幼儿园的优良传统。

（2）幼儿园的办园理念，通常会凝练在一两句话中，但却是幼儿园的发展宗旨。只有了解了幼儿园的宗旨和发展目标，教师才能将个人和单位的发展愿景融为一体，在共同目标的激励下渡过新人的焦虑期，从而始终保持良好的工作热情。

（3）幼儿园的办学特色，这是一个幼儿园在长期发展的过程中，依据自

---

① www.tjdljy.net 东丽教育网《创建幼儿园多维文化　优化幼儿教育环境》。

身优势与不断实践形成的教育个性，比如：体育特色、艺术特色、游戏特色、0—6岁一体化教育特色等。通过了解办学特色，新教师就能较快了解幼儿园的研究重点，同时也可以审视自己在其中有哪些强项可以发挥，有哪些弱项需要加倍学习与弥补。

（4）幼儿园的荣誉与成绩，包括科研成果及教师取得的成绩。作为新教师，了解这些成绩的同时一定也会为自己能加入这个优秀的集体而感到自豪。至于那些出色的教师，建议新教师不妨将她们视为今后请教、学习的对象，这将有助于自己更快地成长。

（5）幼儿园的规章制度，它有助于新教师规范自己的行为，较好地熟悉和胜任本职工作，并能与其他部门有效合作。

（6）幼儿园领导及同事们的着装特点、言行举止等。

幼儿园的文化无所不在，只要用心去感受和体会，就有助于新教师较快地融入幼儿园，顺利走好入职的第一步。

（二）熟悉工作环境

幼儿园是一个单位，它由各个不同的部门组成，各部门承担着不同的职责，但又围绕着幼儿园的发展目标相互配合形成合力。在这个整体环境中，班级仅仅是其中的一小部分而已，新教师要熟悉工作环境，就不能仅仅局限于自己的班级，还要尽量多地去了解其他部门。比如：了解每个部门的主要职能，了解每个部门人员的情况和主要分工，了解在工作中碰到不同问题时应该找哪个部门的人员，这样一定能为自己更顺畅地开展工作提供帮助。

幼儿园的工作环境是一个宽泛的概念，它既包括物质的环境，也包括人际的环境。美国《幸福》杂志对美国500位成功的企业高管和300名政界人士所作的调查表明：93%的人认为人际关系畅通是事业成功的最关键因素。可见，人际关系与一个人的事业成败是息息相关的。在上学时，学生的人际环境相对比较简单，而且往往以独立的个体学习活动为主。但是新教师进入单位后，每天都需要与家长、孩子、同事交往，日常工作中也需要和其他同事相互协调、配合。此时，新教师就不仅仅是一个个体了，而是幼儿园团队中的一分子。因此，请不要只顾埋头做好自己的工作，还应主动与周围的同事交往，虚心向有经验的老师学习，让自己逐渐熟悉和适应人际环境，更快地融入团队之中。

（三）熟悉工作伙伴

1. 熟悉班内的保教人员

幼儿园每个班级一般都是配备两位教师和一位保育员，她们都是新教师踏上工作岗位后最密切的工作伙伴，也是新教师学习、请教最多的对象。

幼儿园给新教师配备的搭班老师一般都是有经验、有能力的教师，她们身上必定有许多值得新教师学习的方面。因此，新教师在工作中应该主动请教、用心琢磨，对于自己不理解的教育方面的问题，不要被动等待搭班老师的指导，而是要养成主动询问的好习惯，这将有助于自己顺利开展教育教学工作，为独立带班奠定基础。每个搭班老师都会有自身的特长和教学风格，有的可能长于某一领域的教学，有的擅长做家长工作，有的在管理孩子和班级方面经验丰富。新教师在工作过程中要善于观察、细细体会搭班老师的长处和风格，学习好的方法与策略。

同样，熟悉搭班保育员的工作内容和做事风格也很重要。许多保育员在幼儿园工作多年，积累了非常丰富的幼儿生活指导方面的经验，这些经验正可以弥补新教师在这方面的不足，所以新教师除了虚心请教搭班老师外，也应该多请教有经验的保育员。这样的互帮互助、教学相长，必将使新教师和班内的同事相处更融洽，也让自己成长得更快。

附：保育员岗位职责

1. 认真做好本班的保育工作，严格遵守幼儿园《保教人员一日工作常规》。
2. 认真做好本班环境物品的清洁卫生工作，班级环境整日保洁。
3. 管理好本班幼儿的生活（饮食、大小便、睡眠、穿脱衣服等），对患病幼儿做好特殊护理和全日观察。
4. 严格执行幼儿园制订的各项安全制度，及时发现各种事故隐患，并能及时采取措施。
5. 严格执行卫生保健制度中规定的消毒要求，掌握消毒液的配比方法和浓度，熟知园内常用物品的清洗消毒时间和方法，并防止消毒后再污染。
6. 爱护公物，节约用水、用电，妥善保管好本班使用的清洁工具、清洁用品及幼儿的生活用品。
7. 对家长主动热情，对幼儿态度和蔼、动作轻柔、一视同仁。
8. 保持仪表整洁，注意个人卫生，禁止使用幼儿物品。
9. 努力钻研业务、总结经验，不断提高保育工作质量。
10. 配合教师开展班级活动。

（江苏省无锡市实验幼儿园提供）

2. 熟悉其他部门的同事

在入职初期，除了班内的保教人员外，还有一些人与新教师的接触频率也较高，他们就是同年级组的老师、园领导、后勤部门的相关人员等。通过与他们的相处，新教师可以了解幼儿园其他岗位的工作，进一步融入幼儿园的群体，更何况"三人行必有我师"，这些同事身上也一定有值得学的地方。在与同事相处时，新教师还应注意做到以诚待人、有礼有节：

(1) 主动、积极地与同事交流。
(2) 尊重同事的时间，不要过度占用同事的时间。
(3) 以开放的心态对待同事关系，即使有不同意见，也要真诚、和缓地表达，切忌言辞激烈；虚心接受建议和建设性的批评。
(4) 和同事分享自己的成功。
(5) 对同事的帮助表达感激，有机会为同事做些力所能及的事。

二、养成好习惯

英国作家培根曾经说过"习惯是人生的主宰"。许多成功者之所以成功，好习惯的作用功不可没。所以人们常说：习惯决定命运。好习惯能够成就人的一生，坏习惯可能会毁掉人的一生。好习惯并不是与生俱来的，而是要靠后天的学习与坚持，每天朝对的方向努力一点点，好习惯就这样日积月累养成了。每个人都希望能够拥有成功的人生，新教师也不例外，那么就请从培养良好的生活和工作习惯开始吧！

（一）养成良好的生活习惯

结束了宿舍—教室—图书馆三点一线的学校生活，新教师迈进了幼儿园的大门，来到了一个生活节奏全然不同的新环境。这时，那些能主动调整自己的生活节奏、积极培养良好生活习惯的新教师往往会更快地适应新环境。的确，饮食起居有节有度，再辅以适当的锻炼，既能让新教师身体保持健康，也能催人上进，让新教师精力充沛地面对每一天。

1. 合理的饮食

（1）进餐有规律：现在快节奏的生活方式，导致人们进餐的时间也变得比较紧张，但是定时、适量进餐是完全可以由自己掌握的。幼儿园教师整日和幼儿一起活动，需要一定的体力来支撑，而一日三餐就是能量的来源，所以教师们在进餐时间、数量上都要做到定时定量。由于早上时间较为紧张，新教师往往会来不及吃早餐或在上班路上匆匆吃一些就去上班，结果半天下来饥肠辘辘、全身乏力、筋疲力尽，长此以往还会引起肠胃不适等症状，影响工作的状态和质量。所以新教师尤其要记住：一日三餐中早餐不容忽视，早晨要按时起床，留有充足的时间吃好吃饱早餐，保证有充足的体力和良好的精神状态投入工作，这一点非常重要。

（2）水分常补充：水是人体的最主要的组成部分。研究发现，饮水不足是大脑衰老加快的一个重要原因，如果等到口渴才喝水，那么这时人体已经缺水了。所以在带班过程中，新教师在提醒幼儿喝水时，要想到自己的肌体也同样需要补充水分。

2. 充足的睡眠

随着生活质量的提高，余暇时间的文化生活就成了人们生活的一部分内容。新教师在快节奏的工作学习之余，利用夜晚和休息时间参加一些娱乐活动、上网浏览及交流等，都可以丰富生活、调节精力和体力。但要注意节制，特别是晚上，如果过长时间地沉迷其中，非但起不到放松、调节的效果，反而会影响身心健康，导致身体得不到应有的休息，白天工作消耗掉的能量也得不到应有的补充。长此以往，身体内会积聚疲惫，显得精力不济，身体的抵抗能力也会下降，容易经常生病，直接影响到正常的工作。所以，新教师的娱乐活动也要有限度，请让自己每晚10:00左右入睡，拒绝熬夜，保证充足的睡眠时间，使自己拥有充沛的精力和体力。

3. 适度的锻炼

适量做一些有氧运动对健康大有好处。有规律的有氧运动，能够有效地调动机体活力，增强身体的免疫功能。对于新教师来说，经常进行锻炼，一方面能帮助自己释放工作中的压力，同时也能增强体质，促使自己保持良好的精神状态和工作状态。这种锻炼不必刻意为之，新教师只需选择自己喜欢的活动来进行，比如瑜伽、游泳、羽毛球、轮滑等，哪怕只是每天饭后听着音乐散散步，也能很自然地起到一定的锻炼效果。

（二）养成良好的工作习惯

新教师面对全新的工作环境，可能会觉得每天都很忙碌，却总是忙而无功；或是整天没有一刻空闲，却还是没能及时完成任务。即便是这样，原因也不是新教师工作不努力，而只要调整好自己的角色，养成良好的工作习惯，那么新教师驾驭工作的能力就会变强，获得成功的机会也会更多。

1. 工作及时不拖拉

幼儿园的工作琐碎而繁杂，有时还有许多临时的任务或突发的事件等待处理。如果不能统筹安排，很容易就会陷入忙而无序，被琐事牵着鼻子走的状态。面对大量的工作，新教师首先要有一个积极的心态，告诉自己"今日事今日毕"，尽量不拖延；其次可以学习制订一份合理的工作安排，以帮助自己有条不紊地开展工作，提高工作效率，确保按时完成各项任务。

工作安排可分为每日型和阶段型（每周或某一连续阶段），新教师可以根据自己的需要和工作的特点来定。

（1）每日工作安排：新教师可以准备一个小本子，记录自己当天要完成的任务，也可以记下一些注意事项。记录可以不拘格式，只要清晰、简短、一目了然就可以。例如：

9月28日市陶研论文送评，10:00前交至教科室

12:45 三楼会议室集中业务学习

放学时提醒阿姨蚊香盘放在楼梯上以便检查

9月30日冬冬午睡咳嗽，谦谦睡觉咬被子严重

军军户外运动擦破了皮，已处理

以上是一位工作第二年的新教师所记录的片段。该记录的优点是事件条目清晰，按时间排列，提醒自己完成任务的时间先后，并且把当天观察到的孩子的情况也记录下来，方便自己向家长反馈孩子的信息。

（2）阶段工作安排：当任务较多，而且又集中在某一个阶段，不是一两天就能马上完成时，新教师需要拟订一份阶段性的工作安排。例如：

12月5日前上传教育案例

12月9日接受全市同行参观（12月6日前完成教室环境布置及做好一切开放准备）

12月起每天上午10:00排练幼儿舞蹈，12月12日节目审查，12月16日彩排，12月18日演出

12月起每周二、周四、周五中午1:00—2:30三楼集中练习大合唱

12月18日大合唱演出

注：另外要提前一周备好课，提前三天做好各项教学准备

这是一位老师制订的阶段工作计划，可以看出这一阶段比较特殊，学校额外的事务性工作也比较多，任务一直排到了12月的中旬。这类工作计划并不是一次性就能拟订的，新教师需要先将自己近期要做的事罗列出来，然后按重要性次序进行排列，或是按工作量来进行分解，确定哪些工作是今天必须完成的，哪些要在今后几天内完成，哪些则需要更长的时间。这样做有几个好处：一是可以让自己准确地找到需要优先处理的问题，从而避免被那些不重要的事情分散精力；二是合理地分解工作，最后再把分解完成的工作整合起来，这样能有效减缓焦虑和压力；三是工作进度在自己的掌握之中，即使在某个时候插入临时任务，那么完成该任务后还可以继续工作，不会被打乱头绪；四是便于自己回顾工作，既能体验到完成了许多任务的成就感，到期末撰写工作小结时内容也一定会丰富许多。

2. 用心做事有质量

"用力做事能完成一项工作，用心做事才能把事情做好。"相似的工作环境和条件、相当的智力水平，为什么有的人能出类拔萃、创造骄人的业绩、交出优秀的答卷，而有的人则工作平平，始终不见起色？其实答案很简单：就是用心和不用心的区别！

用心做事，不仅是努力去做，更应该多观察、多思考。任何事情，都是由

一些细节组成的。老子就曾说过："天下难事，必作于易；天下大事，必作于细。"这句话精辟地指出成功必须从简单的事情做起，从细微之处入手。在一日活动中，在与家长的沟通中，幼儿教师实际上时时、处处、事事都在与教育孩子的细节打交道。所以新教师必须牢记：只有用心关注日常教育教学中的细节，透过细节看出背后潜在的问题，并及时解决这些问题，才能最好地诠释"用心"二字。

案例：

冬季晨间锻炼结束，幼儿回到教室需要更换背心。戴老师发现，幼儿换衣服时背心总是散得到处都是，常有幼儿诉说找不到自己的背心。戴老师关注到了这个细节，她观察后发现，这些背心是由阿姨在幼儿离园后叠好，并逐件重叠起来平放在柜子上的，而第二天当幼儿要换背心时，每个幼儿都必须从重叠平放的背心中抽取自己的一件，所以很容易就把整个一叠背心都抽乱了。戴老师非常重视这个细节并很快做了调整，她把原来重叠平放的背心调整为像书柜里的书本那样站立排成一排，这样幼儿可从一排中按照顺序、根据颜色很快找到自己的背心，而且背心不容易被抽乱。这就减少了他们寻找背心所需的时间，换背心这一生活环节也因衣服摆放方式的调整而显得秩序井然了。

对日常教育教学及幼儿生活中细节的关注和处理能力，体现着一个幼儿教师的教育水平和综合素质，同时也透露出其工作态度和责任心。人的能力固然有大小之分，但在各自的工作岗位上只有用心，才能见微知著。新教师只要养成用心做事的好习惯，将小事、细事、琐碎事都当成重要任务来用心完成，一步一个脚印，将每一步都做到位，就一定能不断地超越自己，收获成功！

（王晓莉）

3. 零碎时间善利用

在日常工作中我们可能会遇到这样的情况：需要打开或下载某个网站的内容，可网速却慢得像爬虫；离预定的开会时间还有半小时的空余；焦急地等待某人或某物，却不知道什么时候会到来；所有的任务已完成，而下班的时间却还未到来……面对这些零碎的时间，新教师通常会采取两种方式：一是百无聊赖地等待，二是随便拿起一项工作来做。这样做的结果有两种，一是时间会在无所事事的等待中白白流逝，二是随便进行一项工作，可是效果却一点都不好。

所以善用零碎时间的最佳方式，就是做些"本来就决定在零碎时间完成的工作"。这类工作要具备的特点是：不需要耗费大量的脑力去思考；随时都可以开始，随时都可以中断，并且下次可以继续进行；没有时间的压力，不必在某个时间非完成不可；最好能给自己带来一定的乐趣。新教师可以在平时先写下这类方便在零碎时间干的工作，比如：浏览报纸杂志，阅读有益的专业或非专业的书籍；查看网络新闻，丰富自己的知识体系；对自己已完成的工作成果（例如文档、照片等）进行整理或美化；排桌椅等。如果新教师安排好这样的任务，那么她不仅可以把这些需要等待的时间充分利用起来，并且还可以有意外的惊人收获：整齐美观的环境，有价值的新闻或课件，或者在一年之内她已经读完了一本专业书籍！

三、保持好情绪

情绪影响态度，态度决定人生。一个人在工作中如果拥有好的情绪，会让自己充满自信，做事满腔热情，充满斗志；反之则会感到疲惫，心不在焉，工作效率低下。作为一名教师，职业要求她必须保持稳定、乐观的情绪，所以新教师必须努力缓解环境或个人因素带来的工作压力，保持良好的情绪状态。这就需要新教师既有直面不良情绪的勇气，也能拥有改善不良情绪的智慧。

（一）新教师常见的不良情绪

调查表明，新教师的不良情绪主要来源于工作压力，最常见的不良情绪是紧张、焦虑和烦躁，这三种情绪通常会出现在这些情况下：

1. 紧张
（1）面对全新的工作及环境。
（2）领导或同事来听课。
（3）单独和家长交流，不知道说什么。
（4）带班时，孩子总是比较兴奋，害怕孩子出事。
（5）在业务学习等公开场合，被点名要求发言。

2. 焦虑
（1）自以为设计得很好的活动，组织实施后根本没有预期的效果。
（2）需要独立制订计划或撰写随笔、论文等，但感觉无从下手。
（3）觉得其他老师都很能干，自己很多地方不如她们。
（4）家长不理解自己，或要求苛刻。

3. 烦躁
（1）工作繁杂，感觉来不及完成。
（2）班里的幼儿总是不听自己的，带班很累，体力不支。
（3）日复一日地做同样的工作，不再有新鲜感。

看了以上描述，新教师是否觉得跟自己的情况比较吻合呢？的确，这些就是一名新教师刚踏上工作岗位时最常见的不良情绪。要知道，所有这些情形，每位老师（哪怕是现在最优秀的老师）都曾经历过，或许，她们的状况比这还要糟糕。因为只要有工作就会有压力，压力其实是人们工作中无法回避的组成部分。所以，新教师不必惊慌，请调整好心态，轻松上阵！

（二）改善不良情绪的有效方法

现代人都是生活在一定的压力之下的，新教师面对工作压力带来的不良情绪，关键在于怎样去勇敢面对，怎样去积极地调适和改变。在此向新教师推荐几种比较有效的改善不良情绪的方法。

1. 冷静分析法

对于出现的不良情绪，新教师不要紧张和烦躁，请让自己冷静下来，分析一下出现这种情绪的原因，以便采取一些有效的补救措施。比如：如果是因为自己工作经验不足，工作难以完成而引起的坏情绪，可以虚心向老教师请教，获得她们的支持。再如：试着把工作分解一下，一段一段去完成它，以减小工作强度等。

2. 积极暗示法

积极的暗示可以增强新教师的自信心。当面对工作压力时，新教师要鼓励自己：每个新手都会经历这段时期，我应该能挺过去！每天起床时，面对镜子微笑，告诉自己今天一定会比昨天好，这也是一种积极的暗示。

3. 情绪转移法

（1）深呼吸：通过慢而深的呼吸方式，使波动的情绪逐渐稳定下来。

（2）做些自己最喜欢的事：例如逛街购物、吃美食、看电影、听音乐、做运动、阅读、上网等。这些自己喜欢的活动能帮助新教师暂时离开或忘却激起不良情绪的事，以此转换、调节好自己的情绪。

（3）睡眠：人有了旺盛的精力，才能抵制住压力的侵袭，睡眠便是一个重要保证。碰到不愉快的事情，新教师不妨好好睡一觉，通常在充足踏实的睡眠后，一些比较轻的忧虑和不快就可能消失了。

4. 情绪宣泄法

宣泄也是消除不良情绪的一种好方法。一个人如果长期心情压抑，严重时可能会导致抑郁症，因此适当地发泄可以消除恶劣情绪对身心的伤害，常见的宣泄方式有：倾诉、哭泣、写日记甚至大叫等。

在每一位新教师成功的路上，最大的敌人其实并不是缺少机会，也不是资历浅薄；而是缺乏对自己情绪的控制，当面对困难与压力时一味地惧怕，任由自己的不良情绪蔓延，只会把许多稍纵即逝的机会白白浪费。希望新教师学会积极、主动地控制情绪，用良好的情绪状态去面对每天的工作，用心体味工作所带来的充实与快乐。

第二节 亲近孩子

相信许多人之所以选择幼教这一行，是因为喜欢孩子的缘故。确实，对于新教师来说，亲近健康漂亮、活泼聪颖或是乖巧懂事的孩子是很容易做到的。但是，师爱的真正境界是接纳班上的每一位孩子。曾获得美国声望最高的"全国年度教师"奖的教师贝特西·罗杰斯就是一位始终践行着"接纳"理念的教师，他认为：教师必须以关爱、积极的态度接纳学生的全部。接纳，它是发自内心的博大的爱。不管孩子是漂亮还是丑，是聪明或是愚钝，是乖巧抑或调皮，作为教师都应该公正、平等、无条件地接纳。因为，教师只有接纳了每一个孩子，才能真正地亲近每一个孩子。以下这些方法能有助于新教师更快更好地亲近孩子。

一、和孩子一起聊天

马斯洛的需要层次论告诉我们：每个人都有被人爱和受人尊重的愿望。幼儿园的孩子也不例外，他们喜欢接近老师，希望和老师交流，希望老师关注自己、喜爱自己、成为自己的好朋友！新教师和孩子间经常进行轻松的聊天，就是一种有效的交流，它会拉近师生间的距离，从陌生变得熟悉。

回忆一下让你自己觉得舒服、难忘的一次聊天，它是不是具有以下特质：宽松的环境，共同的话题，愿意倾听并理解自己的人。是的，我们和孩子的聊天也可以尽力达成这些条件。

（一）营造聊天的宽松氛围

在幼儿园的一日生活中，教师可以选择在幼儿的自由活动时间与之聊天，比如晨间来园、区域游戏、餐点后、午睡前后、离园时等。这些自由活动环节本身就具有松散、自主的特点，所以此时师幼间聊天的氛围就比较宽松、随意、舒适。研究还发现：空间距离与人际关系之间有着微妙的联系，50厘米以内属于人际交往的亲密区，这个区域可以增加教师和孩子的亲密程度。因此教师跟孩子聊天时就可以尽量地靠近，让孩子依偎着或是直接坐在教师的身上。在聊天时，教师还可以用有声和无声的语言来增进与孩子的感情。有声的语言是指教师直接叫孩子的小名或者昵称，谈一些孩子感兴趣的话题。这样，孩子会觉得老师和家人一样可以亲近。无声的语言，则是指一些体态语，如微笑的表情、专注或鼓励的眼神、温柔的抚慰等。运用得好的话，它可以起到比有声语言更好的沟通效果。

（二）寻找聊天的共同话题

所谓的共同话题大多是以孩子的兴趣为中心展开的，它能让孩子感觉到老师和自己有共同点，是平等的。在这种平等的关系中，教师就能够和孩子之间产生情感上的交流，就会在孩子内心引起"共鸣"。新教师要用一颗纯真的童心感受孩子的世界，寻找和孩子聊天的话题。其实他们感兴趣的话题不外乎如下几个：

1. 聊动画片

新教师也应该利用业余时间看看时下热播的动画片，当孩子说起其中的角色或经典对话时，教师如果能马上接上，那么孩子在兴奋和满足之余就会很快接纳教师。

2. 聊玩具

光聊还不够，教师可以表示自己也很感兴趣，建议孩子把玩具带来一起玩，这样在边玩边聊中师幼就成了好朋友。

3. 聊爱好

这可以帮助新教师了解孩子的喜好，"投其所好"，这在今后的教育中会很有效。

4. 聊家人

这可以帮助新教师了解孩子的家庭情况、家长与孩子的关系等，方便新教师分析孩子某些行为背后的原因，也更有利于教师和家长的沟通。

（三）在聊天过程中倾听并回应孩子

心理学家认为：倾听不仅可以帮助我们了解说者的内心世界，还是一种对他人的尊重，使人与人之间形成良好的互动关系。因此，新教师在和孩子聊天时要做一个好的倾听者，学着边听边收集有价值的信息，比如孩子的家庭状况、兴趣爱好等，以便今后"对症下药"。同时，建议新教师也要用语言适时地给予孩子关注和回应，如：用"真有意思""太好了"等表示称赞，用"对呀""有道理"给以评价，用"后来怎么样？""你为什么这样说？"来鼓励孩子继续等。

聊天可以增进师幼间的了解与信任，从而让新教师和孩子更亲近！

二、适时给予孩子帮助

新教师面对的幼儿园孩子处于2—6岁，正是生命成长的初期，身心都十分稚嫩，其适应环境、自我服务等能力也还比较弱。他们有自我不断成长的需求，需要教师重视和关注他们的个体差异，适时地给予他们照顾和帮助，使他们都能获得满足和成功。因此，幼儿园的教育是保教并重的教育。作为新教师，不能仅仅关注给孩子上课，还要养成仔细观察的好习惯，在幼儿园的一日生活中及时发现孩子的需要，亲切地向孩子伸出援手。也许你给予的只是小小的一个帮助，但孩子一定可以感受到教师的爱意，而这份爱意会让师生间的感情更亲密。

建议新教师可以从以下方面去观察和帮助孩子：

（一）生活方面

由于年龄关系，孩子的小肌肉动作发育还不完善，加之现在的孩子多为独生子女，家长照顾得较多，因此很多孩子的生活自理能力还是比较弱的。新教师要做一个细心的教养者，在孩子生活方面有需要、有困难时提供帮助。比如起床穿衣时为他们整理一下衣裤，盥洗时帮助衣袖紧的孩子卷起袖口，户外活动时帮孩子脱去难脱的衣服等。

（二）游戏或学习方面

孩子间的个体差异是明显的，新教师的眼里不应该只有聪明伶俐的孩子，还应把更多关注的目光投向那些有困难的孩子，引导和帮助他们获得成功。比如：绘画、折纸或搭建时动手有困难的孩子，体育游戏时动作不灵活或胆小的孩子，不善言辞但希望表达的孩子。教师的一次示范、一点扶持、一句鼓励或许就能将他们推向成功。

（三）情绪方面

孩子的情绪具有易冲动性、外露性和不稳定性的特点。幼儿园阶段的孩子情绪调控能力弱，心爱的玩具坏了、自己摔跤了、自己的东西被人拿走了、比赛输了等都会使他们心情不佳、生气、伤心甚至大声哭闹。这时，新教师要对孩子多一些理解，耐心地听他倾诉，拥抱他、抚摸他，给他安慰。

以上所有的帮助都是在观察中适时给予的，新教师不仅要有一对善于观察的眼睛，一双热情援助的手，还应该在帮助孩子时传递这样的信息："老师相信你能行"。这份温暖而又包含着信任的"适时帮助"，将使孩子愿意与教师走得更近。

三、学一些孩子喜欢的游戏

陈鹤琴先生认为"好游戏"是幼儿的心理特点，是"儿童本性"，"游戏是儿童的生命"。游戏之所以吸引孩子，原因在于它是孩子自动自发的活动，活动氛围是轻松愉快、无拘无束的。如果面对一群陌生的孩子，大多有经验的老师会将玩游戏作为较快亲近孩子的一大"法宝"，通常几个游戏做完，老师就已经和孩子打成一片了。所以作为新教师，除了拥有"弹唱说跳画"的基本功之外，还应该学一些孩子们喜欢的游戏。师生在共同玩这些游戏时，孩子

"好游戏"的天性需要不仅得到满足,新教师也能更快被孩子所接纳,与孩子建立起平等的伙伴关系,在快乐的活动中和孩子走得更近。

但是新教师也要了解的是,不同年龄段的孩子对游戏的喜好还是有差别的,要根据孩子的年龄来选择合适的游戏。

托班和小班的孩子独立生活能力比较弱,对成人的依赖会较多,他们比较喜欢可以和老师肌肤接触的亲密游戏,像"抱起来举高高"、"挠痒痒"等。在这些游戏中老师会把孩子紧紧地抱起、旋转、摇晃,或是和孩子一起用手去触摸、轻轻抓挠彼此的身体,这样的游戏通常会让年龄小的孩子愉快地咯咯大笑。再如:因为认知能力和生活经验有限,但又对周围世界充满好奇,所以托小班的孩子对变幻的物体和游戏尤为着迷,如"谁不见了"、"捉迷藏"、"吹泡泡"等。老师可以像变魔术一样藏起某个小玩偶,让孩子去寻找,也可以和孩子一起玩捉迷藏游戏,这种"不见了"继而又"出现了"的游戏效果是孩子所期待不已的。

中班和大班的孩子,独立性增强了,认知经验也相对托班和小班的孩子丰富了许多,并且逐渐萌生了合作和竞争意识。这时他们最感兴趣的是具有挑战性或是带有一定竞争性的游戏。比如:挑战性游戏"攀岩",它需要身体的平衡,动作的协调以及大胆自信,对中大班孩子形成了身体和心理上的挑战。类似的游戏还有"跨栏"、"定点投掷"等。其实,只要借助一点小型的器械就能让大班孩子玩得不亦乐乎,而教师还可以根据孩子的情况灵活地将难度升级。再如:"猜谜"游戏,它挑战着中大班孩子的理解、逻辑推理、语言和反应等能力,可以说是对智力水平的一种考验,类似的游戏还有"脑筋急转弯"、"找不同"、"拼图"等。竞争性游戏有"听音乐抢椅子"、"占四角"、"花样跳绳比赛"等,这类游戏能让孩子在身体运动的同时体验到游戏的刺激和成功的快乐。

其实,孩子喜欢的游戏还有很多,不同地域的孩子也会有不同的喜好。因此列举上述游戏仅作为抛砖引玉,建议新教师多观察孩子的喜好、多向周围的老师请教,多学一些孩子们喜欢的游戏,让共同游戏成为教师和孩子们建立感情的有效途径。

第三节 接近家长

家庭、幼儿园、社区是幼儿生活的地方,在幼儿期,前两者对幼儿的成长产生主要的影响。美国学前教育专家 E.L. 埃斯萨认为:"成人之间、成人与儿童之间的关系对儿童的发展至关重要，家庭和学校的密切合作有助于儿童形成积极的自我概念。"我国颁布的《幼儿园工作规程》也明确规定"与家长保持经常联系，了解幼儿家庭的教育环境，商讨符合幼儿特点的教育措施，共同完成教育任务"是幼儿教师的重要职责。因此，了解熟悉家长、与家长联系交流也是新教师走上工作岗位就必须学习的内容。

一、熟悉家长的方法

熟悉家长是教师开展家长工作的第一步，而要让新教师在短时间内熟悉班上几十位幼儿的家长，确实不是一件容易的事，更何况接送幼儿的家长也不固定。因此，在工作中要将幼儿与家长完全对上号，对刚踏入工作岗位的新教师来说是一种挑战。另外，熟悉家长不仅仅是能记住家长的长相，还应该了解更多的情况，包括家长(含祖辈)的年龄、学历、职业、是否为孩子的主要带养人等。因为家长在这些方面的差异，往往会导致家庭教养方式的差异。比如：老来得子的家长(或祖辈)通常会对孩子更宠爱些；特别忙碌的工作可能会影响家长陪伴孩子的时间或导致家长与老师交流不足；不同学历的家长在谈吐、对幼儿教育的理解等方面会有差异等。全面了解家长的情况，不仅有利于新教师熟悉家长，也为今后有针对性地开展家长工作打下了基础。所以，新教师要想在较短的时间内熟悉、全面了解家长，就必须掌握一定的方法。

（一）看资料了解

幼儿入园时，园方都会请家长填写家庭的主要情况，有些园所还会细化到其他带养人(如祖辈)的情况。开学前，新教师要仔细研读这份资料，大致了解孩子的生长背景和家长的情况。开学后，可以边接触孩子和家长，边对应资料，这样有助于记忆。

（二）听搭班老师介绍

如果新教师第一年进的是中大班，班上的孩子已经不是新生，那么这属于中途接班，通常幼儿园会安排原来带班的老师继续跟班。因此对于班上家长的情况，新教师就可以请教这位老师，了解家长的不同个性与需求，比如哪些家长比较好沟通，对待哪些家长需要说话谨慎，哪些家长会有特殊需求等。这些信息都是非常个性化的，必要时可以做些记录，以免忘记而犯下不必要的错误。

（三）与孩子交流

在和孩子玩耍时可以自然地聊聊他(她)的家人，而从孩子嘴里说出来的鲜活事例一定可以加深新教师的记忆，同时也有助于新教师更深入地了解到不同家长的脾气、爱好等。知己知彼才能做好家长工作。

（四）接送环节记忆

家长接送孩子的环节是和教师直接面对面的时机，最方便教师根据特征来熟悉和区分家长，这些特征包括：外貌、口音、嗓音、走路的姿势等。新教师也可以像案例中的佳佳老师一样，细心地观察，抓住家长某一点最明显的特征来帮助自己记忆。

（五）接送时的交流

新老师也要增强自信，学会主动和家长交流。其实，每位家长都希望老师能关注自己的孩子。在家长来接孩子时，新教师可以主动向家长汇报一下孩子在园的情况，说些有趣的小事。而只要是有关自己孩子的事，相信家长都会爱听。话匣子打开后，家长也会愿意跟新教师谈论孩子在家的情况，此时老师要耐心倾听，表现出对家长的尊重。随着时间的推移，家长和新教师之间的沟通一定会逐渐畅通和频繁。

二、做好第一次家访

家访是教师走入幼儿家庭、亲身感受幼儿成长环境、了解家庭教养方式、与家长充分交流的一种形式，它是幼儿园家长工作的一个重要组成部分。一次成功的家访，可以密切家园联系，拉近家长和老师之间的距离，架设起家园共育的桥梁。对新教师而言，第一次家访取得成功，可以帮助自己进一步接近家长，增加自己在家长心中的"分量感"，使家长对自己产生信任。所以，新教师要重视第一次家访，把家访前、中、后三个阶段的"功课"做足、做好。

（一）家访前的准备与联系

要完成一次成功的家访，充分的准备是必不可少的。新教师可以多请教有经验的老教师，做好下列准备工作：

1. 心态准备

调整好心态，告诉自己现在已是一名幼儿园教师，不是家长眼中稚嫩的学生，增强自己的自信心。

2. 着装准备

尽管新教师已经工作，但与为人父母的家长相比，年轻还是写在脸上的。俗话说"人靠衣装"，家访前新教师可为自己选择一套合适的服装，使自己看上去比实际年龄成熟、稳重，再化一点淡妆，这样的装扮可以向家长传递一种信息——这个老师比较成熟，可以放心地将孩子托付给她。

3. 物品准备

（1）家访问卷。它可以是幼儿园现有的家访调查表，也可以是新教师与搭班老师一起根据本班需要重新设计的一些问题。

案例：让我了解宝宝，请您告诉我

宝宝姓名：　　　　　　　昵称：

1. 宝宝最喜欢的人和物：
2. 宝宝最乐意做的事：
3. 宝宝最能干的地方：
4. 宝宝最爱吃的东西是：　　　　会自己吃饭吗？
5. 宝宝会自己如厕吗？会示意大人吗？
6. 宝宝会自己睡觉吗？
7. 宝宝能听懂的语言是：
8. 宝宝有过敏史吗？过敏原是：
9. 宝宝一般由谁负责接送：
10. 宝宝平时不愉快时有攻击性行为吗？
11. 宝宝需要什么特殊关照：

（2）用来记录的笔和纸。在交流内容较多、较杂时，新教师可以暂时记录下来，回来再整理到表格上。

（3）本班幼儿的家庭地址、电话等，方便联系。

（4）对于初入园的孩子，新教师还可以准备一些小贴纸、小玩具之类的小礼物送给孩子，让孩子对陌生的老师产生好感。

4. 联系家长

一般用电话的方式与家长取得联系，共同确定家访的时间，确认去该家庭的路线。

（二）家访中的交流与倾听

（1）"微笑是打开人们心扉的世界通用语言"，教师进门先微笑着与家长、孩子问好，这样可以拉近彼此的距离。

（2）向家长大方地介绍自己，让家长了解老师的基本情况。

（3）以孩子为中心展开交流，可先从夸孩子的可爱或懂事开始，为交流营造愉快的氛围。然后按家访表礼貌地向家长了解孩子的情况，但不必像采访那样一本正经按序询问，可以交流得灵活些，只要最终了解到需要的信息即可。

（4）耐心倾听家长的讲话，了解家长的关注点、困惑与需求。要牢记"一位好听众，才是一位懂得说话的人"这一道理，在专心聆听、认真记录的同时，别忘了给予适当的反馈，让家长感觉到自己受重视。

（5）在交流和倾听之时，还可以留心观察孩子的家庭环境，孩子在家的言行表现，孩子与家长的互动方式等，这将助于新教师更全面地了解家庭教养方式。

（三）家访后的整理与反馈

（1）尽快将家访中的记录和了解到的情况进行整理，形成一份完整的资料。

（2）将自己在家访中感到困惑的问题（孩子的表现、家长的要求等）与搭班老师进行沟通，寻求支持。

（3）为自己做一个备份，记录孩子的特殊情况或家长的特殊需求，经常翻阅，提醒自己多关注、合理满足。

（4）对家长提出的当时不能解答的问题，过后要及时解答和反馈。

第二章

胜任新工作

《幼儿园工作规程》规定：幼儿园的任务是实行保育与教育相结合的原则，对幼儿实施体、智、德、美全面发展的教育，促进其身心和谐发展。《幼儿园教育指导纲要(试行)》也指出：幼儿园应与家庭密切合作，共同为幼儿的发展创造良好的条件。幼儿园的任务与性质决定了幼儿教师的工作范畴绝不仅仅局限在课堂，而应该涵盖幼儿在园生活、学习的方方面面，以及与幼儿家长的互动与配合。

本章将生活照料、班级管理、家长工作以及实施个性化教育作为幼儿教师最主要的四项工作介绍给新教师，希望帮助新教师了解这几项工作的重要意义，掌握做好这些工作的方法、途径及有效策略，尽快胜任自己的新工作。

第一节　重要的生活照料

幼儿晨间来园、盥洗、进餐、睡眠、散步、离园等都是幼儿一日活动中的生活活动，它不仅能满足幼儿生理及生长发育的需要，同时还是幼儿习得知识与技能、形成自主性和独立性的有效途径。因此，生活活动是幼儿园课程的重要组成部分，科学、合理、有序的生活活动，对保护和促进幼儿的身心健康成长、培养幼儿的自理自立能力、养成积极的生活态度有着重要的作用。作为幼儿园教师，我们要重视幼儿一日活动中的生活活动，并带着教育者特有的敏感性对幼儿进行生活照料，使生活活动成为幼儿成长的重要基石。

一、入园和离园

入园与离园分别是幼儿一日活动的开始与结束，虽短暂但却影响着幼儿的情绪，幼儿活动的开展，影响着教师与家长的沟通与交流。因此，新教师要重视幼儿一日活动中每天的入园、离园环节。

（一）入园

稳定、积极的情绪是幼儿在园生活中应有的状态，而晨间入园作为幼儿在园一日活动的开始，此时幼儿的情绪将影响幼儿一天的生活。因此，晨间接待中教师有责任和义务开启幼儿愉悦的情绪，为幼儿美好的一天奠定基础。而影响幼儿情绪的有诸多因素，教师可着力关注以下几方面：

1. 主动问好

教师要主动热情地向幼儿、家长问好，使幼儿在晨间见面的最初一刻就感受到教师的热情与关怀，从而以愉快的心情开始一天的幼儿园生活。同时，教师的热情有礼将使幼儿在潜移默化中受到影响。长此以往，将有助于幼儿学会主动热情地与人打招呼。

2. 了解情况

教师要重视观察幼儿的情绪，如果幼儿有不良情绪，教师应及时了解原因。若幼儿身体不适，教师应及时与保健医生联系；若幼儿心情不愉快，教师可以通过和幼儿交谈、沟通及时帮助幼儿调整情绪。教师在观察幼儿情绪的同时，还要了解幼儿带入班级的物品，如有携带不安全物品（尖锐的玩具、玻璃制品、相对较重的物品等），教师要及时与幼儿沟通，让幼儿了解其危害，并妥善保管相应的物品，在消除安全隐患的同时，不影响幼儿的情绪。此外，教师切记一定要在下午离园时与家长做好交接，归还幼儿的物品。

3. 关注着装

教师要注意幼儿的着装情况，如：衣服是否适量、合身、便于运动，发现问题要与家长联系。此外，教师还要注意观察指导幼儿脱外套与叠放衣服，如有困难教师要给予适当的帮助。所有对这些细节的关注，在培养幼儿的自理能力、保证幼儿安全参加活动的同时，也能让幼儿感受到教师的关心与爱护，有利于幼儿保持愉快的情绪。

4. 组织活动

晨间活动中教师要组织幼儿参加一定的活动，如：晨间劳动，指导幼儿用正确的方法擦小椅子、观察照料自然角的动植物、整理教室内的物品等，也可根据实际情况安排一些桌面建构和智能活动供幼儿选择。切记不能让幼儿一早就无所事事，无聊地坐在椅子上等待活动。这会导致幼儿的需要得不到满足，情绪必定低落，以至于影响以后的活动。

5. 与家长交流

晨间接待如果需要与家长交流，那么应以不影响教师接待幼儿、组织幼儿活动为前提，内容要简洁，时间不宜过长。

（二）离园

离园活动是幼儿在园一日活动结束时的重要环节，也是教师与家长沟通交流的时段。因此，教师不可忽视离园活动的组织，幼儿的活动要有序，与家长的沟通要及时，要做到两不误。这对工作不久的新教师来说是一种挑战，必须面对，必须用心准备。而持之以恒地做好以下工作将有助于你组织好幼儿的离园活动：

（1）提醒幼儿喝水、如厕，帮助、指导幼儿整理衣裤，尤其是年龄小的幼儿。

（2）提醒幼儿检查自己的学具柜，将衣服和其他物品整理好，做好离园时带走的准备工作。

（3）引导幼儿回忆当天教师是否布置了任务，提醒幼儿回家认真完成。

（4）幼儿离开班级时，提醒幼儿把玩具、椅子等物品放到指定位置，并归放整齐；拿好自己的物品，与教师、同伴说"再见"。

（5）组织晚离园的幼儿安静地游戏，等待家长来接领。

（6）做好家长接待工作，有计划、有目的地与家长交流，并对家长的要求与提问予以耐心解答。

离园活动包含的内容比较琐碎，为了帮助幼儿有序地做好离园前的准备工作，教师可将离园前需要完成的各项事情制作成图示，贴在教室醒目的地方，以帮助幼儿自主有序地完成。

二、进餐

合理的营养摄入、良好的饮食习惯培养对成长中的幼儿尤为重要。因此，教师要重视幼儿的进餐；要初步了解各年龄段幼儿对营养摄入的需求、充分了解班内幼儿的饮食习惯以及个别幼儿对饮食的特殊需要，并以此为依据组织幼儿的进餐；在培养幼儿良好的饮食习惯的同时，保证幼儿生长发育所需要的营养，促进幼儿身心健康发展。

（一）幼儿进餐时的特点

1. 模仿性强，易受周围环境的影响

幼儿的口味是受环境的影响形成的，会受他人言行、态度的影响。如果成人挑剔食物或在幼儿面前讲这不好吃那没滋味，那么幼儿也会受到影响，不爱吃一些食物了。而幼儿和同伴一起吃饭时，如果看到别人吃得津津有味，自己也会吃得特别香。因此教师要注重营造一个能引发食欲的进餐环境，通过语言、行为激发幼儿的进餐欲望。

2. 不喜欢饭菜盛得过满

幼儿看到盛得过满的饭菜会感到紧张，尤其是食量较小的幼儿，生怕吃不下或吃得慢而受到责备。他们比较喜欢自己一次次去添饭，并自豪地说："我吃了两碗……"因此，成人应给幼儿提供添饭添菜的机会。

3. 对食物的味道和冷热很敏感

幼儿的味觉很灵敏。他们不仅对食物的甜酸反应明显，而且对于苦、咸和有异味的食物也很敏感。只要成人认为较热的食物，他们均觉得烫，不愿尝试，因此不宜给幼儿吃太烫的食物。

4. 挑食的幼儿易紧张

有挑食习惯的幼儿吃饭时特别紧张，尤其是碰到自己不爱吃的食物时，常常边吃边想办法"消灭"它们，扔掉或藏起来。如果成人强迫幼儿吃下去，会导致幼儿哭闹或呕吐。而幼儿紧张时，交感神经会过度兴奋，抑制肠胃蠕动，减少消化液的分泌，使幼儿产生饱胀感觉。因此，幼儿进餐时，要给他们创设宽松、自然的环境。

5. 好奇心强，喜欢吃花样多变的食物

幼儿对食物的"外表"十分在意。花样多变的面食、造型有趣的糕点、搭配美观的菜肴，都很受幼儿欢迎。

（二）蕴含在进餐中的教育

1. 认知方面

引导幼儿获得相关的知识。如：了解食物的名称、分类、相关的营养知识等。

2. 进餐习惯

培养幼儿不偏食、不挑食、不撒饭菜、正确咀嚼食物、吃饭时不大声喧哗、不打闹嬉戏等良好的进餐习惯和文明行为；培养饭前洗手、饭后漱口与擦嘴等良好的卫生习惯以及餐后收拾整理的劳动习惯。

3. 自我服务能力

培养幼儿正确使用餐具、独立进餐的能力。

4. 因人施教

对进餐方面存在问题的幼儿进行有针对性的引导，如不会自己吃饭的幼儿、挑食的幼儿等；注意观察食欲不佳的幼儿，及时找出原因和解决方法。

（三）进餐活动的组织

进餐，既是幼儿生长发育的需要，也是幼儿学习生活自理能力、养成良好生活习惯的重要契机。因此，在组织幼儿的进餐活动时，教师要遵循幼儿的年龄特点，关注幼儿的个体差异，在保证幼儿生长发育所需的营养、培养幼儿良好进餐习惯的同时，合理组织幼儿的进餐活动，包括餐前活动与餐后活动。此外，还需顾及幼儿的心理感受、适当满足幼儿的意愿，让幼儿喜欢在幼儿园用餐，让进餐成为一件愉快的事情。

1. 良好的进餐环境

在幼儿进餐的过程中，可播放轻缓悠扬的音乐。教师与幼儿讲话时声音要轻柔，不要呵斥、逼迫、恐吓等。还可建立合理自主的进餐规则，如：幼儿自主选择进餐位置、自主选择饭菜量等，让幼儿在温馨宽松安静的氛围中进餐。教师切忌在进餐前批评幼儿，这会使幼儿带着不良的情绪进餐，影响进餐的质量。

2. 适宜的餐前活动

在进餐前半小时内不做剧烈的活动，而应开展适宜的安静活动，如角色游戏、手指游戏、念儿歌、听故事、玩拼图等。也可组织幼儿进行餐前准备，教师适时介绍当天的饭菜名称、营养价值等，激发幼儿食欲。

3. 巧妙的餐前引导

当遇到大多数幼儿不爱吃的菜肴时，老师可以假装先品尝味道，很有兴致地讲述饭菜的颜色、味道、口感等，激发幼儿的食欲，甚至可以夸张地说："味道好极了，谁也想尝一尝？""这么好吃的菜当然要让坐得神气的宝宝先来尝尝喽！"这时孩子们肯定一个个坐好并急切等待，盼望着自己能早点尝到。

有时，还可以和幼儿一起来认认说说。比如：吃牛肉煨饭时，和幼儿一起来找找饭里藏着什么。幼儿你一言我一语："黄瓜"、"虾仁"、"胡萝卜"、

"牛肉"。"是啊，这么多菜是好朋友，相亲相爱在一起"，听老师这么说，原来不爱吃胡萝卜的小朋友也就会逐渐接受了。

4. 悉心的观察指导

幼儿进餐过程中，教师要悉心，观察幼儿的进餐情绪、进餐速度、进餐量以及对食物的偏好，发现问题并及时处理。如：当发现幼儿进餐情绪低落、食欲较差时，应检查和询问幼儿是否发烧、有无牙疼、嗓子疼、肚子疼等。对于挑食的幼儿应进行耐心地引导，可先让幼儿少量尝试这种食物，当幼儿愿意尝试时，多给予鼓励和肯定，并引导幼儿逐渐适量地吃。当幼儿吃带骨、带刺的食物有困难时，教师要进行适时的指导与帮助，若发现骨、刺卡到幼儿喉咙，不应擅自随意处理，而应将幼儿送至保健室，由保健医生进行科学合理的处理。幼儿进餐时还容易出现不小心咬破舌头、咬破嘴唇、打翻饭碗等现象，教师应耐心细致地帮助解决。此外，教师还需特别关注进餐中有特殊需要的幼儿，如体弱儿、过敏儿、肥胖儿或处于换牙期的幼儿等，对他们要给予更多的关心与照顾。

案例：午餐总动员

中午11:30走进教室，我发现四组孩子的饭还没吃完，其中有两组的孩子饭碗里的饭几乎没动，在老师的提醒下他们无奈地吃一口后，手便又放到桌子下面，眼睛东看看西瞅瞅。我看到桌上的残渣盘里有吐出来的香菇、嚼成渣的肉和菜，问问是谁吐的，谁都不回答。无奈之下，我只好把他们当托班的孩子一样喂起了饭，苦口婆心地劝说与鼓励，但以上的情景还是没有变，每天到11:50还会有3、4个孩子没吃完。于是，我开始反思……

孩子们到了中班，要"多吃饭、快点吃、多吃蔬菜营养好"的大道理比老师都会说，可怎么将这些大道理内化为行动呢？思来想去我决定从"饭前动员三部曲"开始。

首先，每天午餐前我都会对孩子们前一天的午餐情况做一个回顾，重点表扬吃饭不挑食及吃饭速度加快的孩子，特别是对那些吃饭兴趣低、挑食厉害的孩子，只要他们有一点点进步我都大加表扬，从而逐步树立了这些孩子吃饭的自信心。

其次，当保育员阿姨拿来饭菜后，我会用夸张的表情，闻闻教室内的阵阵饭菜香味，孩子们会学着我的样子也去闻，而且许多孩子还会边闻边说："好香啊！好香啊！"这时我会盛一小碗菜，向大家介绍今天菜的名称、色彩及营养，有时还会自己尝一尝，并做出非常好吃的表情。孩子们看着我的样子都有些"垂涎欲滴"，吃饭的欲望得到了极大地增强，有些孩子甚至迫不及待地要去洗手吃饭了。

最后，对那些饭量小、挑食的孩子，我告诉他们："许多人都有不喜欢吃的菜，丁老师也有，不过我不喜欢吃的菜也会少吃点，这样营养才会全，身体才会好。"另外每天我都会当着他们的面对阿姨说，"给××饭盛少一点，××不喜欢吃香菇给他少盛点，××的药芹少盛点"，使他们感受到老师对他们挑食是接纳的，从而减少他们面对自己不喜欢吃的菜时的压力，从心理上愿意少量吃一点自己不喜欢的食物。

"饭前动员三部曲"实施当天就收到了较好的效果，那天 11:40 分，所有孩子就都吃完了。当然，除了"饭前总动员"外，在吃饭的过程中，我还会对那些吃得慢及挑食的孩子给予鼓励。现在班里孩子吃饭的习惯大有改观，残渣盘里因挑食吐出来的食物少了，吃饭的速度也加快了，相信再过不久，我的"午餐总动员"就可以"下岗了"！

（丁蕴茹）

附：幼儿挑食怎么办

让幼儿不挑食千万不可用"逼"的方法，而是要进行正确的引导。首先教师要了解幼儿挑食的原因，再根据不同原因采用不同的方法进行引导。

1. 及时调查、了解幼儿的挑食情况

通过了解发现，幼儿的挑食习惯形成原因有以下几种：家长从未提供或很少提供某种食物，身体因素，生活习惯，情绪等。

2. 因人而异，实施不同的教育方法

（1）榜样示范法

在用餐过程中，有的幼儿由于咀嚼功能欠佳而不愿意吃，教师可以通过"粉碎机""搅拌机"等游戏帮助幼儿练习咀嚼；有的幼儿对于以前从未吃过的食物不愿意尝试，此时教师可以用语言赞美这些食物，并带头品尝，故意做出津津有味的样子，激发幼儿尝一尝的欲望。

（2）座位安排法

有时教师为了便于管理，就把因偏食而吃得特别慢的幼儿集中在一、二张桌子上，但这样效果不会理想。应把他们安排在不挑食、吃得快的幼儿周围，这样，他们看到自己周围的好朋友吃得这么香，受到感染和鼓舞，渐渐也就吃得快，吃得香了。

（3）"打预防针"的方法

有些幼儿对某种食物高兴时能吃一些，不高兴就少吃和一口不吃。对待这类幼儿，可采用"打预防针"的方法。在饭前，先做一些愉快安静的游戏，然后让幼儿猜猜今天吃什么菜，在幼儿你一言、我一语地说了许多之后，告诉他们今天吃的是一种营养特别丰富的菜，多吃它会长高，变聪明，看谁吃得又多又香。这样，幼儿们的情绪被调动，相互比着吃，往往就会吃得很香。

（4）逐渐加量的方法

有些幼儿从小就不吃某种食物，因此要他一下子改过来是不太可能，也是不太现实的。对这类幼儿可以采用"逐渐加量"的方法。如有的幼儿不吃绿色蔬菜，那么开始时教师可给他较少的分量让他吃完，逐渐帮助幼儿纠正不良的饮食习惯。

（5）物质鼓励法

对挑食的幼儿，哪怕是一点点进步，教师都要给予鼓励，发给幼儿一朵小红花、小贴画、小卡片等，或者给一个拥抱、赞赏的眼神……这样都能促使幼儿养成良好的用餐习惯。

5. 良好习惯的养成

（1）适时的表扬：表扬是对好行为的肯定与强化，而好胜、爱听好话又是幼儿的特点，因此幼儿进餐中教师的适时表扬往往会取得事半功倍的效果。如：当看到有的幼儿进餐坐姿不端、东张西望、桌上洒满饭粒或残渣时，教师不要急于批评，有效的方法是表扬那些做得好的幼儿。于是，那些做得不够好的幼儿就能通过教师的话语调整自己的行为，并朝教师期望的方向改正。此外，为了培养幼儿良好的进餐习惯，教师还要有针对性地了解幼儿在家中的用餐情况。当幼儿有进步时教师要在集体中表扬与奖励他，相信持之以恒必将使幼儿逐步养成良好的进餐习惯。

案例：大老虎吃饭喽

托班宝宝吃饭时普遍存在以下情况：不肯张嘴巴或不愿咀嚼吞咽。于是，我就利用幼儿喜欢模仿的特点，采用夸张的方法引导幼儿养成良好的进餐习惯。

中午吃饭时，我端了一碗饭菜，边示范边夸张地说："我是大老虎，嘴巴张得大，牙齿嚼得快，一会儿饭菜吃光光！"鼓励幼儿和老师一样学做大老虎。在进餐巡视时，我一会儿对吃得快的宝宝说："嗯，原来这里有一只大老虎，我喜欢你！"一会儿又凑在宝宝嘴旁边听边说："我听到这只老虎嚼肉的声音啦！吃得真香呀！"有时还在"大老虎"身上贴个贴纸……由此鼓励幼儿不断地咀嚼、吞咽。慢慢地，幼儿乐意吃饭了，把饭含在嘴里的现象明显减少了。

（陆　艳）

（2）游戏中练习：教师可以将生活技能的练习融入游戏活动中，尽可能地趣味化，贴近幼儿的生活。如：在幼儿练习拿小勺、端碗、用筷子时，就可在生活区设置"喂娃娃吃饭"、"夹红枣"等游戏，使幼儿的基本生活技能在游戏中得以锻炼和巩固。

(3) 家园间配合：幼儿良好习惯的养成需要家园密切配合。家庭的进餐方式、家长的进餐习惯、家长的教育方式都会直接影响幼儿进餐习惯的养成。如：在家里妈妈不爱吃芹菜，那么，幼儿也会受其影响而不喜欢芹菜；再有，幼儿用餐时家长如果采用强制的教育方式，就会适得其反，造成幼儿厌食、偏食等问题。因此，教师要关注幼儿在家的用餐情况，尤其是对于偏食、用餐习惯不好的幼儿，更要加强与其父母的联系，争取家长配合，并针对幼儿进餐中的问题，商讨行之有效的方法，共同培养幼儿良好的进餐习惯。

案例：衣袖不脏了

每天吃饭，小璐总习惯用左手擦嘴巴，所以吃完饭后，小璐的衣袖总是沾有很多菜汁。今天吃鸡翅，我和阿姨商量在每张桌子上放了几块干净的小毛巾，宝宝们吃好后基本上都能记得将沾满油腻的小手在毛巾上擦一擦。小璐比别人擦得更勤快，不但擦手还擦嘴，所以那天的衣袖就很干净。第二天吃饭时，我给小璐准备了一张餐巾纸，只见她饭菜碰到嘴角时就会用餐巾纸擦擦嘴，吃好饭后衣袖又很干净。

通过与小璐外婆的交流，我知道外婆在家喂饭时总准备一块干净的小毛巾，用来帮孩子擦嘴，所以当嘴边有汁水时小璐习惯要擦嘴，而没有小毛巾她就往衣袖上擦。孩子们来自不同的家庭，而每个家庭有不同的养育方式，因此每个孩子拥有不同的生活习惯。托班幼儿虽小，但此时却是培养良好生活习惯的最佳时机，实践观察证明：对于一些简单的生活技能，孩子完全有能力做到。

现在宝宝进餐时，我们总会在旁边提供小毛巾或餐巾纸，指导宝宝嘴边有汁水时学会舔一下，擦一擦。从此以后，班里宝宝的衣袖总是干干净净的，他们逐步形成了手脏不乱擦的好习惯。

（陆　艳）

三、盥洗

在盥洗环节中，教师应重视指导。教师应根据幼儿的年龄特点、运用多种方式帮助幼儿逐步学会正确的盥洗方法，提高幼儿的生活自理能力，并持之以恒地督促他们，使幼儿能逐步养成良好的生活卫生习惯。

盥洗内容包括：洗手、漱口、如厕。如：培养幼儿饭前、便后洗手的习惯，随时保持手的清洁，养成手脏了就洗手的好习惯；培养幼儿饭后漱口的习惯，以达到清洁口腔、保护牙齿的目的；如厕方面，指导幼儿学会控制自己的大小便、知道大小便去厕所、中大班幼儿学习便后用手纸以及养成一切与排便有关的文明习惯。同时，一般在如厕盥洗的过渡环节，教师还要有意识地提醒幼儿喝水，帮助幼儿养成良好的喝水习惯。

在幼儿学习掌握盥洗方法的过程中，教师要采用幼儿能理解和接受的多种形式和方法进行指导，使幼儿懂得盥洗与人体健康的关系。盥洗时教师应注意全面照顾、及时督促、仔细检查，使此环节既达到清洁的目的，又起到教育的作用。下面将重点介绍幼儿盥洗时教师的指导策略。

（一）创设适宜的盥洗环境

为幼儿创设一个整洁优美的环境，让他们体验和享受环境带来的舒适与快乐。如：在男孩和女孩的小便池上分别画上两顶款式不同的漂亮小帽子，旁边写有汉字"男"和"女"；采用图文并茂的图示法，帮助幼儿养成正确洗手的好习惯；地面贴上排队的标记，提醒幼儿自觉养成人多时排队等一等的好习惯，消除不安全的隐患。

案例：瞄准浇"花"

爱玩是孩子的天性。如果你是一个善于细心观察幼儿的教师，你一定会发现，男孩子即便是在如厕时也经常处于游戏状态：站在小便池边你挤我挤你，有的还有意将小便洒在池外甚至是小朋友的身上、脚上。

针对这一情况，我们在男孩子的小便池合适的位置上画了几朵花。这一巧妙的设计，将孩子的生活活动与游戏有机地联系在了一起，不用老师任何的提醒与提示。聪明的小家伙们很快发现了这个变化，他们还暗暗约定在小便时要比比，谁能瞄准花朵，给花朵浇水。此后，男孩子小便时再也不乱洒了。

（陆 艳）

（二）采用多样的方式指导

在指导幼儿学习洗手、漱口等的基本方法时，教师可巧妙地指导幼儿学习相关的儿歌。儿歌中具体形象的语言，让幼儿一下就能记住盥洗的流程与要领，且儿歌的朗朗上口又让幼儿非常喜欢，因此教师可引导幼儿边念儿歌边做相应的事情。借助于具体形象的儿歌可以让幼儿轻松学会正确地洗手、漱口等。

附：儿歌

洗手歌

搓搓搓，搓手心，
搓搓搓，搓手背，
搓搓搓，手指缝。
冲冲冲，冲干净，
关上龙头甩三甩，
一二三，真干净！

洗手谣

小朋友们快快来，跟我来学洗手谣；
先把小手来打湿，再把肥皂搓手上；
左右掌心擦一擦，掌心手背也要擦；
手指交叉搓掌心，两手握握搓指背；
大拇指儿擦一擦，指尖掌心也要擦；
手指手缝洗仔细，再用清水洗一洗；
细菌个个吓得跑，我是健康好宝宝。

洗手歌	漱口
清清水，哗啦啦，	手拿花花杯，
卷卷袖子洗手啦，	喝口清清水，
先洗小手心，	抬起头，闭着嘴，
再洗小手背，	咕噜咕噜，
个个手指都洗到，	咕噜咕噜，
人人夸我讲卫生。	吐出来。

案例：有香味的小手

有一个阶段，我发现在餐前洗手时有的幼儿不用肥皂，只用水冲一下就算洗好了手；有的幼儿涂了很多肥皂却没冲洗干净……

根据发现的问题，我和孩子们一起讨论：怎样洗手才干净？孩子们想了很多种好方法。其中有一个孩子说："洗干净的手会有香味的！"孩子的这个主意给了我灵感。于是，当孩子们洗完手后，我都会等着闻一闻孩子们的手，假装很香的样子说："我闻到了一股甜甜的草莓味！""你的手上有好闻的橘子味。"对于洗手不认真的孩子，我又会说："你手上的水果味有点不新鲜了，再去用肥皂认真洗洗哦！"于是，孩子们洗手更认真了，当他们把小手举到我面前时，我乐此不疲，总是弯下腰享受地闻着一双双"香味各异"的小手……

（陆　艳）

（三）发挥榜样的影响作用

教师是幼儿模仿的重要对象，教师的日常行为随时都会对幼儿产生潜移默化的影响。同样，同伴的良好行为也是幼儿模仿学习的榜样。因此，教师要做有心人，平时要善于抓住一切有利机会为幼儿树立榜样，发挥榜样的示范作用，培养幼儿良好的生活习惯。

案例：我爱喝白开水

每次到了活动过渡环节，小朋友们一般都会去小便、洗手，这时我总会说："老师妈妈口渴了，想去喝点儿白开水，你们谁觉得渴，咱们一起去喝水吧！"在老师的带动下，他们纷纷说："我也觉得渴了，我想和老师妈妈一起喝水！"有时，我故意当着幼儿的面和另一个老师对话："徐老师，我最爱喝白开水，自从多喝了水，我嗓子不疼了，也很少生病了。"徐老师也会心领神会地说："是啊，白开水是健康饮料，我也喜欢喝白开水。"于是，我们会捧起水杯，大口地喝水，好像水十分香甜的样子！孩子们受到了感染，也不知不觉地模仿我们大口大口地喝水。在我们的影响下，我班幼儿知道了多喝开水身体好，养成了经常喝水的好习惯。

（陆　艳）

四、午睡

睡眠对幼儿的健康十分重要，它能使神经系统、骨骼和肌肉、内脏器官等得到休息，有助于促进幼儿身高的增长以及大脑皮层的发育。因此，养成良好的午睡习惯，保证幼儿每日充足的休息睡眠时间有益于幼儿的生长发育。

但是，由于幼儿生理、心理以及原有生活习惯的不同，往往对午睡的需求也存在着个体差异。有的幼儿对睡眠时间的需求较多，午睡时躺下即可入睡，而有的幼儿对睡眠时间的需求较少，即使夜晚入睡很晚，中午也照样毫无睡意，让他们午睡是十分困难的事。因此，教师要根据幼儿的个体差异，巧妙地运用多种方法，逐步帮助幼儿养成良好的午睡习惯。

（一）午睡环节的组织

1. 午睡前的准备

睡眠前可组织幼儿进行一些安静的活动，如户外散步、桌面游戏等，提醒幼儿睡前小便，检查幼儿的衣袋，防止幼儿将小物品带到床上玩耍。其次，教师应注意保持幼儿稳定愉快的情绪，使幼儿在良好的精神状态中安然入睡，教师不应在睡前批评或恐吓幼儿，也不得给幼儿讲激烈的、易引起悬念的故事。再次，教师要根据天气变化，及时调整、控制午睡室的室温，防止幼儿着凉。

2. 午睡时的组织

组织午睡时教师要以身作则，进入午睡室要轻轻说话，让幼儿知道在午睡室应保持安静。同时教师要鼓励、指导、帮助幼儿迅速地脱、叠衣裤，并放在指定位置。尤其是在组织托小班幼儿午睡时，教师更要注意帮助他们穿脱、叠衣裤。

当幼儿躺下后，教师应不断巡视，帮助幼儿盖好被子，安抚难以入睡的幼儿，及时发现异常情况。引导幼儿不趴卧、不跪卧、不蒙头睡觉，鼓励幼儿侧卧或仰卧，以保证幼儿的睡眠质量和身体的健康。天冷时，如有幼儿在午睡中途要上厕所，教师要及时帮幼儿穿好外套，以免着凉。

在幼儿睡眠的过程中，教师要经常巡视，注意观察每个幼儿的睡眠情况。一方面要注意幼儿的被子是否盖好，睡姿是否正确，有无蒙头睡觉，蒙头而未睡的幼儿是否在被子下面玩玩具、拆弄被褥或身上的衣服，是否在玩弄生殖器等，若发现以上情况应及时帮助与引导。另一方面，教师应注意及早发现突发疾病的幼儿，如注意观察幼儿睡得是否安稳，脸色是否正常，体温是否正常，有无拉稀、流鼻血等现象，若发现幼儿的身体有异常表现或已患病，应及时采取相应的措施。

起床时，教师除了要帮助、指导幼儿穿衣裤外，活动室和午睡室都要有保教人员，让每一个幼儿都在成人的视线范围内，以免发生意外。

（二）午睡时的个别指导

幼儿的睡眠同其他活动一样，存在着个体差异，需要教师区别对待。午睡时总有一些幼儿在床上翻来覆去睡不着，自己睡不着还影响其他幼儿。此时，教师不妨用以下方法试一试：

1. 观察分析

仔细观察并询问，找出幼儿难以入睡的原因，如衣服是否穿得过多，是否和邻床的幼儿吵闹，是否身体不舒服，是否带玩具到床上，等等。教师找到原因后，再给予幼儿适当的引导。

案例：馨馨也睡着了

馨馨是个乖孩子，平时特别文静，可是她有个令人头疼的问题——午睡时总是睡不着。为了解决这个问题，我和她谈话，告诉她天天午睡的好处，还请她的家长配合，让孩子早睡早起，家园共同培养馨馨良好的午睡习惯，可总是收效不大。

一天午睡时，我看着馨馨紧闭的双眼一抖一抖的，身体也不动，心想：其实她也在努力地使自己睡着，可是为什么睡不着呢？再看那些平日里顽皮的孩子却早已进入了梦乡，我心中一下子有点明白了：或许是她平日较安静，以至于午睡时仍然精神饱满，不觉疲劳。

于是，我开始调整自己的策略，帮助馨馨进行调试。首先，户外活动时我有意识地增加其活动量，如：在器械活动过后，引导她跑几圈，第一圈跑完发给她一块铜牌……直到获得金牌为止。于是，她运动的积极性提高了。我还利用结对子的方法，让她和运动量较大的小朋友一起游戏、玩耍。其次，午睡时，我们也不去催促她快点睡着，而是在她耳边轻轻地说："没关系，如果睡不着就闭上眼睛躺一会儿吧！"再次，当她睡着后，在她枕头下藏一朵小红花，等她醒来后，给她一个惊喜……慢慢地，她天天都能睡得很香了！

可见，组织开展一日活动的过程，需要教师细致的观察力，适度的敏感性，准确的判断力以及灵活的策略。只有这样，才能找到问题的根源，了解幼儿的实际需要，从而做到真正地尊重幼儿。

（陆　艳）

2. 安抚幼儿

营造一个温馨、安静的睡眠环境。教师要耐心、细心地安抚幼儿，让幼儿感觉安全又舒适。要考虑幼儿对睡眠需求的个体差异。如有个别幼儿精力旺盛，实在睡不着，那么教师可让幼儿闭上眼睛休息，只要不影响别人就行，而不必要求一定睡着。

案例：老师妈妈一起"睡"

又到了午睡时分。在听完轻柔的音乐后，孩子们大多安静地进入了梦乡。可是，心怡却瞪着两只大眼睛，精神焕发，一会儿摸摸自己的头发，一会儿拽拽自己的被角，任你怎么提醒，她总是笑眯眯地看着你。

我轻轻坐在心怡身边，帮她的被角盖盖好。"老师妈妈拍拍好吗？"心怡笑着望了望我，小手拍拍枕头，身体往旁边挪了挪。"老师妈妈一起睡！一起睡！""好！那心怡要把小眼睛闭上，老师妈妈才和你一起睡！"心怡一听这话，马上闭上眼睛。我一边把头轻轻靠在心怡头旁边，一边轻轻拍着……一会儿，心怡睡着了。

看着孩子们睡着的小脸，一个个红扑扑的，多可爱呀！我不觉被一种幸福笼罩。这些刚满两周岁的孩子从父母的怀抱来到教师的身边，从熟悉的家庭来到幼儿园这一陌生的环境，他们很自然地把与父母交往中产生的各种思想、感情、期望与爱转移到老师的身上，渴望老师像妈妈一样给他们以爱抚。早晨来园时老师一个热情的拥抱，游戏时一个亲密的吻，都能让孩子感觉到你对他的关心，对他的爱，使他有安全感。像这样午睡时轻轻地靠一靠，同样能让孩子产生对你的依恋。

（过　萍）

3. 巧用儿歌

午睡环节不仅能恢复和积存幼儿体力，促进幼儿的生长发育，而且还能提高幼儿的生活自理能力。因此，教师在关注幼儿午睡质量的同时，还应重视幼儿生活自理能力的培养，指导幼儿学习有序地穿脱衣服、叠衣裤、整理床铺等。其中儿歌学习不失为一种有效的辅助手段。教师可根据幼儿年龄特点和能力发展水平，选择或自编简单儿歌，帮助幼儿掌握生活技能的要领。

附：儿歌

叠衣服	叠裤子	钻被窝
先把衣服铺铺平，	裤腰对裤腰，	先开一扇门，
两扇小门关关紧，	裤脚对裤脚，	躺下把脚伸，
两个朋友手拉手，	中间折一折，	小门关关紧，
点点头，弯弯腰。	裤子就折好。	闭上小眼睛。

放鞋子	穿衣	穿裤子
小鞋子，放放好，	一件衣服四个洞，	宝宝自己穿裤子，
左边是爸爸，	宝宝套进大洞洞，	好像火车钻山洞。
右边是妈妈，	脑袋钻出中洞洞，	呜呜呜，呜呜呜，
他俩要说悄悄话。	小手伸出小洞洞。	两列火车出山洞。

衣服折折好	折裤子	小扣子
衣服宝宝要睡觉,	两只小裤管,	小扣子,圆溜溜,
两只小手抱一抱,	相亲又相爱。	好像眼睛找朋友。
衣服宝宝弯弯腰。	碰一碰,亲一亲,	小洞洞,忙招手,
快来把它放放好。	大家一起弯弯腰。	欢迎扣子钻洞洞。

五、散步

散步是幼儿喜欢的活动,也是幼儿一日生活中较宽松的一个环节。教师可以经常带领幼儿散步,让幼儿在散步过程中接触周围的环境,感知自然,放松身心。

（一）散步活动的组织

1. 自主结伴

为了安全和有序,外出散步时教师往往会让幼儿排队,如何排队很需要讲艺术。当队伍排成一长队的时候,幼儿往往会争执谁先谁后,教师可以让幼儿来决定如何处理,如：以高矮、小组轮流等不同的方式来决定排队的顺序。幼儿也很在意与谁拉手,此时教师可巧妙地运用不同的方式让幼儿拉手,如：穿同一颜色衣服的幼儿一起牵手,同一性别的幼儿一起牵手,和自己喜欢的朋友牵手。以不同的方式排队,幼儿非常喜欢,因为它能带给幼儿不同的体验,能与更多的同伴牵手是一件快乐的事情。此外,由于每次散步的内容、地点不同,教师不必运用统一的排队方式,有时也可以让幼儿三五成群地自由结伴组队等。总之,教师要尽力创造宽松愉悦的氛围,让幼儿在快乐中散步。

2. 内容选择

幼儿散步的内容非常丰富,自然景象、动植物、园内环境等都可成为幼儿散步观察的内容。而每次散步前老师都可以提出一些建议或问题,让幼儿的散步更有意义。如：种植园地里蚕豆的叶子有几片？有没有什么变化？草地上有没有蚂蚁？庭院里的古树和操场旁的古树一样不一样？今天你们想去小花园里看些什么呢？今天我们一起去捡树叶,回来后,告诉大家树叶是从哪里找到的……

案例：下雨的时候

午饭前,天就开始下雨了。一开始,雨下得飘飘扬扬,慢慢地,雨越来越密,逐渐远的近的变得模糊不清。原本的饭后散步看来只能改为室内游戏了,我望了望窗外,突然灵机一动,为什么不能在下雨的时候来次赏雨呢？

我一说要出去散步,孩子们就高兴得嚷起来,东东有点担心："可是外面下雨呢,会淋湿的。""那小朋友想想看,怎么样才不会淋到雨呢？"聪明的涛涛马上想到新园有很多走廊，可以在走廊里散步。对呀，这还是我们到了中班的新环境后第一次在下雨的时候散步呢，下雨时候的幼儿园和平时有什么不一样？

孩子们排着队一个跟一个下了楼梯，我们先来到了古树天井中，站在廊下，我让孩子们听一听"听到了什么"、看一看"看到了什么"、闭上眼"感觉到了什么"。孩子们兴奋地描述着自己的发现，有的说："下雨的声音滴滴答答的，真好听！"有的伸出手接着廊下的水滴，"凉凉的真舒服"。还有的孩子发现雨顺着天井中亭子的飞檐落下来，就像一串串珠子真好玩！往地上看一看，浸润了雨水的青砖还能照得出人的影子呢。孩子们的观察与发现真不少！

从大厅往长廊方向走，一路上孩子们又发现了长廊的玻璃上到处是水蒙蒙的，从长廊往外看去，整个幼儿园就像是被水洗过一样，真干净。活动场上，滑梯上到处是水，好想过去踩一踩啊。这些可都是孩子们的话，在他们眼里，下雨的时候整个世界变得更有趣，更生动了！

今天的散步活动既让孩子们欢腾雀跃，也让我回味良久。我们常说生活即教育，生活中的确有很多值得我们去发现去体验的东西，如果我们让这一切更情趣化，那么孩子们抑或是我们教育者，是不是会更乐于接受呢？

（刘　芸）

3. 随机讨论

散步活动中有许多稍纵即逝的瞬间，教师要善于捕捉、随机引导幼儿关注、发现周围环境中的一切。如：散步时，一架飞机"轰隆隆"地从天上飞过，幼儿们的注意力一下子转移了，会不约而同地抬头望着天空，兴奋地挥动着双手高声喊"飞机、飞机"。幼儿们多么希望飞机能停下来，可是飞机却越飞越远，直到飞机在空中消失，他们才回过神来。紧接着他们又进入了热烈的讨论中，"那是架什么飞机"，"飞机到哪里去了"，"我见过……的飞机"，这时老师积极加入幼儿们的讨论中去，并引导幼儿们，"飞机为什么听不见你们的声音"，"飞机为什么不掉下来"，这拉近了师幼之间的距离，而有关飞机的话题就成了这一天幼儿们散步的内容……在这种宽松休闲的氛围中，孩子们既享受到散步的乐趣，又体验到发现的惊奇和自主的快乐，还拓展了对有关现象、事物的认识，幼儿多方面的发展都得到了促进。

（二）散步时的注意事项

1. 散步的场地要平整、安全，有丰富的环境资源。

2. 散步过程中教师要及时清点人数，要求幼儿安全活动不奔跑，制止幼儿的危险动作——不推撞、拉扯等。

案例：玩冰记

第一次： 周三，是我们外出散步的日子，孩子们跟着我缓缓地穿行于校园的花园之中。冬天到了，已经没有怒放的花朵和青翠欲滴的绿叶可看，孩子们显得有点无聊，大部分在互相聊天，已经全然不顾身边的风景。从小桥上下来，走到了大型器械旁的草地上，坐着晒太阳的时候，有一个孩子突然大叫起来"老师，池塘里有冰"。大家顺着他指的方向看过去，是的，水面上结了一层薄薄的冰，因为已近中午，被太阳照到的地方已经化掉了一部分。孩子们一下子围了上去，池塘边的栅栏旁一会儿就站满了小朋友，有的孩子还弯腰准备把手伸到池塘里去捞冰。出于安全考虑，我隔着栅栏捞起一大块冰放在草地上让孩子们观察。小朋友们都很兴奋，每个小朋友都迫不及待地捡起一小块放在手心，像拣到了什么宝贝似的，小心呵护着。可是一会儿就有孩子说："啊，冰不见了！"接着，他们又急忙求着我帮他们再捞一点。看到孩子们这么喜欢，我又捞了几块，还带了一些回教室，因为他们都认为冰到了教室就会化掉。我让阿姨把孩子们的冰放在盆里，让孩子们起床后看看冰会有什么变化。

第二次： 又一个周三，孩子们主动跟我提出："老师，今天我们再去玩冰吧，今天的冰比上次的厚！""你怎么知道的啊？""因为今天很冷！"顺应孩子们的意思，我带着孩子们再次来到了目的地。这次小朋友没有弯腰去捞，他们发现池塘的水面上冰结得厚厚的。当我把冰从水面上捞出来的时候，孩子们尖叫了，他们发现这次的冰和上次相比厚了很多。孩子们和上次一样把冰从草地上拿起来，有的孩子顺势往池塘里一扔，没想到非但没有把冰面砸破，砸向冰面后的冰还变成了一颗颗碎粒往四周溅去，在阳光的照耀下一闪一闪地发着光，还挺漂亮呢！接着，很多孩子也跟着这样玩了，等我捞起来的冰被砸完后，我们就回了教室。回到教室，我找了一根吸管，把我小时候一种玩冰的方法演示给孩子们看，就是用吸管在冰上吹洞。孩子们看得非常激动，都想尝试一下！"哪来的冰呢？""在哪做冰呢？""我们回家去做！""把水放在外面，第二天早上就会结冰了！"孩子们还挺有经验呢。第二天，就有家长来跟我反映，有的孩子回家后到处找盆，要放水做冰……

因为时间的关系，有的细节我已经记得不是很清楚了，但孩子们对冰的喜欢和兴趣却给了我很深的印象。冰给他们带来的触觉很独特，孩子们对冰的新鲜感和好奇心一下子被激发出来了，而对冰的喜欢是他们对大自然喜爱的直接流露。孩子是天生喜欢大自然中的事物的，玩冰的时候他们尽情地笑，快乐地交流，让人感动。是啊，在我们小时候，玩冰、玩泥是再自然不过的事情，而现在的孩子想玩一次冰或想玩一次泥巴却是多么的不容易，这些来之不易的玩乐机会极大地满足着孩子们心底需要释放的欲望。所以，如果可以的话，我们成人应该尽量给孩子们提供和大自然玩乐的机会，让他们在大自然中尽情地玩一玩，享受一下最自然最单纯的快乐，我想这样的童年才不会那么苍白！

（潘苗萍）

六、安全

"安全之弦不放松"，在幼儿园这一点尤为重要。教师要保证幼儿在一日活动中的安全，很重要的一点就是应该明确一日活动各环节和各类活动的安全工作常规要求，树立应有的安全防范意识。

（一）树立安全防范意识

每次活动前，教师一定要首先考虑可能出现的安全问题，不掉以轻心，消除安全隐患；活动中，教师要时刻关注幼儿的行为和活动范围，避免出现安全事故。对一些重要的细节之处，教师更要引起重视，如：

晨间接待时：要注意检查幼儿口袋中是否有尖锐的器具或小珠子之类的东西，以防自由活动或午睡时发生戳伤或异物塞进耳、鼻、口等。

午餐时：烫的食物如带进教室需加盖，放置于幼儿碰不到的地方；提醒幼儿吃饭时不说话、玩耍，以防噎着、烫伤。

户外活动时：教师要检查幼儿的鞋子是否适合运动，鞋带是否系好，活动时要注意控制幼儿的活动量，提醒幼儿不狂奔乱跑，使幼儿不因动作失控而摔伤、跌伤；提醒幼儿玩大型玩具时不拥挤、不倒爬滑梯等，以免受伤。

上下楼梯时：教师要带领幼儿靠右走，提醒幼儿好好走，不蹦跳。

自由活动时：教师要时时关注幼儿，提醒幼儿不要站在门后，不在门边玩，不把手放在门缝里，不在教室内追逐奔跑等。

玩玩具时：教师要提醒幼儿不扔、甩玩具及物品，以杜绝不必要的安全事故。

教师弹琴后：要记得及时盖上琴盖，以免压到幼儿的小手。

午睡时：提醒幼儿不站在床上，不含着东西睡觉，不把杂物带到床上玩。

发生意外事件时：当发生幼儿呕吐、摔跤、碰撞等事件时，教师不能只是大致问一下幼儿"是否疼痛、要不要紧"等，而是应该仔细检查、观察，以免延误伤情和病情。

案例：均均呕吐以后

下午吃完点心以后，钱老师班上有一个叫均均的孩子突然剧烈呕吐起来。因为消化能力弱、喉咙浅，加之受身体状况和气候的影响，这个年龄段的孩子呕吐是很常见的状况，一般的处理方法是喝点热水、休息观察，较严重的送到保健室检查就可以了。可是钱老师在这寻常的事件里看出了不寻常:下午的点心是赤豆粥,量并不多,可孩子的呕吐量却很大;呕吐物隐隐透着一层暗红的颜色,跟一般孩子呕吐物的颜色很不一样(尽管和赤豆的颜色很近)。钱老师保持了足够的警觉,通过细致的观察、分析,她马上通知了孩子的家长,一同送孩子去了医院。诊断结果比想象的还要严重。原来,孩子的胃里生了一个瘤,并且已经破裂。孩子马上被送入了重症室,及时进行了手术。据医生说,孩子出血已经有一两天了,这种病很不容易被察觉,要不是及时发现、及时治疗,孩子的生命都会受到威胁。事后,孩子家长后怕之余连声赞叹:"我们和孩子如此亲密,都没能察觉出异样,钱老师真是比我这个妈妈还要细心,太感谢了!"

(王 伟)

(二) 突发应急事件的处理

1. 鼻腔异物

若发现幼儿将异物塞进一侧鼻孔,可压住另一侧鼻孔擤鼻,若不能排出异物,则要去医院处理。千万不要用镊子试图将异物夹出。尤其是圆滑的异物,很难夹住,越捅越往深处走,一旦落入气管,会有生命危险。到了医院,医生使用取异物的工具,便可手到病除。

2. 咽部异物

若幼儿被骨头渣、鱼刺、枣核等扎到嗓子,不能用硬往下吞食以求将异物咽下的办法。硬吞食物可能将异物推向深处,若扎破大血管,会十分危险。咽部卡有异物时,要去医院处理。

3. 止鼻血

幼儿出鼻血的事情经常发生,此时要安慰幼儿不要紧张,安静坐着,头略低(注意不是仰头,仰头时血流入咽部,血被咽下,虽从鼻孔流出的血很少,但其实很可能是大量出血),张口呼吸。同时,可捏住幼儿的鼻翼,一般压迫10分钟可止血。此外,还可在前额、鼻部用湿毛巾冷敷。

出血较多时,可用脱脂棉卷塞入幼儿鼻腔,填塞紧些才能止血。若有麻黄碱滴鼻液,可把药洒在棉卷上,止血效果更好。止血后,2～3小时内不要做剧烈运动。

若经上述处理,鼻出血仍不止,应立即去医院处理。

若自鼻孔流出的血已不多,但幼儿有频繁的吞咽动作,则一定要让他把"口水"吐出来。若吐出的为鲜血,说明仍在出血,如幼儿将流入咽部的血咽下,则要送医院处理。

如果有幼儿常发生鼻出血,而且皮肤上常有淤斑,小伤口出血也不易止住，那么教师应建议家长带幼儿去医院做全面检查。因为鼻出血可能是全身疾病的一种表现。这种有"出血倾向"的幼儿，一旦发生鼻出血就难以止住，应尽早去医院处理。

4. 晕厥

晕厥是由于短时间的大脑供血不足而失去了知觉，突然晕倒在地。常由于疼痛、精神紧张、空气闷热、站立时间过久等原因引起。

幼儿发生晕厥时面色苍白，四肢冰冷，出冷汗。此时，教师要立即让幼儿平卧，松开衣领、腰带，头部可略放低，脚略抬高。一般经过短时间休息，脑部血液供应改善后，即可恢复。幼儿清醒后，可喝一些含糖的热饮料。

5. 擦伤

擦伤是指幼儿摔倒后擦破的伤口，仅仅是表皮受伤，伤势比较轻微。对于很浅、面积较小的伤口，可用红药水、万花油涂抹伤口周围的皮肤。

如果擦伤面积太大、伤口上沾有无法清洗掉的沙粒、污物，或受伤部位肿胀、严重疼痛、周边机体组织破损、血流不止，或受伤位置很重要（如脸部），建议去保健室就医。

6. 惊厥

惊厥表现为骤然发作，意识丧失，两眼球固定或上翻、斜视，头转向一侧或后仰，口吐白沫，牙关紧闭，面部及四肢肌肉呈强直性或痉挛性抽动，常伴有屏气，面色发绀，有时可有大小便失禁。

当幼儿发生惊厥时，除第一时间通知保健室以外，教师应立即就地抢救。方法：让幼儿平卧，头偏向一侧，解松衣领、腰带；要及时清除口、鼻、咽喉内的分泌物或呕吐物，防止窒息；必要时要用纱布包好压舌板或用毛巾、餐巾纸等软质物品放在上、下磨牙之间，防止咬伤舌头，若牙关紧闭，则不要强行撬开；四肢强直时不可按压肢体，可指压或针刺人中、合谷穴。

第二节　有序的班级管理

幼儿园班级管理工作事无巨细，既要对幼儿进行管理，帮助和指导幼儿建立一定的班级规则，以保证幼儿在园一日活动的顺利开展，同时又要完成班级常规工作，包括班级环境的设置、各类计划的制订、家长工作等。因此，幼儿园班级管理工作全面具体而复杂，刚踏上工作岗位的新教师要胜任这一项工作不是一件容易的事情，需要一个熟悉适应的过程。所以，新教师在班级管理工作中要做的第一步就是全面了解幼儿园班级管理工作的主要内容。其次，从千头万绪的工作中找出"重中之重",以点带面,逐步有序全面地做好幼儿园班级管理工作。本节重点介绍班级环境设置、常规建立、各类计划制订,家长工作将在以后专门的章节中介绍。

一、班级环境的设置

《幼儿园教育指导纲要(试行)》明确指出:"环境是重要的教育资源,应通过环境的创设和利用,有效地促进幼儿的发展。"由此可见环境对幼儿发展的重要作用。而传递着教育讯息、透示着教育理念与价值取向的班级环境,更是幼儿成长的重要影响源,被称为幼儿的"第二位教师",幼儿随时与之互动,潜移默化地接受影响。因此,班级环境的设置应是幼儿园班级管理中的重要内容之一,教师要予以重视并积极探讨。这里重点介绍的是班级物质环境设置,包括:空间设置、墙面布置等。

(一) 班级环境设置的基本原则

1. 安全性原则

幼儿园所有的环境创设必须首先服从卫生和安全的要求,以保证幼儿身心健康发展。如:教室内的家具角应做成圆角;药箱、电线、插座、消毒液等应放在幼儿伸手不可及的地方;雨天或潮湿的季节里应该在走道及盥洗室门口放防滑垫等;幼儿所收集的洗发水瓶、盒子等废旧材料,质地要无毒、安全,还要进行清洗或消毒;图钉要使用安全图钉等。总之,要消除一些不安全因素,防患于未然。

2. 教育性原则

班级环境的创设要与课程实施相呼应,可展现教育活动主题、近阶段活动的进程、幼儿的探索与发现,使幼儿及家长能更好地与之互动,进而发挥环境的积极作用。同时班级环境的创设,还要凸显幼儿的年龄特点,符合幼儿认知水平、引发幼儿的认知冲突并深受幼儿的喜爱。唯有如此,班级环境才能真正具有教育的意义和作用。

3. 参与性原则

幼儿不是环境的被动适应者,而应该是环境创设的主人,他们有权参与和自己生活密切相关的环境创设。因此,教师要充分调动他们的积极性,让幼儿参与到班级环境的创设之中,让幼儿真正成为班级环境的主人。在幼儿参与的过程中,教师要充分尊重幼儿,与幼儿商讨如何布置环境,包括环境布置的内容及展现方式,并在此基础上让幼儿参与布置,共同完成环境的创设。此时的环境对幼儿多了一份亲近与真实,从而有助于幼儿与环境的有效互动,增强环境对幼儿发展的促进作用。同时,家长也可以成为班级环境创设的参与者，这样有助于家长与教师在教育目标、内容、要求上达到一致，形成教育合力。

4. 艺术性原则

班级环境创设在充分考虑教育性的同时，也要体现艺术性，要给人以合理、协调的美感。整体环境决定了总体的风格和色彩基调，布局要合理。墙饰布置也要考虑表现形式的艺术性和制作成品的美观性，考虑各墙面之间在色彩、布置等方面的协调性，使班级环境能符合幼儿的审美情趣，并对幼儿产生潜移默化的美的感染和熏陶。

5. 动态性原则

班级环境的创设不能一成不变，也不可能一步到位，而是要随着教育教学活动的不断深入和幼儿的发展需要不断丰富和调整。因此，班级环境创设是一个渐进和不断变化的过程，阶段性、渐进性体现了班级环境创设的动态性。只有坚持环境创设的动态性，才能始终保持幼儿对环境的关注与喜爱，才能激发幼儿与环境的积极互动，从环境中汲取成长的支持。

6. 经济性原则

环境创设要结合实际情况，因地制宜、就地取材、废物利用、一物多用，坚持低投入高效益。如：在创设积木区时，教师可以和幼儿共同收集一些圆形的奶粉桶、饮料罐、可乐瓶、衬衫盒子等丰富建构的拼搭材料；还可以和幼儿一起利用废旧材料制作树木、花草等丰富建构的辅助材料，这些经济低碳的方法既丰富了积木区的环境，对幼儿来说也是一种无声的环保、节约教育。

（二）班级活动区角的设置

1. 常见的活动区角

幼儿园活动区角的命名和分类在不同的幼儿园会有所不同。通常在活动室内可以为孩子们设置图书区、美术区、建构区、科学区、角色游戏区（娃娃家、医院、超市、银行、理发店等）等，室外可有玩沙区、玩水区、种植区、饲养区等。每个活动区角都有独特的要求和作用，它们不仅为孩子们提供了活动机会和空间，同时可以在活动的过程中满足他们的多种需要、发展多种能力。总体来讲，相对于幼儿园其他的教育活动而言，区角活动更具有自由性和自主性。

2. 区角设置的主要步骤

（1）确定活动区角的内容：教师在设计活动区角时，需要考虑到各种因素，如幼儿的需要和兴趣、阶段性的教育目标、正在开展的教育活动、可利用的教育资源、活动室的面积和结构、幼儿人数等。教师要综合考虑以上因素，使活动区角的设置在满足幼儿发展需要的同时，更合理、更具教育价值。

（2）安排活动区角的空间位置：在确定了活动区角的内容之后，教师就需要仔细分析各个活动区的特点和特殊要求，设置时要尽量兼顾各活动区，从而更好地发挥各活动区自身的作用。如：

考虑各区域的特殊要求。由于各区域的性质、特点不同，所以各区域都有着各自特殊的要求。如：建构区就需要有足够的空间让孩子进行建构；美工区经常会需要水，最好设在离盥洗室或水源比较近的地方；自然科学区中饲养了花草和各类小动物，最好设在阳光比较充足、向阳的一面；表演区一般会用到音响设备，可设在靠近这些设备的地方等。

考虑动静区角相对分开。有些活动区需要比较安静的环境，如图书区需要安静的阅读环境；而有些区角活动是比较热闹的，如表演区等。因此，为了避免活动之间的相互干扰，活动区设置时需要考虑活动区角的动静特点，合理安排。

考虑区角的灵活变动。各活动区应根据活动的需要随时适当调整与变换区域空间，因此可以采用大角落与小角落兼而有之、临时设置的活动区和相对固定活动区相结合等方法。

考虑开放性和封闭性相结合。各区角活动的性质不同，对开放性和封闭性的要求也各不相同。如，图书区需要安静，在空间设置上相对而言可以封闭一些。而角色游戏区、积木区在空间设置上可以相对开放一些，方便幼儿在游戏中互相交流、互相合作、丰富游戏情节和内容。

另外，孩子不同的年龄特点也影响着各区角设置的开放性和封闭性。比如：托、小班的孩子易受他人干扰，游戏一般是独立游戏，所以各活动区的设置相对就比较独立，界限分明。中、大班的孩子抗干扰能力较强，他们有了交流合作的欲望和能力，所以各区域之间设置可以相对比较开放一些。

（3）布置活动区的环境：除了根据需要布置一定的墙饰以外，活动区的布置最主要的就是要投放活动材料。在提供材料时要考虑：材料是否符合幼儿的年龄特点和兴趣、是否隐含阶段性的教育目标和内容、是否符合幼儿的发展需要、能否利用当地资源和废旧材料、材料数量是否充足、幼儿是否参与活动区材料的收集与制作、能否根据实际情况及时投放和变更材料、材料是否安全卫生、材料是否有探索性等多方面的因素。

（4）制定活动区的规则：开展区角活动前一般都要制订规则，它可以在活动中组织、引导、调整幼儿的活动及其行为，承载着独有的教育价值。事实上，如果要使活动区真正成为幼儿自主自由活动的场所，必须要制订相应的规则。单纯取消外部约束并无法真正保证幼儿的自由。因此，规则是必要的，是自主自由的前提，但这种规则也必须是适宜的。

适宜的规则不是外部强加的，而可以有不同的产生方式，有些规则可以明确地告知幼儿，有些规则可以和幼儿在讨论中形成，还有些可以让幼儿在活动中遇到问题时不断调整逐渐建立。

当活动区角的规则基本形成后，教师可以用多种方法把一些规则呈现在区角内，以利于幼儿遵守规则。如环境暗示法：通过用小脚印、小夹子、胸卡、小椅子等提示各区角的活动人数，当小脚印上鞋子放满了、小夹子或胸卡取完了、小椅子都坐满了就表示人数已满，让幼儿一目了然。环境的暗示减少了教师的语言指令，也进一步增强了幼儿的规则意识与自我控制能力。又如图示法：把一些需要幼儿在活动过程中注意的问题画成图示，张贴在相应的活动区角内，提醒幼儿在活动中遵守有关规则。总之，采用何种方式方法并不是最重要的，重要的是这些方式方法能让幼儿理解接受，从而保证区角活动能顺利有效地开展。

3. 活动区角空间设置的注意要点

（1）保证每位幼儿都在教师的视野之内。老师需要随时随地关注到每位幼儿，因此在创设班级环境的时候要考虑各区之间有没有视线障碍，尤其留意书架、高大的柜子等的安置，不要让它们阻挡了教师的视线，有效的做法是教师站在教室中的不同位置，而后检查是否存在视觉盲点。

（2）保证各活动区角之间的通畅。有些区角的活动需要幼儿相互流动、相互交往、相互合作。因此在设置空间时要注意区角间的通畅，方便幼儿进出和活动，使幼儿能更顺利地游戏，同时也能避免一些不必要的碰撞，保证幼儿活动的安全。

（3）保证幼儿能方便取放各类物品。活动区角内所提供的材料都应该是开放性的，在呈现的时候要考虑到能够让幼儿便于取放，包括衣帽柜、鞋柜、学具柜中的一些物品，以保证幼儿能顺利地活动，同时也有利于培养幼儿的自主安排的能力和有序归放物品的习惯。

（三）班级墙饰的布置

1. 墙饰的内容

班级墙饰的内容一般可分为主题性墙饰和非主题性墙饰，它是根据教育教学内容和班级实际需要而确定的。

主题性墙饰应随着主题教育活动的产生而产生，随着主题教育活动的发展而发展，它展现的应该是孩子们共同关注的问题、是一个主题活动中的关键过程和阶段性成果，这样才有助于提升幼儿的关键经验。在选择主题内容作为墙饰时，一要注意适宜性，因为并不是每一个主题的内容都适合或需要通过墙饰来呈现或支持的。二要注意互动性，因为只有呈现幼儿感兴趣的内容或是展现幼儿自己的学习成果，幼儿才会积极参与墙饰布置并与之产生互动。三要注意生成性，主题墙饰的内容一般都是以预设为主，但在规划布置时也要考虑将一定的空间留给可能生成的内容，使墙饰内容更符合教育教学的实际，发挥更好的作用和价值。

非主题性墙饰的内容一般都是根据班级实际情况和需要而确定的，它可以体现有关生活、游戏、交往、创意、班级管理等多方面的内容。如：为了培养小班幼儿的生活自理能力和良好的生活习惯，可以将折叠衣服的步骤画成图示贴在相应的地方，让幼儿在需要时通过图示的提示学习折叠、归放衣服。对各个年龄段的幼儿都可以根据需要采用图示这一方法培养他们的生活能力和良好习惯。又如：可以专门设计一块展示幼儿创意作品的墙面，也可以围绕每天进行的新闻播报、天气预报等活动来布置墙饰，大班还可以设计幼儿能看得懂的班级规则、一周活动安排等。总之，非主题性墙饰在班级管理、教育教学等方面同样有着不可或缺的重要作用。

2. 墙饰的设计与布置

墙饰的设计与制作没有固定统一的要求和方法，主要是依据内容而定。在构思设计阶段，可以根据需要发动幼儿和家长共同收集适合的资料和材料，然后由教师进行艺术化的组合。如：大班孩子将收集来的不同材料制成了各具特色的螃蟹，老师就可以将墙面布置成"沙滩"，把一只只螃蟹放在"沙滩"上，这样的组合和呈现就能创造出一种富有创意、具有一定视觉冲击力的效果。

在呈现墙饰内容时，可以用一次性呈现或持续性呈现等不同的方式。一次性呈现就是将一次活动或一系列活动的成果一次性发布，这样的方式比较适合幼儿作品展出和阶段性活动成果展示。持续性呈现就是在规划好整面墙饰布局后，从一个点切入展开墙饰布置，伴随着幼儿活动的深入而不断丰富布置的内容，逐渐形成一个完整的主题性墙饰，这样的方式比较适合展现系列活动的主要过程和结果。

在布置墙饰时还应注意适宜的高度，应该以幼儿平视的视线高度为准。如果墙饰的高度是以老师的视线标准来布置，那么幼儿在观看时必须仰视，这样不仅容易引起颈椎疲劳、影响幼儿的视力，而且也不利于幼儿与墙饰的有效互动。因此，墙饰布置的高度在某种程度上也充分体现了教师的儿童观与教育观，体现了教师是否真正以幼儿为主体。

二、班级常规的建立

幼儿园的班级常规是指幼儿一日活动中应该遵守的基本行为规则，它是提高幼儿一日活动质量的前提和保证。因此，建立良好的班级常规是幼儿园班级管理中的重要内容，它有助于形成宽松、自主、有序的班级氛围，有助于幼儿保持积极愉快的情绪，增强幼儿行为的目的性和自律能力，有助于幼儿掌握一定的社会性知识和技能。而班级常规的建立需要教师持之以恒的努力，需要教师一定的经验积累与教育智慧，因此它是一项漫长而艰巨的工作。以下几方面的介绍将有助于新教师建立有效的班级常规。

（一）了解班级常规

当新教师进入一个班级时，首先要了解该年龄段幼儿一日活动各个环节的内容和基本的常规要求，这是教师顺利组织幼儿一日活动的基础。其次，要了解班级已经约定俗成的一些规则，这是新教师能较快融入班级、与搭班老师统一要求、有序组织幼儿一日活动的前提和保障。因此，新教师一定要认真对待、主动积极地通过多种方式了解熟悉班级常规。

（1）要主动与搭班老师沟通，认真听取意见和建议，争取搭班老师的支持与帮助。

（2）要根据幼儿的表现及时调整自己的做法，使自己的组织方式和要求能顺应班级幼儿已有的习惯，让班级的规则要求保持一定的一致性。

（二）落实规则要求

规则一旦建立就要执行，而规则的执行过程也是新教师倍感困惑的过程。如：新教师在组织一日活动的过程中总是希望幼儿能听从自己的指挥，能顺利地开展各项活动，而事实往往与之相背，幼儿不守常规的现象时有发生，有时影响了正常活动的开展，而新教师对此往往束手无策，同时会产生深深的挫败感。殊不知，这是所有新教师工作之初都会有的感受，当务之急是新教师要树立自己的威信，要信守诺言、坚持规则，让幼儿喜欢你、信服你。

1. 树立威信

新教师进入班级，会给班上的幼儿带来新奇的感受，大多数幼儿会向新教师表现出亲热的举动，新教师也会对幼儿的热情作出积极的回应。但是，幼儿人小鬼大，非常善于察言观色。对于新教师，他们往往还会表现出"欺陌生"的行为，一到新教师带班时间，他们就会故意捣蛋、不守常规，让新教师手足无措，不知如何是好。因此，新教师要想让幼儿能信服于你、听从你的"指挥"，那么在和幼儿亲密交往的同时还需适时树立自身的威信，把握好爱和严

第二节 有序的班级管理

的分寸。新教师要注意让所有的幼儿都能感受到关注与关爱，对于孩子一时的疏忽、无意的过错应该表示宽容、耐心引导，但在幼儿故意违规捣蛋时应该坚持原则，明确表示出自己的态度和要求，及时要求幼儿改正和调整。应该让幼儿知道故意违规捣蛋的行为是不对的，老师不支持也不喜欢，但要注意此时的态度应该是幼儿愿意接受的，要用坚定、温和的语调，不能过于严厉和大喊大叫。另外，新教师要注意做到"遵守诺言、说话算数"，答应幼儿的事情和要求要记住兑现，活动前提出的要求和规则一定要在活动中落实，平时也不要随意说一些自己不可能做到的事情。如："你今天睡不着午觉晚上就睡在幼儿园"等。如果教师自己出现了错误，则要向幼儿进行诚恳的道歉并及时改正，表现出平等沟通的态度。相信新教师如果能注意做到了这些方面，那么很快就能在幼儿心目中树立一定的威信，幼儿也就会愿意听从"指挥"了。

2. 统一要求，持之以恒

在组织一日活动中，班内的三位保教人员要统一要求、密切配合、协调一致、持之以恒，这样才能将各项规则要求落到实处、培养良好的班级常规，做好班级管理工作。因此，在日常工作中，新教师必须要对制订的班级常规要求做到心中有数，并能坚持不懈地执行，不能朝令夕改。应让幼儿始终感觉到班级常规的存在，懂得只有大家都遵守了规则和要求，才能更开心顺利地活动。同时，新教师还要经常主动和搭班老师及保育员交流沟通、共同商量如何解决遇到的难题，学习好的工作方法，使自己能较快地适应班级管理工作，轻松地组织一日活动。

3. 巧用方法

在日常工作中，新教师要做个有心人，学习、探索一些巧妙有效的班级常规管理方法。这样不仅能使自己的工作事半功倍、得心应手，还能提高一日活动组织的质量和效益。下面列举一些方法供新教师在工作中借鉴使用：

（1）平日活动中可以用"少数服从多数"的规则或"石头、剪刀、布"等方法，解决孩子之间的简单纠纷，让孩子通过自主解决的方式进行选择。

（2）利用儿歌、故事、情境表演、木偶表演等方式对幼儿进行生活常规教育，帮助幼儿理解并记住常规的要求。

（3）选择几段不同的音乐，相对固定地在某个环节播放，代替老师发出的指令，让孩子知道听到相应的音乐就应该怎么做。如：需要收玩具时、需要安静时都可以用音乐来提醒。

（4）让标志与符号说话，如：指示行走路线的标记，表示规则的标记，帮助幼儿养成良好习惯的图示等。

（5）在班级物品管理方面，可以用拍照片或画图示、符号等方法帮助幼儿整理和归放。如：归放桌面建构玩具，可以将实物拍成照片贴在玩具柜相应的位置上，这样孩子在收玩具时就很容易找到固定的位置，不会乱放，形成有序的习惯。

（6）设计一些特别的奖励方法，如：在老师讲故事时为大家选择一本书，做老师的小助手，成为一个游戏的领导者，在看电视时有选择碟片内容的权利，得到一张有趣的涂色纸，排队时站在第一个和老师手拉手……这些奖励不仅能帮助幼儿强化正确的行为，还能密切师幼感情和关系。

三、制订工作计划

"计划在工作之前。"对于班级管理来讲，制订工作计划是一项非常重要的工作，它能保障班级管理工作有目的有计划地进行。纵观班级管理的各项工作，教师需要制订的工作计划一般包括：班级工作计划、一周活动计划和半日活动计划。

（一）班级工作计划

班级工作计划是教师对整个班级工作的规划与部署，制订时要以《幼儿园工作规程》和《幼儿园教育指导纲要（试行）》为准则，要以班级幼儿的实际情况以及本年龄段幼儿的发展目标为依据，同时落实幼儿园园务工作要求。班级工作计划一般有以下几部分组成：

1. 班级情况分析

班级情况分析主要围绕上学期班级工作的情况撰写，可以分析幼儿的发展现状，阐述班级所开展的工作，取得的成效以及需要进一步开展的工作。通过以上对班级情况的总体分析，教师可以清晰地了解班级各方面的实际情况，并在此基础上思考、明确新学期的工作目标。

2. 班级工作目标

班级工作目标的制订要以本年龄段幼儿的发展目标、班级幼儿的发展现状为依据，注重幼儿的整体发展。因此，目标制订可从健康、社会、认知、艺术等方面考虑。同时，还要充分考虑班级管理工作中的其他方面，如家长工作等。总之，班级工作目标的制订要全面而具体，但是又要突出重点。因为它影响着班级所有工作的开展。

3. 具体要求和措施

具体的要求和措施主要围绕班级工作的目标，是目标的具体落实。围绕一个目标可以制订一条或多条措施，措施要具体可行，便于操作。此外措施的制订也可延续之前一个学期的一些做法，以体现教育的一致性、连贯性。

4. 家长工作

为了突出家庭教育的重要性和必要性，家长工作可单列出，工作可从家园配合、资源运用、活动开展等方面入手。

5. 个别关注

针对班上比较特殊的幼儿，教师在制订计划时，可重点阐述，包括培养目标以及措施等。

总之，班级计划应在班内三位保教人员共同讨论分析的基础上产生，以保证计划制订的合理性和实施的有效性。

附：江苏省无锡市实验幼儿园班级计划

中三班上学期班级工作计划

一、班级情况分析

我班共有35名幼儿，其中男生20名，女生15名，本学期共有四名新生。经过小班一年的学习与生活，幼儿各方面能力都有了显著提高，良好的行为习惯初步养成，特别是幼儿的自理能力不断提高，各项常规能基本遵守。因此，进入中班后，幼儿较快地适应了新的环境与生活，愉快地投入各种活动。

（一）优势

1. 班级常规比较稳定，幼儿情绪情感比较积极，对各类活动表现出较强的探究欲望，且表现、表达的能力增强，乐于尝试多种表现表达的方式。

2. 家长教养观念有所更新，参与活动的意识增强，能积极地配合参与到幼儿园的各项活动中来。

（二）不足

由于班内年龄小的孩子偏多，班内孩子能力差异较大，也存在不少问题：

1. 年龄小的孩子，数学能力、动手能力、理解和分辨是非的能力较弱，有许多孩子不能按老师的信号行动，比较散漫。

2. 幼儿语言表达能力有所增强，但仔细倾听、大胆表达的习惯还需进一步地培养。

3. 许多孩子坐姿差，影响听讲，有时集体活动时随意下位，与他人说话，自制力较差。班上男生比较多，有部分男生的情绪不够稳定，容易兴奋。

4. 进餐习惯还有待进一步培养，需要帮助孩子熟练、正确地使用筷子。进入中班后，幼儿面临生活、学习、做人的各项新要求，同时课程中还新增了体育等学科。因此，我班依据纲要精神和班级情况，结合园部学期计划，制订如下计划：

二、班级工作目标及措施

（一）开展趣味活动，增强自我服务与为集体服务的能力

班内年龄小的孩子普遍表现为动手能力差，很多事情不愿意动手做。本学期在做好家园共育工作的同时，要积极为孩子们创设有趣的活动情景，鼓励幼儿动手做，在每一次动手做的机会中切实提高孩子的动手能力。

措施：

1. 开展"我是小小值日生"活动，根据班级的特点（自然角动植物丰富）和孩子的实际情况，与孩子共同设计值日生服务内容，并通过每月一次的评比"最佳值日生"，激发孩子为集体服务的欲望，提高为集体服务的技能。

2. 每月两次更新操作区生活方面的材料，力求材料多样、有趣味，能吸引孩子，为孩子动手做提供素材。如各种筷子游戏，穿板游戏等。

3. 创设"小巧手"区，本学期以提供各类折纸、剪纸等传统游戏带动孩子手与脑的协调发展，提高孩子的动手能力。

（二）创造分享机会，建立分享规则

措施：准备每两周设立一个不固定的分享日，让幼儿在这一天中分享幼儿园的玩具，分享图书，分享心情等等。在这一天中，一个活动或一项游戏后留出几分钟时间让幼儿分享在游戏中的经验、与同伴活动的快乐，以及学到的新本领。建立平等分享、共同分享、轮流分享、先宾后主的分享规则。

在分享活动中，注重从孩子的经验、情绪出发，以经历学习的主旨来设计与引导相关活动，让每个孩子在活动中能真正有收获，有感悟。

（三）提供多种机会，培养会听会说的能力

倾听就是认真听取别人说话。善于倾听是一个人不可缺少的修养。倾听也是表达的基础，在倾听习惯培养的同时我们还要提供多种机会让孩子练习表达，学会用明晰的话表达自己的想法。

措施：

1. 多与孩子交谈。在谈话的过程中让孩子学会如何去听懂对方说的话，弄清要了解的情况，清楚自己说话的时机。多开展谈话活动和游戏，教师创造机会与孩子进行有效的个别谈话，并在交谈的过程中用自己的倾听行为去影响、引导孩子。

2. 继续开展绘本阅读活动。在上一学年开展的基础上丰富、挑选合适的素材，让幼儿喜欢听、善于听。

3. 在活动中巩固。开展形式多样的表演会、故事会、小新闻发布会等类似的活动，引导幼儿认真听同伴讲，鼓励他们大胆踊跃参加表演。本学期将继续开展"超级宝宝秀"活动，主要是以讲简短的故事为主。通过讲故事、表演儿歌、歌曲等才艺，为孩子提供展示自己的平台。

（四）关注幼儿与材料的互动，提高游戏水平

关注游戏中幼儿与材料的互动情况。通过跟踪观察法，了解不同能力水平的幼儿与材料互动的程度，并作好观察记录，获取第一手资料，以及时地调整材料的投放和指导策略。同时鼓励幼儿在自主性游戏中大胆探索、独立思考和操作，提高幼儿自我学习、自主性发展的能力。

措施：

1. 分阶段丰富自主游戏材料，同种内容的材料以几种形式呈现，如成品、半成品和完全自制，开放材料和半开放材料等。以观察不同孩子对不同性质材料的游戏情况，推动不同能力孩子游戏水平的发展。

2. 准备与其他中班开展自主游戏混班活动，在与其他班游戏的过程中，带动本班幼儿游戏的发展，鼓励幼儿之间的相互交流与交往。

（五）继续丰富音乐、美术等特色艺术活动的开展，激发幼儿对艺术的兴趣，提高其感受和表达力。

措施：

1. 我们将继续选择有特色的节奏、歌曲欣赏等音乐活动，并在一日活动中渗透音乐元素，给孩子营造音乐氛围，激发孩子对音乐活动的兴趣，提高他们的音乐素养。

2. 美术活动以线条、色彩活动为主，多种形式的美术活动为辅，由此继续提高孩子对色彩和线条的感受力和把握力。在美术活动中融合生活中的元素，提高孩子美的感受力和大胆的艺术想象力。在日常生活中鼓励孩子绘画，用画来表现自己的认识、观察和感受，活动除了丰富幼儿对色彩、线条的感受外，还加入对材质与机理的体验，让幼儿获得完整的艺术感受。

三、家长工作

1. 以"家长园地"为阵地，提供"亲子阅读平台"。通过家长借阅的方式，把最新的教育观念和教养方式和方法及时地传递给家长。更新家长的家教观念，提高家教能力，为家长解决家教中的实际问题。也为家长参与主题的建构提供理论支持和能力准备。

2. 注重日常的沟通，加强个别指导。针对孩子在园的表现和不同家庭的教育现状，开展有针对性的指导。特别是针对家庭教育不一致的特殊情况时，可以约谈等形式促进教育的一致与配合。

3. 围绕这学期的经历学习，开展各项活动，定期及时向家长介绍各类活动开展的情况，让家长了解孩子的在园活动情况。

4. 认真组织两次家长半日活动开放，提供让家长了解自己孩子在园情况与幼儿园教育教学情况的平台，提供让家长交流育儿经验的机会，尝试让家长参与班级管理，使班级工作开展得生动多样，富有创意。

四、个别关注

1. 关注新生，多鼓励，多沟通。

2. 帮助稳定周畅、韩霖、闻名等幼儿的情绪。

3. 培养蔡翔、葛菲、徐缪一等幼儿的倾听习惯和注意力。

（二）一周活动计划

班级计划要通过每周的教养工作才得以落实，所以要根据班级计划和每月工作计划来制订出一周计划，进一步明确工作要求、内容和措施。

应根据工作的先后主次和轻重缓急，在一周计划中提出一两项主要工作或教育重点，把常规工作和重点工作结合起来，明确周一到周五每天具体的活动内容。一周工作计划中应体现出：在统一的教育目标下，各种教育内容、手段相互渗透，日常生活与教育相结合。另外，应提出环境创设的要求和对个别幼儿的教育，以及要求家长配合的内容。

在制订一周计划时，教师要以幼儿为主体，根据本班幼儿的年龄特点，在对幼儿具体生活经验的认真观察和充分了解的基础上，进行整体化的制订。计划应是科学合理、易于实施的。因此，制订时，教师要注意以下几个方面：

（1）安排的教学内容要注意动静交替，建立相对稳定又有弹性的日程。比如：上午安排的教学内容不要都是比较安静的或都是比较运动的，而应动静搭配，交互进行。

（2）安排的教学内容要科学合理，兼顾各领域的活动内容。上下午的活动领域不要重复，各领域的内容在一周活动中的比例要均衡。

（3）安排一日活动要富有弹性。即事先不对每项活动展开的时间计算得过于严密，以保证教师在活动中能根据幼儿当时的活动状态进行灵活的调整，或延长，或提前。

（4）要避免时间的隐形浪费，尽量减少不必要的集体行动和过渡环节，减少或消除消极等待现象。

（5）安排必要的户外活动，保证幼儿每天有充足的户外活动时间。

（6）在一日活动安排中要尽量为幼儿提供自由探索，自主选择和自由活动的机会。

附：江苏省无锡市实验幼儿园一周活动计划表
第五周活动计划

教育重点	1. 感受家乡无锡特有的语言文化，对学说无锡话感兴趣 2. 知道十月一日是国庆节，感受和体验节日的欢乐气氛 3. 在老师的鼓励下，乐意尝试用筷子进餐，保持安静进餐的习惯 4. 练习听指令身体正直，有节奏地走				
周次 时间	周一	周二	周三	周四	周五
上午 教育活动	1. 体育课 2. 数学活动：数字排排队	方言儿歌：无锡是个好地方（一） 音乐活动：认识你呀真高兴（一）	科学活动：让蜗牛动起来	方言儿歌：无锡是个好地方（二） 音乐活动：认识你呀真高兴（二）	美术区域化活动：制作蛋糕
上午 游戏活动	自主游戏	自主游戏	自主游戏	自主游戏	自主游戏
下午 户外活动	户外器械活动	体育游戏：跟着……走	复习韵律操	体育游戏：信号灯	体育游戏：跟着……走
下午 游戏活动	生活指导活动：换鞋	欣赏活动：国庆节里的天安门	语言活动：大家来说无锡话	建构活动：妙光塔	散步活动：参观节日的校园

美丽富饶的无锡有着秀美的湖光山色，有着充满历史文化底蕴的传统风物。下阶段我们将安排一系列无锡传统特色的活动，为孩子们打开一扇通向老无锡的大门，让孩子们在看看、学学、唱唱、说说、做做中学会欣赏传统的美，理解传统的文化韵味，从而做一个传统文化的传承者。本周会安排一些启动活动。

转眼开学已经一个月了，忙忙碌碌中我们又要迎接国庆节的到来，我们的活动将给孩子们提供丰富的实践机会。本周请您配合的是：

1. 合理安排孩子假期生活，不到人流密集处，预防流感、红眼病。

2. 下阶段的具体活动有：欣赏锡剧，用惠山泥做泥塑，绘画大阿福等活动。家长不妨和孩子一起学一学、看一看，利用网络、图书等资料和孩子一起搜集一些无锡传统文化的图片、照片（如风景、戏剧、物品等）、特产（泥娃娃或特产包装盒等），到时会让孩子把资料介绍给大家。相信我们共同的努力一定会让孩子们的活动更精彩、更丰富！

3. 利用假期，请您协助孩子完成"大家来说无锡话"的调查记录表。
衷心感谢您的支持和配合！

（三）半日活动计划

半日活动计划是教师为组织半日活动而准备的书面计划。制订半日活动计划既可以减少教师组织活动时的不确定性，又可以借助于对半日活动计划的构思和运作，使班级计划、周计划更好地落实在每日的活动之中。制订半日活动计划是实现教育目标的一种手段，也是从理念至实践的一个"中介"。

教师半日活动计划的制订应指向各个环节。从活动的性质看，活动主要有生活活动、户外活动、教学活动和游戏活动四类。一般来说，半日活动计划应体现"全过程性"，即从各环节的活动目标、活动准备、活动程序和组织形式等方面作全面的设计和安排。

从理论上讲，半日活动计划是个性化、情景化的产物。由于教师已有的经验、习惯做法以及个性特点的不同，半日活动计划的制订，往往在格式以及表述上会有很大的差异。对于新教师而言，在制订半日活动计划的时候还是提倡写详案。

附：无锡市实验幼儿园半日活动计划

小班半日活动计划

上午　　　　　　　　　　　　　　　　　　　　　　2010 年 10 月 11 日

目标	活动过程与指导	材料
1. 在老师提醒下，会用正确的方法洗手。 2. 洗完手后能够把手擦干再离开。	**生活活动：** 1. 谈话导入：最近老师发现有的小朋友洗手的时候，总会把身上弄得湿湿的，还有的小朋友会忘记擦肥皂，我们一起复习一下正确的洗手方法吧！ 2. 教师引导幼儿边念儿歌边复习洗手方法。 3. 老师在洗手环节中注意观察并提醒幼儿擦肥皂，用毛巾把手擦干后离开。	

续表

目标	活动过程与指导	材料
1. 熟悉彩虹伞的玩法，并能够听老师指令游戏。 2. 学习正确的拍球方法，练习单手拍皮球。	**户外活动：** 1. 引导幼儿回忆玩彩虹伞时的规则：你们知道彩虹伞怎么玩吗？（鼓励幼儿大胆说一说：双手紧紧抓住彩虹伞的一角，游戏时要听清楚老师的要求） 2. 分组游戏： （1）彩虹伞 网小鱼：老师指定部分孩子做鱼，其他孩子做渔夫，小鱼边唱儿歌《小鱼游》边在彩虹伞下游来游去，唱到最后一句"渔夫"蹲下，抓小鱼。 （2）快乐大转盘 快乐大转盘：幼儿根据老师指令跳到彩虹伞上的相应色块。 （3）拍皮球 ① 请个别幼儿示范拍皮球的正确方法，指导幼儿要小手五指张开拍球，拍球时眼睛看皮球。 ② 幼儿练习排球，教师观察了解幼儿的练习情况，并进行个别指导。 活动中教师要关注易出汗的幼儿，及时提醒脱衣或稍作休息。	彩虹伞1个、皮球（数量为全班人数一半）
1. 理解故事内容，感受小蛇吃水果的有趣情景。 2. 在猜测、表演中，学说故事的短句。	**教学活动：** 语言：好饿的小蛇（分组） （一）通过和幼儿互动，模仿小蛇吃东西的情景，激发幼儿的兴趣。 1. 出示小蛇图片并提问： 小朋友们看，这是谁啊？ 小蛇是怎么走路的？（扭来扭去） 2. 引导幼儿学学模仿小蛇走路的动作。 3. 引导幼儿猜想： 小蛇说它的肚子饿了，它会去干什么呢？ 猜猜小蛇会找到什么好吃的呀？ 引导幼儿学说"啊呜"。 （二）结合PPT相关的图片讲述故事，并让孩子想象。 1. 教师指导语：小朋友说了那么多，我们来看看故事里的小蛇是怎么做的吧？	PPT、蘑菇、玉米、橘子等塑料玩具，剪去袜头的旧袜子人手一只

目标	活动过程与指导	材料
	2. 教师边讲故事边提问，幼儿初步理解故事的内容。 图片① 提问：好饿的小蛇扭来扭去，找吃的东西，它看到了什么好吃的？（苹果）猜猜好饿的小蛇会怎么样？（把苹果吃了） 教师小结：小蛇啊呜把苹果吃了。 图片② 提问：呀，小蛇的身体怎么了？（变圆了）为什么会变圆呢？ 小结：小蛇吃下去圆圆的苹果，身体就变成圆圆的了！ 图片③ 提问：第二天，好饿的小蛇扭来扭去，它会怎么样呢？猜猜它找到了什么好吃的，小蛇是怎么吃的？"（学说"啊呜"） 图片④ 小蛇吃了香蕉这一次又变成了什么呢？为什么会这样？（因为吃了弯弯的香蕉） 3. 幼儿通过外形、颜色，猜测故事中的水果。 图片⑤ 教师指导语：第三天，好饿的小蛇扭来扭去在找吃的东西，啊呜——咕嘟，真好吃！ 提问：这次猜猜小蛇找到了什么好吃的？（一串葡萄） 教师出示"一串葡萄"的图片，并追问：是一粒葡萄吗？ 图片⑥ 提问：现在我们一起想一想，第一天小蛇吃了什么？（二、三）现在第几天了？ 教师指导语：好饿的小蛇扭来扭去找吃的东西，啊呜——咕嘟，真好吃！提问：猜猜小蛇今天又吃了什么好吃的？（菠萝）是怎么看出来的？	

续表

目 标	活动过程与指导	材 料
1. 学习点心店游戏的玩法，了解基本的游戏规则。 2. 喜欢和同伴一起游戏。	图片⑦ 教师指导语：第五天，好饿的小蛇扭来扭去又在找吃的东西了，这回它发现了一棵结满红红苹果的树。 图片⑧ 提问：猜猜好饿的小蛇会怎么样？（幼儿自由说）它的嘴巴可真大呀，谁会来学一学它的大嘴巴呢？我们还可以怎么样把嘴巴变得更大呢？（用手臂） （三）结合PPT，回忆表演 教师边讲述边引导幼儿学说故事里的短句并完整表演。 （四）幼儿扮演小蛇进行游戏 1. 教师示范戴袜子扮小蛇 把袜子一头套在手臂上做成小蛇，把橘子从袜子的一头塞进去假装被蛇吃掉了。 2. 幼儿戴套上袜子表演游戏 提醒：要边念短句，边游戏 **自主游戏：** 1. 开设并介绍"点心屋"游戏 （1）介绍各种点心：馄饨、巧克力卷、荷包蛋等，吸引幼儿参与。 （2）学习游戏玩法： ① 讨论点心店里有谁，帮助幼儿了解角色分工：点心师、服务员和顾客。 ② 利用经验迁移，通过示范表演让幼儿了解三位角色的具体工作。 （3）游戏规则：根据扮演的角色分工游戏，游戏结束后材料要一起收归好。 2. 幼儿进行自主游戏，重点指导点心屋，帮助幼儿布置场地，在过程中进行游戏指导。 3. 游戏评价，请幼儿分享玩点心店的感受，教师根据幼儿在玩游戏中的情况再进行指导、评价。	提供馄饨、巧克力卷、荷包蛋等游戏操作材料以及帽子和围裙

第三节　有效的家长工作

家长工作是教师日常工作的一部分，争取家长的支持与配合是教育取得成效的核心要素之一。因此，做好家长工作是教师的职责，是每个教师必须具备的能力。《幼儿园教育指导纲要（试行）》指出"家庭是幼儿园重要的合作伙伴。应本着尊重、平等、合作的原则，争取家长的理解、支持和主动参与，并积极支持、帮助家长提高教育能力"。我国著名的教育家陈鹤琴先生也提出"儿童教育是幼稚园与家庭共同的责任"。"幼稚教育是一件很复杂的事情，不是家庭一方面可以单独胜任的；也不是幼稚园一方面可以胜任的；必定要两方面共同合作方能得到充分的功效。"可见，幼儿园的家长工作是非常重要的。

新教师必须充分认识到家长工作在班主任工作中的重要性，家园沟通顺畅，那么随之班级的其他工作开展起来也就顺利了，反之就会到处受阻，保教工作的顺利开展也会受到影响。家长和教师只有在幼儿的发展目标、发展方向、教育原则等多方面达成共识和同步，家园关系才会协调，家园才能共同承担起培养合格的社会人的重任，才能对幼儿的学习和成长有更积极的帮助。因此，做好家长工作在幼儿园教师的工作中显得尤为重要。

一、当前家长工作难做的原因

许多新教师都觉得家长工作难做，跟形形色色的成人交往比上公开课和管理课堂都要难。确实如此，随着社会的不断发展，家长工作的难度不断增大，即使是有一定工作经验的教师，有时也会遇到家长工作难做的现象。出现这样的现象，原因是多方面的，既有家长方面的原因，也有教师自身的原因。

（一）家长的原因

1. 教育观念和方法产生偏差，走向两个极端

极端一：部分家长对孩子和幼儿园的期望过高。

很多家长不清楚幼儿在各个时期的生理、心理发展特点，盲目地追求幼儿早期的智力开发，关注孩子知识掌握的多少，对孩子期望过高，把"不尽如人意"的原因都归责于教师，认为老师教得不多，造成家园意见分歧。

极端二：部分家长认为教育的主要责任在于教育机构。

家长认为把孩子送到幼儿园就是让老师教的，把教育孩子的责任全部推给

了老师，没有意识到家长就是孩子的第一任老师，没有认识到家庭教育与幼儿园教育相结合的重要性。因此他们对幼儿园提出的配合要求置若罔闻，有时甚至还要唱反调，导致家园共育严重脱节。

2. 祖辈养育孩子，"隔代亲"现象比较普遍

随着现代社会竞争的日益加剧，职场的工作节奏不断加快，年轻的父母为了自己的事业，不得不把教育孩子的任务交给自己的父母。大多数家庭把接送孩子上幼儿园的工作交给祖辈，有的甚至让孩子平时跟老人生活，只有在节假日才跟孩子团聚。老人辛辛苦苦一辈子，退休后在家也没有其他事，因而把所有的精力都放在孩子的身上，百般疼万般爱，生活照料特别周到，而对于孩子的良好生活和学习习惯的培养并不关心，这就是我们常说的"隔代亲"的现象。祖辈们的想法和观点与教师的教育观点往往会产生分歧，而且年龄大的人相对来说比较固执，因此如果在教育孩子方面，教师和祖辈们产生分歧是相当难处理的。

3. 对教师的要求提高，更加信任骨干教师或年长的教师

一般来说，家长在接触到孩子的班主任之后，会从各个侧面打听老师的情况。如果是骨干教师或者是有良好口碑的年长一些的教师，家长们会相当信任，感觉把孩子交给这样的老师在心理上会得到安慰。而如果知道班主任是新教师，那么即使没有接触过，家长也会产生不信任、不放心的心态，所以在与班主任沟通教育孩子的问题时，他们根本就不会找新教师。而一旦新教师在带班时出现什么事情或与家长发生什么分歧，事情就很难处理。

（二）新教师自身的原因

1. 感觉没有底气，不知道从何做起

一些年轻的新教师刚开始时不敢和家长交流。有的觉得害怕，不知从何说起；有的觉得自己口才差，怕暴露自己的缺点；有的认为自己还没有为人母，好多家长在育儿方面甚至比自己更专业，不敢说；有的是不求有功，但求无过，防止多讲多错。因此，在和家长沟通中，他们老是躲在老教师后面，缺少主动性。久而久之，家长有事总习惯于找老教师，新教师很难在家长心目中树立威信。

2. 工作不够细致，没有把家长交代的事情具体落实

对于新教师来说，能够将幼儿半天的活动组织下来就已经很不错了。每次活动之前，新教师会花大量的时间和精力做各项准备工作，但即使这样，活动中手忙脚乱的现象还时有发生。因此，新教师总是处于一种紧张和疲惫状态，对于幼儿在活动中的一些细节关注得很少，于是家长的一些具体细致的要求新老师往往很难应付。如：今天小玲早上衣服穿得多，在中午的时候要记得把里

面的背心脱了；昨天东东把园服跟其他小朋友换错了，我们家的是新的，请老师今天把衣服换回来；星星早上没有大便，肚子很胀，我们上班来不及了，请老师帮忙揉揉肚子，提醒他大便；小芳衣服上的纽扣掉了，请老师帮着找找……以上种种具体的事情，如果你没有在工作中一一落实，那么家长自然会对你产生想法，认为你工作不细致、不负责任或者是对他们的孩子不重视。家长一旦有了这些想法，那么你的家长工作将会困难重重。

3. 角色定位不准确，没有跟家长保持适度的距离

教师和家长之间的关系应该是亲密的，在教育孩子的问题上是合作伙伴，是一种既像朋友、但又不完全是朋友的关系。有些新教师为了跟家长套近乎，经常与家长拉家常，特别是跟年轻的女家长谈吃、穿、玩，完全偏离了家长工作的中心，甚至利用工作之便请家长为自己办私事。结果，教师与部分家长关系过分亲密的同时，也与大部分家长拉开了距离，这对教师在家长心中树立良好形象是相当不利的，会增加有效开展家长工作的难度。

二、取得家长的信任

有些家长非常配合幼儿园的工作，而有些家长对幼儿园的工作却总是要挑刺，还有些让教师觉得很难相处的家长和另一个班主任就相处很好，这是为什么呢？其实这与家长对教师的一贯印象有关系。如果家长对教师的印象好，那么即使教师有时有点疏忽，他也不会计较；反之如果家长对教师抱有成见，那么即使你的工作没有什么差错，有时也会引起家长的不理解或不满意。所以工作中新教师要努力做到以下几个方面，取得家长的信任。

（一）教师的形象要稳重大方

我国自古以来，教师在人们心目中的形象就是高大的，大家都认为教师的行为应该成为学生、社会的楷模。人们把教师形容为"人之楷模"、"以身立教"、"为人师表"等。为师要有知识，为表要有美德。可见，教师的行为具有很强的示范作用。苏联著名教育家苏霍姆林斯基讲过"你们不仅是教课的教师，也是培养人的教育者，是生活的导师和道德教员。"乌申斯基说过"教师个人的范例，对于青年人的心灵，是任何东西都不可能代替的最有用的阳光。"

长期担任教师工作的人其气质特点也相对鲜明。稳重大方、知书达理、温文尔雅的教师是家长喜欢和认可的。而这些气质的形成也需要教师不断修炼自己的仪容、仪表、仪态。

教师首先要关注自己的表情，教师的基本表情应当是和蔼、亲切、友善的。教师对自身表情的关注重点应当是眼神与笑容，眼神温和，笑容甜美，这

样使人感觉易接近。

其次要关注自己的着装或穿戴，要整洁朴实、符合年龄特点和职业特点，符合自己的体形和肤色，同时也要符合时代特点。作为年轻教师，衣着不能太老气，这样会给人感觉没有朝气；但是又不能太时髦，以免使人觉得你浮躁，缺少对工作的责任感。总之，年轻教师的衣着既要美观又不能太张扬，既要富有朝气又不失大方稳重。

新教师还要关注自己的举止，要保持举止适度。教师在与家长交流的时候应有意识地控制肢体动作的幅度，并适度减少肢体动作，从而使自己的举止不至于让人感到夸张或者被别人曲解，给人以教养良好、稳重成熟之感。

（二）教师的言行要有礼有节

新教师在与家长交流的过程中，要逐步学会积极主动。有些家长也许会喜欢与比较年长一些的老师交流，这种现象是正常而又普遍的，而新教师要通过自己的努力来改变这种现状。当你还不知道说什么的时候，那就从给家长一个亲切的微笑、打一声招呼开始；等家长慢慢接受你的时候，就可以从幼儿在幼儿园的变化与进步谈起。

教师在与家长交谈的过程中要注意言辞谈吐规范、思路清晰、简洁明了。教师不同于其他职业的人，说话一定要经过思考，不能随意，即使是在与家长聊家常的时候也是如此。曾经有一位家长在接孩子的时候发现年轻的李老师嘴唇有些干，好心提醒李老师要多喝些开水，而李老师随口说，"我不喝水，我喝可乐的"。搞得家长非常紧张，去找园长，因为他认为不喝开水的老师肯定不会提醒孩子喝水，把自己的孩子交给这样的老师不放心。

教师在与家长交谈的过程中既要主动热情也要把握分寸，要在情感上接近家长，努力和家长做朋友。但是教师与家长的关系又不完全等同于朋友的关系，家长与教师是工作中的合作伙伴。因此，教师既要与家长拉近距离，又要保持一定的距离。当教师与家长一起探讨教育孩子的问题时，应该是心往一处想、劲往一处使，心灵的距离应该是很近的。当教师下班后不在工作状态的时间里，应该和家长保持一定的距离，不应该与家长太接近，如：与家长约好一起出去玩，请家长代买东西等等。这些都会影响教师良好的形象，不利于教师工作的正常开展。

（三）教师要具备一定的专业水平

现在的家长与过去有很大的区别，由于对于孩子早期教育的重视，他们对于科学育儿知识相当了解，通过不同的渠道也学习了很多，所以说教师如果没有教育学、心理学等专业理论的功底是无法让家长信服的。

已经在学校里学习过专业知识的新教师缺乏的是实际的教育经验，因此在工作中遇到问题的时候不要着急，要慢慢静下心来，用专业的眼光看问题，用专业的知识分析、思考、解决问题。这样，教师在与家长交流的过程中就会更有底蕴，使家长对你产生信服之感。

当与那些专业水平高的家长交流时，新教师可以与他们相互探讨、相互学习。当与那些自认为很懂但其实又是一知半解的家长交流时，新教师要特别注意耐心沟通，并主动向搭班的老师请教，达成共识，用事实来与家长交流，使家长在理解认可你的同时受到指导。此时，家长就会认为教师是有专业水平的，不知不觉中教师的威信也就建立了。

三、家园交流的内容与途径

家园交流的内容很宽泛，交流的途径和方法也很多，但是教师要把握好每个孩子的家长和家庭的特点，在合适的时候、采用合适的方法、与合适的对象交流，才能取得预期的效果、家园达成共识和合力。

（一）面谈交流

1. 在接送时进行沟通

教师可利用孩子入园、离园的时间与家长作简短的沟通交流。交流内容可以是孩子需要特别关注的地方，如：身体不适、需要用药的情况，近阶段个别教育情况的反馈等。交流方法要简单扼要，直奔主题，如：近阶段孩子是否有哭闹现象，有了哪些进步等。

在与家长交流有关孩子需要特殊照顾或需要纠正的缺点时，要尽可能避开孩子，以免影响孩子的情绪，或强化了孩子的坏习惯。一般关于表扬孩子的内容要当孩子在场时交流，让孩子体验到成功的快乐，以便巩固孩子良好的习惯和行为。

但在接送时段交流的时间不能过长，因为那样很容易影响到班级其他孩子的正常活动。如果确实需要较长时间的交流，教师可在下午接领孩子的时候请家长先等一等，待大部分孩子都离园后再单独交流。

2. 在家访时进行沟通

家庭访问是教师与家长面对面的一种沟通，便于有针对性地解决孩子发展中的一些问题，是家园共育不可缺少的环节。

内容：入园前或入园初期的了解性家访，主要围绕家庭成长环境，亲子关系以及孩子的性格、爱好、能力、健康状况，家长对幼儿园和孩子的期望、要求等开展。入园后的家访可以围绕着幼儿的发展情况进行交流，可以针对孩子在集体生活中出现的一些新问题进行交流，还可以围绕与家长配合帮助孩子养成良好的行为习惯等方面进行交流。

在家访交流中，教师要向家长了解幼儿的状况，了解家长的认识和想法，并和家长一起仔细分析，提出合理化的建议，商讨有效的实施办法。如果双方对某些问题出现不同看法，那么教师不能操之过急、将自己的想法强加给家长，而可以转换话题，等有适合的时机再和家长共同分析，达成共识，争取好的教育效果。

（二）电话网络交流

现在很多家庭把接送孩子上幼儿园的任务交给了祖辈或保姆，因此教师很少有机会与孩子的父母直接交流，而通过祖辈或保姆转达又无法取得理想的效果。遇到这样的情况时，教师可以选择电话、网络、短信等方式直接与孩子父母取得联系。

教师和家长利用网络进行交流时，可以向家长介绍幼儿园的最新活动情况及孩子最近的发展情况，探讨孩子发展中的问题和教养方面的问题，提出自己的想法和建议。如果有些问题、疑问具有群体共性，那么教师可以通过"网上论坛"和家长沟通，给予家长相应的反馈。如果家长有什么顾虑，那么也可以匿名与老师交流。网络交流方式有着交流空间大、可避免因意见分歧而产生直接冲突、可深入思考后再表述各自想法的优点。

另外，利用电话、短信进行家园沟通合作也是一种快捷、有效的方式。当需要交流的事情比较简单或遇到特别的情况急需解决时，可以直接用电话来沟通，如：孩子突发的事件、身体的状况、孩子传话不清楚需要核实情况等。电话交流时要注意选取时间、简明扼要，如果不是特别紧急的事情，最好在下班后再打电话或发信息。

总之，采用哪一种媒体交流方式需要因人而异、视情况而定，从而才能取得理想的效果。

（三）书面交流

"家长园地"是家园沟通的直通车，教师要根据教育的需要，定期更换"家长园地"内容，让家长了解近阶段的教育要求、活动内容、保教知识、各类通知及需要家长配合的内容等。教师要指导家长在每天接送孩子时关注"家长园地"的内容，有针对性地和家长交流孩子的学习生活情况。教师应告诉家长要及时与教师一起交流、分析、解决幼儿生活中出现的问题，做好家园配合工作。

需要视情况而定，建立家园联系簿，如：有些幼儿的情况特殊，因此在一个阶段内需要每天联系，从而让教师和家长分别了解幼儿在家在园的情况，以便更有针对性地做好配合工作；有些家长因各种原因确实不方便用其他方式和老师交流，但又非常需要和老师建立联系等。一般在这些情况下，教师可以采用建立家园联系簿的方式交流。交流的方式可以是语言表述型的，也可是表格型的。在使用家园联系簿的过程中，教师要引导家长注意不要给幼儿造成心理压力，而应巧妙地让孩子参与到联系过程中，激发幼儿的积极性，从而达到建立联系簿的目的。

四、做好家长工作的基本原则

做好家长工作的方法可以因人而异，但不管对象、方法如何变化，教师都要遵循家长工作的基本原则，做到全面、灵活、科学、有创意。

（一）不应只注重个别，要关注全体

在幼儿园中大量的、经常性的家长工作是以个别化的方式进行的，但是这种个别是指的联系的方式，而不是指个别幼儿或个别家长，更不是仅限于幼儿某些方面，家长工作是应该面向全体家长、全体幼儿及其幼儿发展的各个方面来进行的。新教师要注意，不能经常只和那些善于言谈的家长、孩子在幼儿园表现出色的家长、孩子在幼儿园表现出"问题行为"的家长、有一定地位的家长或对幼儿园有一定贡献的家长交流，而忽略了与那些不善言辞的、"平常孩子"的家长交流，因为这样做会让一部分家长有被冷落的感觉。长此以往，他们就会联想到自己的孩子在幼儿园里是否也会遭受同样的待遇，从而对教师产生不满。因此教师应该遵循"每一名儿童都是与众不同的独特的个体，都有其发展的不平衡之处，都有获得全面发展的权利""放弃对一个家长的指导，就是放弃对一个儿童的培养"的原则，注意家长工作的"面"和"量"，把握整体性，注意做好每个幼儿家长的工作。

（二）不应盲目迁就，要注意科学性

"服务于家长，满足家长的需要，使家长安心、放心、舒心"是幼儿教师的工作任务之一，是与家长建立良好关系、实现家园配合的基础，也是市场经济条件下幼儿园生存与发展的前提之一。但是，在工作中，作为一名教师，不能为了满足家长的"需要"，放弃作为教育机构和教育者的主导地位，而一味地迁就家长、迎合家长，违背《幼儿园教育指导纲要（试行）》的精神。因此，在做家长工作时，我们应该把握一定的原则，对家长提出的违背教育原则和儿童身心发展规律的不合理要求，决不盲目迁就，应该及时制止，同时要用科学的观念来引导家长，改变家长的不科学行为。

（三）不应浮于表面，要丰富灵活

在幼儿园教育中，家长是作为幼儿园教育的参与者出现的，与教师之间是合作者的关系，他们非常想了解自己的孩子在幼儿园的情况。因此，教师要尽可能地开展形式多样的活动，让家长了解孩子在幼儿园的学习生活情况。同时，随着教育的发展和现代信息技术的普及，教师要创造性地运用多种方式和途径向家长反映孩子的成长情况，以此来弥补因教师与家长个别交流不足而引起的遗憾和不满。在与家长联系的过程中，教师还要注意：不要等到有事情了才和家长交流，不要让家长觉得老师的交流就是"告状"。孩子生病了、孩子获奖了、孩子学会跳绳了、孩子编了一首儿歌等，这些都是教师与家长交流的内容，这可以让家长感觉到教师对孩子的关注和关心。只有这样，才能调动家长的积极性，更好地配合教师做好教育工作。

五、与家长沟通交流的策略与方法

（一）根据交流对象选择适宜的方法

纵观来自不同家庭的家长，通常可分为放任型、唠叨型、刁难型、细腻型、高知型、婆媳不和型、托管型、特殊儿童的家长等，教师在做家长工作的过程中一般都会遇到，所以根据交流对象的特点选择适宜的方法就显得尤为重要。下面就针对与不同类型家长的沟通方式与策略进行举例分析：

1. 放任型家长

此类家长一般都是祖辈们，他们对于孙辈的疼爱全部是无条件的，有的甚至让人感觉他们是否换了辈分。溺爱、宠爱，让孩子在他们面前骄横跋扈，个个像小霸王似的。此类家长的关注点在于让孩子吃得好、睡得好，而对于孩子的行为习惯培养则不以为然，有时甚至是纵容，以至于常常会出现这样的情形：有的孩子看到爷爷奶奶或外公外婆来接时，椅子不好好地放、路不好好地走，不愿与老师、阿姨说再见等。针对这种类型的家长，教师可以当着他们的面对孩子提出要求，让他们知道幼儿园对孩子的要求是什么，教师是如何做的。同时，老师的严格要求也能让这种类型的家长知道，没有规矩不成方圆，孩子的规矩需要从小养成。相信教师的做法会对他们有所触动。

案例：

城城小朋友长得人高马大，走起路来像一阵风，经常会撞倒个子矮小的小朋友。平时在教室里他会听老师的话慢慢走，但只要奶奶来接，所有的规矩他都会抛之九霄云外，在教室内横冲直撞，而奶奶则在一旁乐呵呵地看着他，没有任何的提醒。看到这种状况后，教师一边和奶奶交流，一边请城城认真、有序地做好一切，再出来和老师再见。教师诚恳地对他奶奶说："小孩子要教给他规矩，什么事情怎么做要有一定的要求，要求提出后要认真做到。当孩子做错了，我们一定要指出并指导他改正，这样他才会知道有些事情是不可以做的，才会有辨别是非的能力。"奶奶听了，表示赞同，也知道老师这样做是为了自己的孩子好。从此以后，城城奶奶非常配合老师的工作，同时也会用老师对孩子的要求来培养自己的孙子了。

（周志琴）

2. 细腻型家长

此类家长一般为妈妈，当然还包括少数的爸爸。从性格来讲，他们是感情非常细腻的人，对生活中的小事、细节都会有很多感触，看问题比较喜欢深究，且学历水平比较高。他们对孩子的关注度非常高，会从心理学的角度看待事件与问题，往往孩子无意的话语，都会令他们思考一整夜，生怕自己的孩子心灵上受到伤害。对于这一类型的家长，教师的耐心与专业很重要。教师可以耐心地与他们多交谈，并且在他们碰到困惑的时候，给予他们很好的建议。教师平时要多关心这类家长，时常和家长交流孩子的情况，让他们感受到教师对幼儿的关注与悉心呵护，这样他们才会对班主任产生信任感。

案例：

熔熔小朋友属于转校生，并且是班中年龄最小的孩子。她来到班级后，老师发现她的能力挺强的，各方面都能跟上班中其他的孩子。入园第一个月，熔熔的妈妈每天早晨都与班主任通电话，说熔熔到园了，让老师接一下。但是，渐渐地，老师发现，有时电话中熔熔妈妈的说话声带着哭腔。老师一问才知道，原来熔熔不适应幼儿园的生活，感觉哥哥姐姐陌生，不愿来幼儿园。于是，女儿和妈妈就一个泪汪汪，一个泪涟涟。熔熔妈妈还说，实在不忍心看到孩子默默流泪，就停学一年吧。知道了这些，老师理解了熔熔妈妈的担心和焦虑。于是，老师一边劝导熔熔妈妈别着急，一边针对熔熔年龄小、有很强的依赖性等情况，与班内的保教人员共同商讨，给予熔熔生活、学习上更多的关注，并试着让熔熔上午半天上幼儿园，下午回家休息。如此对症下药，熔熔开始每天开心地主动要求上幼儿园了。老师亦每天与熔熔妈妈电话联系，向她讲述熔熔在园的表现，熔熔妈妈一颗悬着的心终于落了下来。后来，熔熔妈妈每次见到老师都会说："老师，太谢谢你，太感谢你。"此时，老师深深地体会到熔熔妈妈的那种感激是发自内心的。

（周志琴）

3. 关注学习型家长

这种类型的家长自身都是高学历，他们非常注重孩子的智力开发，但是其中有一部分家长的做法违背了孩子的身心发展规律，过早地让孩子学习加减法，学写汉字。每天在孩子回家后，他们习惯于追问孩子今天学了什么，昨天学了什么。一旦发现孩子说不上来，他们就非常着急，迫不及待地来问老师：

"昨天学了什么儿歌,数学操作卡怎么没有得满分?"对于这种类型的家长,教师可以尝试这样做:首先,在家长来园接孩子的时候,和他们交流孩子在教学活动中的表现;其次请家长浏览班级网页中的一周活动安排,了解孩子每天的活动内容;然后和家长多谈谈孩子的关键期及发展培养目标,以及幼儿阶段的一些认知特点和学习兴趣;最后建议家长观察自己孩子的兴趣所在,让孩子做些感兴趣的事情,不用急着让孩子过早接触小学的学习内容,以免伤害到孩子学习的积极性。当家长发生改变时,就说明教师的建议合理正确,并逐步影响家长,正在转变家长的教育观,改变家长的教育行为。

4. 自我中心型的家长

以自我为中心的家长,他们有着这样一种心理:觉得自己孩子是最棒的。他们往往忽略孩子的年龄特点与发展水平,他们通常只把孩子跟从前做比较,所以觉得自己的孩子是多么的聪明、能干。教师当然会看到了与家长观点相反的方面,但是教师切不可去伤害家长、打击家长的积极性,尽量不要在家长的面前多说孩子的"与众不同",而只能在某些事情上、在某个时机适度地"点"一下,点到为止。其实这些家长心中都是有数的,只是不愿面对现实。对于这样的孩子,教师要更多地给予他们爱心、细心和耐心,还要及时把他们的进步反馈给家长,这样就会换来家长的放心。

(二)围绕具体事件进行有效沟通

家长最关心的是孩子每天在幼儿园的具体情况,最喜欢听的自然是发生在自己孩子身上的具体事情。因此,教师与家长交流时,可以围绕着家长关心的方面、需要与家长沟通的方面讲述一些具体的事情,也可以向家长讲述一些幼儿在园发生的比较特别、有趣的事情或一些生活、活动的细节。如:对进餐有问题或较困难的幼儿,可以与其家长说说午餐、点心的具体情况,需要家长关注和配合的方面;对没有良好午睡习惯或午睡情况异常的幼儿,可以与其家长说说幼儿的午睡情况,交流一下午睡时发现的问题并分析原因;对衣服穿戴不合适的幼儿,可以与其家长谈谈服装影响幼儿活动的细节;对非常注重"学本领"的幼儿家长,可以说说幼儿的学习情况;对在幼儿园表现比较平稳无太大异常的幼儿,可以与其家长说一些活动细节,让家长感受到教师对孩子的关注;对比较溺爱孩子的家长,可以说说能力培养对促进孩子发展的作用和价值,让家长知道他心目中的爱往往会剥夺了孩子成长和发展的机会;和家长聊聊发生在孩子身上的有趣事儿,家长会很开心;向一些比较挑剔的家长讲述你照顾孩子的过程,让家长知道虽然他们提出的要求很繁杂,老师都尽力做到了,从而让家长放心……总之,教师在向家长讲述具体事情时要尽量地表述一些细节,让家长感受到教师对孩子的关注与关心。

（三）交流沟通时的注意要点

1. 真心真意，以诚相待

教师与家长沟通可以通过面谈和书面等不同方式，教师可以根据具体情况选择合适的沟通方式。但不管使用哪一种方式沟通，真诚是取得理想效果的前提。教师在和家长进行面谈时，首先要记住"微笑"，因为微笑的魅力是无穷的。早晨，当家长带着孩子来到教室门口，看到教师笑容可掬，他们会觉得孩子在幼儿园就像在家一样放心；下午，当工作了一天的家长来园接孩子时，老师微笑着与家长交流、探讨，分享快乐、分担烦恼，家长一定会非常感动。所以，教师一定不能吝啬自己的微笑，要用自己的真心真诚地与家长沟通。其次，要记住三个字：细、勤、亲。"细"即沟通全面，细心细致；"勤"即沟通及时，勤问勤答；"亲"即沟通真诚，亲切亲热。这样的交流沟通一定能让家长对老师非常信任，并乐意接受老师的意见和建议，因此许多问题一定会迎刃而解。

2. 换位思考，以情相待

教师与家长身份不同、角色不同、出发点不同、感情表达方式不同。所以，对于发生在孩子身上的许多事情两者会从不同的角度来理解和处理，有时会因不能达成共识而导致双方关系不融洽，从而影响到进一步的交流沟通和家园配合，难以达到理想的教育效果。因此，教师作为教育的主体，要学会换位思考，要尊重与理解家长的想法和感受，要以平等的态度、朋友的身份对待家长，经常站在家长的角度扪心自问：如果这是我的孩子，我会怎么想？如果我是家长，我会怎么做？只有这样，教师才会理解家长，并找到比较好的切入点进行交流沟通，才能用自己的真情赢得家长的理解和信任，从而与家长建立融洽的家园合作关系。

3. 言辞委婉，以礼相待

任何一个家长都很在意教师对自己孩子的评价，都很在意自己的孩子在教师心目中的形象。因此，教师在与家长交流孩子存在的问题时要注意用词用语，不要让家长产生误解和错觉，认为教师对他的孩子有成见、不满意、不喜欢，因为这样非常不利于进一步交流和沟通。交流中教师可以用委婉的语言描述幼儿存在的问题，语气不要太过强烈、表情不要太夸张，以使家长更好地接受教师指出的问题和提出的建议。当教师和家长在某些问题或事情上产生较大分歧的时候，教师要以礼相待，尤其是面对那些不明事理、情绪易于激动的家长，教师更要懂得"忍让"，不能针锋相对，应该采取"退一步海阔天空"的方法，尽量先平息事态，然后再利用其他途径迂回处理；对于那些争强好胜、一味袒护孩子的家长，教师应该采取"晓之以理"的方法耐心沟通，不让矛盾激化，从而双方可以在互相理解的基础上作进一步的交流直至达到理想的效果。

第四节　让班级充满爱意

近代著名教育家夏丏尊先生翻译了传世名作《爱的教育》，并在《译者序言》中写到："教育之没有情感，没有爱，如同池塘没有水一样。没有水，就不能成其为池塘；没有情感，没有爱，也就没有教育。"这段文字给无数人留下了深刻的印象，因为它道出了教育的真谛——爱：爱是教育力量的源泉、爱是教育成功的基础，爱更是教师的职责和使命。因此，作为新教师，心中必须充满爱，但仅有爱是不够的，要成为一名优秀的幼儿教师还必须理解爱、传递爱、表达爱，让每一位孩子都能感受来自教师的浓浓爱意，让每一位孩子在爱的氛围中健康、快乐地成长。

一、掌握爱的能力和技巧

美国心理学家埃里克·弗罗姆说过这样一句话："爱同我们掌握其他一门艺术一样，它是需要学习才能掌握的。"因此，作为一名幼儿教师必须努力学习，通过学习，理解师爱的内涵，了解和具备关爱幼儿的能力，并掌握爱的方法和技巧。相信这些准备将助你成为一名优秀的幼儿教师。

（一）关爱幼儿必须具备的能力

爱需要一定的能力，教师在付出爱的同时，也能收获幼儿发自内心的爱，更能让幼儿懂得爱、学会爱，这才是爱的教育。教师关爱幼儿最为关键的能力是理解、宽容、信任与尊重，教师只有具备了这些能力，才能帮助幼儿获得更好的发展。

1. 正确理解幼儿的行为

理解学生是教育不变的法则。因此，教师爱的能力首先表现在对幼儿行为的认识理解。一位好教师不应只看幼儿外在行为的表现，而要善于透过现象看本质。

案例：爱吮手指的炎炎

炎炎是一个聪明可爱的小男孩，头脑灵活，小手能干，可是却有一个坏习惯：吮手指。据说他家里人因为这一点想尽了各种方法，但总不见效。于是，他们找到班上的陈老师，希望陈老师能有办法帮助炎炎改掉这个坏习惯。尽管陈老师不知道炎炎为什么会有这个坏习惯，但是她相信凡事总有原因的。因此她没有马上找炎炎谈话，而是翻看了有关儿童行为问题方面的书籍，并和炎炎父母进行了几次交谈。陈老师最终了解到，炎炎喜欢吮手指的坏习惯，其实更多是心理方面的问题，是因为平时父母陪伴少，而且母亲的管教方式过于简单粗暴造成了炎炎容易紧张，由此养成吮手指的坏习惯。于是陈老师建议其家人多一些时间陪伴炎炎、帮助其母亲调整教育方式等方法，使得炎炎爱吮手指的坏习惯在一段时间后自然消失了，炎炎也更活泼开朗了。

（范玉茹）

如果陈老师当初仅凭主观臆断就认为炎炎的吮手指是一个卫生习惯问题，那么炎炎吮手指的行为也许不能得到彻底解决，可能还会让幼儿受到伤害。而陈老师所做的一切都是源于对孩子的那份爱，爱促使陈老师执著地去了解炎炎吮手指的真正原因，而后才取得如此好的效果。因此，炎炎是幸运的，他遇到了善于理解、具有爱心的陈老师。

事实上，幼儿的每个行为背后都有不被我们所了解的部分。如：一个对同伴经常有攻击性行为的幼儿，其行为有可能就是家长简单粗暴的教养方法所致。因此，作为教师，如果想帮助幼儿，最重要的就是去了解他们。新教师可以通过翻看一些书籍，增强对幼儿行为的正确认识与判断能力，努力解读他们的行为语言，了解行为背后的真正原因。相信教师对孩子的理解，将更好帮助幼儿成长。

2. 宽容幼儿发展中的问题

作为教师，必须了解一点：幼儿的成长总是伴随着各种各样的问题的。有时候，一些问题会随着幼儿年龄的增长自然消失。因此，拥有宽容之心也是教师爱的能力体现，有时教师的宽容，比采取任何方法都有效。

案例：小宇画画了

小宇现在是一个大班孩子。在中班的时候，每次画画，他都只是在剥蜡笔上的彩纸，班上老师想尽了办法，但是除非握着他的手画画，不然他交上来的永远是张白纸，这样的情况一直持续到了大班。一次偶然的机会，老师让小朋友自由作画，小宇在他的纸上居然画出了大大小小、五颜六色的圆圈。这次的发现，让老师明白小宇的实际作画水平只处在托小班的无意涂鸦期。从此以后，老师再也不要求小宇画这画那，而是提供更多让小宇自由画画的机会。小宇得到了老师的宽容理解后，没过多久，居然也会模仿同伴画完整的一幅画了。

（范玉茹）

因此，学会宽容、善待幼儿的成长问题，这样新教师就会轻松很多，就不会因为幼儿没有达到教师想要的结果而感到不满和焦虑，而是会始终怀着喜悦的心情等待幼儿的成长，在幼儿成长的过程中共同享受成长的快乐！

3. 信任幼儿的能力

踏上工作岗位的新教师满腔热情地做着所有的工作，带班时总会不由自主地满足幼儿的请求，以至于一些幼儿总是很依赖新教师。也许大家会觉得，爱幼儿难道不就是这样吗？——尽自己所能，尽可能给予幼儿帮助。新教师小丁最初就是这样认为的，可是，后来所发生的一件事情改变了她的想法。

案例：自己穿衣裤

3岁的豆豆是班上自理能力比较弱的孩子，因此，丁丁老师平时很照顾他，每次午睡起床时都会主动帮他穿衣裤，而豆豆也习惯了丁丁老师的帮忙，起床后总会静静地坐在床上等待，等着丁丁老师帮他穿衣裤！这天，当丁丁老师准备像往常一样去帮豆豆穿衣服时，看到搭班的李老师已经在豆豆身边了。于是，丁丁老师就继续去帮助、指导其他的孩子穿衣服了。一会儿小朋友都穿戴整齐了，这时，豆豆走到丁丁老师身边，很自豪地说："丁丁老师，今天是我自己穿的，李老师表扬我很能干呢！"丁丁老师很诧异，因为她得知，只要是李老师值午睡班，起床时，豆豆都会自己试着穿衣服。因为李老师总是这样对豆豆说："豆豆，老师相信你，你肯定会自己穿衣服的。"然后李老师再教他穿衣穿裤的方法。一段时间后，只要是李老师值午睡班，豆豆就学会了自己穿衣裤。

（范玉茹）

这件事给丁丁老师的触动很大，她明白了帮助幼儿不是包办代替，自己一味地帮助豆豆，其实潜意识里是觉得豆豆能力弱不会自己穿，这就是对幼儿的不信任。因此，教师爱幼儿就要信任幼儿，信任是幼儿发展的需要，而信任幼儿就要给予幼儿机会，让幼儿做自己能做的事。相信教师的信任将使幼儿潜能得以充分发挥。

4. 尊重幼儿的选择

新教师一定都非常希望班上的每个幼儿都能尊重自己。但是请记住，如果想获得幼儿的尊重，首先要学会尊重幼儿，尊重幼儿也是教师爱的表现，是教师必须具备的能力。如果教师始终把自己放在一个高高在上的位置，或者认为自己是教师，幼儿必须听从你的任何要求，那么教师所缺少的就是对幼儿的尊重。因为，尊重必须建立在平等的基础上。

教师尊重幼儿，就要尊重幼儿的意愿。幼儿作为一个独立的人，尽管年龄小、能力弱，但也有自己对事物的认识和感受、有自己的想法和爱好，任何教师都不能把自己的所思所想强加于幼儿，否则这就是不尊重幼儿。

案例：太阳和月亮

飞飞有一次作画时，在纸上同时画了一个太阳和一个月亮，何老师没有制止他，而是耐心询问他为什么这样画。飞飞说："我想让太阳公公和月亮婆婆在一起。"听了孩子的话，何老师很感动。这是一个多么具有想象力、纯真善良的孩子呀！何老师非常庆幸自己没有过多干涉飞飞的想法。在以后的工作中，遇到不明白的地方，何老师也会多问孩子为什么，非常注意保护孩子的各种想法。

（范玉茹）

可以说，幼儿就是在一次次的选择中认识自我、发展能力、建立自信的。因此，教师的尊重对成长中的幼儿非常重要。作为新教师，尊重幼儿就不能把自己的要求强加于幼儿，要鼓励幼儿大胆地发表自己的意见；尊重幼儿就要给幼儿选择的机会，让幼儿有机会去实施自己的想法；尊重幼儿还要多多地鼓励肯定幼儿，让幼儿在自信中成长。

（二）学习传递爱意的技巧

爱是需要表达和传递的。如果教师只会爱在心里，或者是传递讯息有误，那幼儿就不能真切地感受到教师的爱。因此，新教师必须学习表达和传递爱意的技巧，使幼儿通过教师的表情、语言、动作能真实地感受教师的爱。以下的介绍将有助于你学会表达爱、传递爱。

1. 爱的表情

三米微笑原则，这是由沃尔玛的创始人山姆·沃尔顿先生传下来的。他要求当员工在三米以内遇到一位顾客时，微笑地看着他的眼睛与他打招呼，同时询问能为他做些什么。这就是著名的"三米微笑原则"，也是沃尔玛成为世界500强的秘诀之一。由此可见，表情的作用有多大！

幼儿总是更喜欢笑容满面的教师，这是因为喜欢微笑的教师看起来更容易亲近。因此，始终保持自然的笑容就是新教师必须要学习的第一个爱的技巧。每天清晨，用微笑迎接每一位幼儿；每天放学，用微笑和每个幼儿告别；当幼儿表现良好时，教师不要吝啬自己的微笑；同样，在幼儿饱受委屈不快时，教师的微笑更是一剂良药。因此，教师的微笑能缩短师幼间的距离，增进师幼间的情感，同时，也能让幼儿感受到教师的爱，很多时候幼儿喜欢教师可能就是因为教师的微笑。那么当幼儿做错了事时，是否也能用微笑解决呢？

案例：王老师的微笑

上课时，王老师发现凯凯正在拔坐在前面的一个女孩外衣上的毛，当时王老师没有停下来，而是选择继续讲课，但一直用眼睛的余光关注着凯凯的行为。当她发现凯凯抬头看自己时，马上微笑着看他并轻轻地摇了摇头。聪明的凯凯立马意识到自己行为的不妥，于是停止了手上的动作，认真听王老师讲课。

（范玉茹）

发自内心的微笑就是这样富有魔力，它能提醒幼儿、帮助幼儿。案例中教师的微笑胜于教师任何的语言，在不影响活动的前提下，纠正了幼儿的不良行为。但教师的微笑也需要与幼儿达成默契，只有经常微笑的教师，幼儿才能读懂微笑的意义。因此，年轻的教师们要学会微笑，它能使你的教育获得意想不到的效果。

2. 爱的语言

每天，教师都会对班上的幼儿说上无数的话。到底什么样的语言是在爱幼儿，让幼儿更愿意听，更愿意接受，更能促进幼儿的发展呢？

（1）学会说"请"。当教师对幼儿提出要求时，面带微笑的同时，不要忘了说：请……可以肯定的是，没有哪个幼儿会拒绝。深受幼儿喜欢的张老师就是这样做的。她从来不对幼儿发号施令，即使是幼儿必须做的事，她也会用"请"的方式进行，让幼儿乐于接受。当幼儿行为不当时，她不是责备，而是用"请"的方式帮助幼儿按要求将事情做好。如："请你把椅子放好，请你把玩具捡起来……"这里看似简单的一个"请"字，不单单是一种礼貌，而是更多透露出教师与幼儿间的平等，是教师对幼儿的尊重。

（2）学会赞美。"真是一个好孩子！"这是日本畅销书《窗边的小豆豆》一书中小林校长对故事主人公小豆豆经常说的一句话。在很多人眼中，小豆豆是一个问题小孩，每天都有许多关于她的负面新闻。尽管小林校长也有所耳闻，但是只要有机会碰到小豆豆，他都会对小豆豆说这句话："你真是一个好孩子！"这里面传递着小林校长对小豆豆的一种肯定，饱含着对小豆豆的期待。这就是爱的语言。虽然小豆豆直到长大之后才真正体会到"真是一个好孩子"的内在含义，但是这句话让小豆豆在成长的道路上始终怀着"我是一个好孩子"的自信，而后的小豆豆成为了日本著名作家、著名电视节目主持人、联合国儿童基金会亲善大使！教师由衷的赞美能让幼儿产生良好的感觉，更乐意亲近教师。而赞美的前提是教师需要花更多的时间去全面了解幼儿，了解幼儿的独特之处，了解幼儿的喜好，这样才会避免对幼儿不客观的评价和责备。当然，赞美的话如果更具体，更有针对性，效果就会更好！

（3）学会"换种方式说"。教师在带班的时候也许会碰到类似的事情：有的幼儿喜欢翘着椅子坐，或者挥舞手里的玩具。看到这样的情景，教师们通常会说"×××，坐好，不然椅子要被你坐坏了！"或者"小心，玩具弄坏了要赔哦！"乍一听，这好像没什么不对呀！但是如果教师能换位思考，把自己当成那个幼儿,那么听了这样的话会是什么感受呢?是不是感觉到教师更关心的是椅子和玩具,而不是这个幼儿?其实换种方式,也许效果会更好,如:"×××,请坐好,不然你会摔跤的。""小心玩具打到自己和小朋友。"事实上,如果教师们能更多关注幼儿本身,为其设身处地着想,那么幼儿就会从教师的善意提醒中感受到来自教师的爱,师幼间情感自然更近了,幼儿也能更乐意地接受教师的建议。

教师要把对幼儿的关心、祝福、赞美都在第一时间告诉幼儿,因为爱是需要用语言表达的。教师只要能从幼儿的角度出发,真心诚意地为幼儿着想,学会用恰当的语言表达,就能让幼儿感受到教师对他的爱。

3. 爱的动作

东东小朋友会经常告诉妈妈,班上的李老师很喜欢他,妈妈就问:"你是怎么知道的呢?"东东得意地说:"因为李老师每次叫小朋友排队都让我排第一,让我和她牵手!"虽然李老师让东东每次排队都站第一个并不是刻意的安排,但牵手的这个动作让东东自信地认为李老师是最喜欢他的。可见,动作能传递信息和情感。所以,教师要通过动作向幼儿传递爱的讯息。

(1)蹲下来讲话。"蹲下来和幼儿说话"这个动作如果说是在身体上拉近了教师和幼儿的距离,倒不如说是拉近了和幼儿心灵沟通的距离!它也体现了教师对待幼儿的态度,把幼儿当成了一个与自己能够平等对话的独立的人。

案例:诚诚转学

诚诚妈妈准备让诚诚转学到一个新的幼儿园,第一天与班上的刘老师见面后就决定要上这个班。经过一段时间后,在一次交谈中,诚诚妈妈对刘老师说:"其实那一天到班上我一直在观察您,您知道我为什么那么快就决定让诚诚到您班上来吗?"诚诚妈妈接着说道:"其实那天是您的一个举动打动了我,我看见您在和诚诚聊天的时候总是蹲着。当时,我看到那幅情景真是很感动,再加上您跟班上的孩子说话很温和,很有耐心,所以我相信我决不会看错的,您一定是个非常爱护孩子的好老师。"

(范玉茹)

诚诚妈妈对老师的认可源自于教师的一个习惯性动作,那就是"蹲着和孩子说话",这个动作体现了教师对幼儿的尊重,体现了教师与幼儿间平等,更表达了教师对幼儿的爱。因此,诚诚妈妈毫不犹豫地决定了让孩子转学到这个班。而作为当事人的诚诚,感受肯定不比妈妈少。其实,当教师蹲下来的时候,就获取了进入幼儿世界的机会,可以用幼儿的视角去感受这个世界,当教师有了新的发现时,离幼儿的距离就会越来越近。于是,教师想告诉他们什么,或者想了解他们的什么,就会变得十分容易。

(2) 肌肤接触。每天早晨,教师站在教室门口热情地迎接每个孩子,给他们一个暖暖的拥抱,或抚摸他们的后脑勺,或拉拉他们的小手,或轻轻拍拍他们的肩膀,这些看似不经意的动作却有利于增进师幼间的感情,幼儿受到教师的鼓励后也会更乐意与教师交往、乐意亲近教师。

案例:我要抱抱

刚刚接手小班的宋老师是一个非常有爱心和责任心的老师,她对每个孩子都非常关爱。可是尽管这样,一位家长还是委婉地对宋老师说,孩子回家说老师不喜欢他,原因是宋老师早上看到他时从来不抱他。宋老师很吃惊,开始认真地反思自己的教育行为。通过观察,她发现,那些从托班跟班上来的老师和孩子见面时总是会亲一亲、抱一抱,师幼间的关系有时更像是家人,而自己刚从大班转到小班,和原托班老师相比,与孩子之间的亲密接触确实少了许多,师幼间有了一定的距离。于是,宋老师重新调整了自己的角色定位,每天都不忘抱一抱每个小朋友,说上些悄悄话。一个月下来,她与小朋友们的感情亲近了许多,家长们也都说孩子很喜欢宋老师。

(范玉茹)

想得到幼儿的喜爱,其实一点都不难。一个小小的动作就能让幼儿感受到教师是否喜欢他。所以,请不要吝啬给幼儿的一个拥抱,哪怕只是牵牵他们的小手。

(3) 拇指印章。拇指印章的发明者娜娜老师已经向无数老师推荐了这个奖励方法。娜娜老师是这样说的:"当班上的孩子有了很好的表现时,我们通常会用给小朋友贴小贴纸的方式奖励他们。但是我发现小贴纸很容易掉,贴的次数多了,小朋友也不在意了,如果奖励的人多,还要花费很多的时间。于是我想到了拇指印章,只需要老师跷起大拇指,在小朋友的额头上轻轻摁一下,这与小贴纸达到的效果是一样的。而且我发现平时小朋友也会模仿这个动作,在同伴间他们也会进行这样的拇指印章游戏,真是太有趣了。"

无疑,拇指印章更像一种奖励性的动作,对幼儿有一种激励作用。当然,聪明的教师们也可以发明更多这样的动作,如击掌、抱住幼儿转三圈等等。跟班上的幼儿约定几种他们喜欢的奖励性动作,使幼儿在受到肯定的环境氛围中感受生活的美好,使师生间的情感更融洽。

(三) 始终保持平和的态度

人的情绪具有丰富性和多变的特点,会随着不同事件的发生而不断变化着。当新教师们充满激情、自信满满地来到幼儿身边时,她们总希望通过自己的努力让幼儿度过愉快的一天。但是现实往往是不尽如人意的,也许没过多久,新教师良好的情绪就在幼儿频繁的告状声、打闹声、哭喊声中一点一点地消失殆尽了。于是，新教师在万般无奈的情况下就会用生气、愤怒的方式来控制局面。殊不知，人在愤怒的时候往往是不理智的，很容易说出一些伤害感情的话语，教师也是如此，一旦情绪没有控制好，就会说一些不该说的话，还会出现一些过激的行为。而此时幼儿也许根本不知道自己到底错在哪里，他们只会觉得自己很委屈。这样不但不能帮助幼儿认识错误，反而会造成幼儿的逆反，跟教师形成对抗，使不良事件不断升级。

因此，无论发生什么样的事情，即使真的很让人生气，新教师们也一定要控制好自己的情绪，努力做到始终保持平和的态度。只有这样，教师才能只关注事件本身，更理智地做出判断，有效地解决问题，帮助幼儿认识到自己的问题，让他们更加乐意接受教师对他们的帮助。所以，保持平和的心态、稳定的情绪对教师来说非常重要，当教师感觉自己的情绪即将失控时，建议尝试以下的方法调节情绪：

（1）放一些舒缓的音乐，重新调整一下情绪。
（2）暂时延缓处理事件，以便双方情绪稳定后再处理问题。
（3）可以直接向孩子表达：我很生气，我很难过。
（4）做几次深呼吸、向远处眺望等对平复情绪有好处。
（5）不断进行心理暗示：我不要生气，生气没有用。

二、应对幼儿的问题行为

教师对幼儿问题行为的看法决定了她会用什么样的态度和方式对待幼儿。一个对幼儿充满爱意的教师，即使在面对幼儿的问题行为时，想得更多的也是如何帮助幼儿成长。

（一）问题行为的产生原因

所谓问题行为，是指幼儿或青少年在其成长的过程中出现的妨碍个人发展或给学校、家庭、社会带来一系列问题的行为。简而言之，问题行为是偏离社会正常要求或个人正常发展的行为。每名幼儿都可能存在问题行为，这些问题行为在幼儿身上表现的内容和方式也会有所不同，有时一种问题行为消失了，另一种问题行为又接踵而来。幼儿在发展中出现行为问题很正常，因为幼儿就是在解决各种各样的问题中成长的。而幼儿问题行为产生的主要原因有以下几方面：

1. 幼儿自身原因

（1）缺乏能力造成的行为。一个刚开始拿勺子吃饭的幼儿很容易把米饭洒得到处都是，这是因为孩子需要通过不断练习使用勺子的本领、提高手眼协调能力，才能避免这样的情况发生。但是很多成人却不知道这一点，通常会说："小心点，下次不要这样了。"而一个了解幼儿的教师却会把泼洒米饭当成是学习使用勺子必不可少的自然步骤之一。因此，好多幼儿的问题行为是由于他们暂时缺乏某种能力而造成的。如果教师帮助他们获得这项能力，那么问题行为就会迎刃而解了。

有时，幼儿会对他们不知道的事情充满好奇、进行尝试，在他们尝试的过程中就可能发生一些问题，甚至出现危险。要避免此类事件的发生，光靠一味制止是没有用的，教师应告诉幼儿一些相关的知识，满足一下他们的好奇心，教给他们一些正确的方法，这样就能避免一些问题行为的发生。

（2）发展过程中的特定行为。不同阶段的幼儿在发展过程中都会出现相对普遍的问题。如，托班幼儿在入园一个月后易发生咬人行为。这是因为经过一个月的幼儿园生活后，幼儿开始熟悉环境、情绪也相对稳定了，这时，他们与同伴开始了正常的游戏。但由于这个阶段的幼儿缺乏与同伴交往的经验，而语言表达又很有限，因此在发生矛盾时、在他们想与同伴交往时就会出现咬人行为。而在整个幼儿阶段，由于幼儿的认知水平有限，他们常常会把想象的事情与现实相混淆，如：有的幼儿去公园喂鱼，会认为这些鱼都是自己养的等等，这会让成人认为幼儿在说谎。其实幼儿只是做出了与其年龄相适应的行为，但是由于成人对幼儿的发展了解不够，对幼儿天真行为的不宽容和误解，就会把这些发展适应性行为看成问题行为。

（3）生心理方面原因引起的行为。当幼儿因饥饿、犯困、疲乏或紧张、生气、恐惧等原因引起情绪不佳时，就会有各种问题行为的发生。例如：幼儿早上如果未睡醒就来幼儿园，那么在活动中就会表现出萎靡不振，注意力分散；幼儿因为和同伴发生争执，情绪起伏时就容易产生攻击性行为……因此，当幼儿在生理和心理需要未得到满足时，就容易发生问题行为。而教师要做的就是了解幼儿的需要。如：当发现幼儿长时间呆坐在座位上时，就要让他们站起来，找到合适的位置活动一下身体和四肢；当他们从户外运动回来时，可以通过一些安静游戏让他们的身体得以休息，情绪渐渐平复，这些都是预防幼儿问题行为的最好方法。

无论是因为缺乏知识还是缺乏能力、是属于发展适应性的还是生心理方面原因引起的幼儿问题行为，只要做到及时预防，就能减少问题行为的发生。作为新教师，了解幼儿问题行为产生的原因有助于自己更多地了解幼儿发展、更多地理解幼儿的行为、更客观地看待幼儿的问题行为。

2. 成人方面的原因

（1）家庭教养不当。每个幼儿来自不同的家庭，家庭的不同成员都会对幼儿造成不同的影响。因此幼儿的一些问题行为也因家庭教养方式不当而产生。如：一些家庭的教育过于简单粗暴，在这样的家庭环境下成长的幼儿由于长期得不到成人的关爱，会变得情感冷漠，容易出现攻击性行为；一些家庭对幼儿非常溺爱，无条件满足，就可能造成幼儿认知方面发展不成熟，容易自我中心、任性蛮横；一些家庭对幼儿包办代替，使幼儿在独立性和社会性方面发展不成熟，幼儿在日常活动与同伴交往中就会出现很多问题；还有一些家长期望过高或放任自流等，都有可能造成幼儿的问题行为。

（2）教师教育不当。作为教师，如果不了解幼儿出现问题行为的原因，不能做出及时判断分析，那么就有可能采取不恰当的方法措施，给幼儿造成更大的困扰，以至于问题行为非但没有得以改善，还向更负面的方向发展。例如：让一个坐不住的幼儿长时间静坐，那么接下来就有可能造成更大的混乱；当幼儿经常发生交往冲突时，教师采取的方法如果只是暂停活动或隔离，使幼儿不再有交往机会，那么幼儿的交往能力只会越来越差。

总之，幼儿问题行为产生的原因是各种各样的。教师需要去了解这些原因，才能做出很好的判断分析，再采取适当的方法进行指导，从而帮助幼儿获得良好的行为。

（二）处理问题行为的一般步骤

当教师在带班时，班级里幼儿随时都可能发生各种问题行为，例如在户外活动、幼儿午睡、教学活动中等等。一些问题行为都是紧急出现的，有时教师根本就来不及做出任何分析和判断。遇到这样的情况时，教师通过及时干涉、倾听、解决三个步骤就可以解决幼儿出现的紧急问题行为。

1. 及时干涉——制止问题行为进一步扩大

很多时候，教师会发现一些问题行为的确太具有破坏性和伤害性了。因此必须采取快速而准确的行动，以减少问题行为所造成的破坏与伤害。如：一声警告性喊叫或迅速阻止相关的幼儿继续行动，如果这时已有幼儿受伤，那么就应先及时处理伤口，做好安抚工作。有时问题行为情况不是很严重，那么老师只需要适时运用语言、动作、表情等方式加以提醒即可，但要注意的是，教给幼儿正确的方法才是解决问题行为最有效的措施。例如：当幼儿拿椅子时把椅子举过头顶，此时老师就应该示范或提醒幼儿正确拿椅子的方法，以及告诉他为什么这样拿的原因。

2. 认真倾听——找到产生问题行为的原因

幼儿的问题行为发生后，教师一定要寻找和了解幼儿行为背后的原因。如果当时教师正进行着某个重要的活动，那么在活动结束后再处理也是可以的。总之越快越好，错过了最佳时机，要想再了解行为原因就会变得愈加困难。关于寻找问题行为的原因，通常采取的方式是倾听。即使老师正好看到了事件发生的经过，也要走到孩子们中间去听一听他们是如何说的，因为有时看到的不一定是事件的真相。倾听当事幼儿讲述事件的经过，可以使教师更好地了解他们行为的动机和想法，当然还可以通过目击事件发生过程的幼儿来进一步了解。但是即使教师对事情的真相有了一定了解，有时也不一定能找到行为背后的真正原因。如果没有找到问题行为的原因，那么就意味着无法对幼儿提供有效的帮助，而问题行为还是会继续出现的。可以说，很多教师都是针对行为本身而不是针对行为原因做出反馈的，因而教师需要在日常教育教学中不断丰富对幼儿行为的认知，提高分析判断的能力。

3. 解决问题——帮助幼儿获得正确方法

当幼儿出现问题行为时，教师一般采取的方式是提醒、批评、惩罚。虽然在短期内有一定效果，但是这种强制性的方法并未使幼儿的问题行为得到根本改善，反而损害了幼儿在自尊、道德自律等方面的发展。因为，解决问题最重要的目的不仅仅是为了制止问题行为，而是帮助幼儿意识到自己的错误，并让幼儿学习到一些正确的方法，让幼儿获得更好的发展。因此，在找到问题行为的原因后，接下来老师们可以用共情的方法说出自己的感受，同时帮助幼儿通过移情的方式，认识到自己的错误，然后再与幼儿商量解决事情、弥补过错的方法，让幼儿学会用行动来承担做错事情的后果。

案例：一条鱼死了

早晨我来到教室，发现小月蹲在自然角，目不转睛地看着小炎带来的鱼。于是，我笑着对陈老师说："看，我们的科学家。"小月是我们班一个情感很丰富的孩子，而且平时非常善于观察和思考，对任何事都要探个究竟。所以，我们都称她为"科学家"。

午后，我准时接替陈老师的班，哪知陈老师告诉我："小月把一条鱼放在地板上，鱼死了。幸亏我及时发现，不然另一条鱼也要遭殃了。我问她为什么这样做，她就是不说。"我说："那好吧，我再来问一问。"

陈老师告诉我小月把鱼弄死了，让我不禁产生疑惑：难道她把鱼放在地上真的只是一时贪玩吗？

（陈老师及时制止了小月的问题行为并试图采取询问的方式来了解行为背后的原因，这样的处理方式还是非常可取的。）

以下是我和小月的对话：

师：听说今天你把鱼放在地板上，鱼死了，是这样吗？

月：（小心谨慎地看看我，声音很轻）是的。

师：能告诉我，你为什么要这样做吗？

月：……（等了一会儿，还是不吭声，只是看着我。）

师：老师不是要批评你，只是想把事情弄清楚，你大胆地说吧。

月：（眼睛开始变湿润，很快噙满了泪水）我想看看它到底能活多久！

师：（看着小朋友的眼睛，突然我明白了）你只是想做个实验，并不想它死去，对吗！

月：（点点头）……

师：可是它死了，你很难过，对吗？

月：是的（开始抽泣）。

师：你在家做过这样的实验吗？

月：做了八次，可是鱼都没死。

师：哦，鱼都没死吗？

月：是的，都没死。

师：哪条活得最久呢？

月：身上有灰色圆点的那条。

师：爸爸妈妈知道你做的实验吗？

月：都知道的。

师：他们同意你这样做吗？

月：都同意的。

师：哦，我明白了。小朋友喜欢做实验，这很好，但是我们不可以因为做实验而伤害小动物，你说对吗？

月：（点点头）……

最后我与小月商量把小鱼埋葬在教室前的花坛里。

从询问得知，小月只是想进行一个小实验：鱼离开水到底还能活多久？而她实验的结果却让鱼死掉了。从她流泪难过的表情可以看出，她很不希望鱼死掉。但是从她跟我的讲述中，我又产生了困惑：既然家里的鱼都没死，她又怎么知道哪条鱼活的时间最长呢？是小朋友表述不清，还是有所隐瞒呢？我想再向她的父母求证一下。

（"我"与小月进行了很好的沟通，通过询问倾听，了解了小月把鱼放在地板上真正的原因:鱼离开水到底能不能活？"我"又运用共情的方法让小月认识到自己的错误,并提出了解决问题的方法。）

通过与小月家人的沟通，我了解了事情的缘由。小月的姥姥家养鱼，她曾多次在姥姥家把鱼从水里拿出来放在地上，鱼最终有死也有活，对于孩子的行为成人是知道的，但没有制止。综上总述，可以看出小朋友的回答不完全属实。这也提醒我，在弄清事情过程中要多方位了解。就此事我也与小月家长达成一定共识，他们愿意积极配合教育。

（范玉茹）

在这个案例中，教师很好地运用了解决问题行为的三个步骤，使得问题行为最终得到圆满解决。当然教师们会发现，有时一个问题行为背后的原因往往不止一个，而且它们之间又是相互作用的。这就需要经过认真研究才能找到问题的根源，并采取有针对性的解决方法。《儿童纪律教育》一书提供了一些关于问题行为可能的原因和相关的解决方法：

问题行为可能的原因	相关的解决方法
所处年龄的典型行为	改变成人的态度
不适当的成人期望	改变成人的期望
儿童缺乏技能：交流、社会或情绪调整	示范和帮助形成技能
缺乏理解：儿童不知道为什么行为是不当的	运用相关后果
从榜样或不适当的强化中得到的错误学习	示范并只关注适当行为
未满足的情感需要	帮助儿童满足需要
严重的问题：情感方面或生理方面	寻求外援

（三）幼儿常见问题行为的解决方法

在班级中，除了一些紧急情况外，教师们可能还发现一些可能出现的问题行为。事实上，有一些问题行为长期困扰着教师和幼儿。对新教师的问卷调查发现，困扰他们的幼儿问题行为主要有以下几个：攻击性行为，扰乱集体活动，破坏性行为，精神游离，说谎，告状，做事拖拉，乱发脾气。这些问题之所以难以解决，是因为它们背后的原因实在很复杂，而这些原因又并非显而易见，所以每个行为背后的原因都需要教师去细致地观察和了解。除此之外，教师个人理解、判断、解决问题能力的水平，也是影响有效处理问题行为的重要因素，特别是对新教师来说，这更是一个严峻的挑战。

下面，介绍一些幼儿常见问题行为的具体解决方法，以供新教师在工作中借鉴。

1. 攻击性行为

当攻击性事件发生后，教师要根据实际情况进行妥善处理。

（1）对于被攻击者：教师要在了解事件发生的经过后，给予被攻击对象更多的关爱，教给被攻击幼儿一些自我保护的方法。

（2）对于攻击者：教师可多采用"移情法"进行教育，让幼儿尝试从对方的角度来感受、体验，意识到自己的行为是不对的。同时，教师要教给幼儿正确解决问题的方法,引导幼儿用自己的方式向对方表达歉意与关心,如画一幅画、为对方做一件事等。必要时,教师要与家长沟通合作,给予一些行为后果惩罚,如控制看动画片、自主游戏的时间等。另外,教师还应注意:如果不是班级普遍存在的情况,就不宜在集体中进行教育,以免引起负面影响。同时,教师在处理问题时一定要控制好情绪,切忌急躁。

2. 扰乱集体活动

教师在安排座位时可将自我控制能力差、容易受影响的幼儿适当隔开,以减少互相间的影响与干扰。对还不能真正理解、内化集体活动规则的幼儿,教师要坚持正面教育。活动前可以用积极的方式对幼儿提出明确的要求,告诉幼儿应该怎么做;活动中要注意提醒、督促;活动后要及时肯定,让幼儿充分感受到教师对他的信任。这样,相信一段时间后,幼儿的规则意识定会逐步增强。

对于班内经常不守规则、影响别人的特殊幼儿,可以安排他坐在离教师较近的位置,减少他影响同伴的机会,并利用适当的时机,在活动中请他观察别人是怎么做的,用榜样激励法和情感沟通法来引导幼儿规范自己的行为。必要时,可以运用适当的行为后果惩罚,如:因为不守规则,好玩的游戏停玩一次。让幼儿体验到只有守规则,才能获得更多的自由和快乐。但停玩游戏时,教师不能把幼儿一个人搁置在一边,要有相应的陪伴和交流。

3. 破坏性行为

面对幼儿出现的破坏性行为,教师首先要冷静地与幼儿沟通,通过观察和倾听,分析行为背后的原因。根据不同的原因,教师采取适当的措施,指导幼儿正确参与活动,将破坏性行为转化成积极的探索行为。

若破坏性行为是因为幼儿情绪不好所引起,那么教师应该引导幼儿学会正确的宣泄不良情绪的方法,使幼儿在投入活动时能够心情愉快;若是因为幼儿出现新的探索欲望而引起破坏性行为,教师要肯定、鼓励幼儿的探索的想法,教会幼儿基本的探索方法。

当破坏性行为发生后,教师在帮助幼儿认识到自己的不良行为的同时,还应创设机会让幼儿调整与改正,让幼儿从小学会对自己的行为负责。如:和幼儿一起修补、清理被破坏的物品,如需要还可作出适当的赔偿等。

4. 游离于集体之外

幼儿游离于集体之外一般有两种情况:一是规则意识较差,二是个性较孤僻。对于规则意识较差的幼儿,假如强求他遵守集体规则,只会引起他的逆反行为,同时影响其他小朋友的活动。有效的策略是:先观察并了解他的兴趣、爱好、个性特点。教师可从家长那里了解他在家爱做什么、喜欢什么,努力寻找和他的共同语言，增加师幼间的交流，让幼儿知道教师是他的好朋友。然后寻找时机、因势利导，用幼儿能够接受的方式提出一些规则要求，多鼓励、赞赏，使幼儿逐渐融入集体生活，不游离于集体之外。帮助幼儿养成好习惯，改正不良习惯，这需要一个过程，需要教师持之以恒地耐心引导。

对于性格孤僻的幼儿，教师要和家长多沟通交流，把幼儿在集体中的表现反馈给家长，同时还要对家长进行一定的指导，要求家长每天留些时间与孩子交往，加强亲子间的交流沟通。教师要引导家长想方设法创造条件为幼儿提供与其他小朋友交往的时间和空间，如：周末和节假日让幼儿邀请小朋友来家玩，鼓励幼儿多和小朋友进行电话交流，积极参加幼儿园的各种活动，逐步使幼儿学会交往。相信在教师和家长的用心、用情下，孤僻的幼儿心里会充满温馨和阳光，他们游离于集体活动之外的次数也会渐渐减少乃至消失的。

5. 说谎

说谎是指幼儿有意或无意地讲假话。幼儿说谎的原因很多，教师要根据不同的现象，了解幼儿说谎的真正原因。一般幼儿说谎有以下几种情况：

（1）年龄小的幼儿由于认识能力和辨别能力有限，分不清自我与环境以及事物的真伪，常由于幼稚无知而说假话。中大班幼儿十分富于幻想，常将幻想与现实掺和在一起。对于这些心智功能发展不完善造成的说谎，教师不必紧张，应尽可能地让幼儿明白想象与现实间的差异。随着幼儿年龄的增长，认识能力的提高，这种现象会逐渐消失。

（2）幼儿自己犯了错误想逃避惩罚、推卸责任而说谎。对于这样的幼儿，教师要严肃、耐心地进行批评和教育，向他们指出说谎是一种不好的行为，只有勇敢承认错误、改正错误，才能得到教师和大家的原谅。

（3）有的幼儿说谎是因模仿大人，这时教师就要及时与家长沟通，让大人向幼儿做一些必要的解释，从而使自己偶尔善意的谎言不至于对幼儿造成消极影响。教师还要对幼儿加以正确的引导，帮助幼儿改正说谎的坏习惯。教师自己平时也要注意言行一致，说到做到，给幼儿树立诚实的榜样。

6. 告状

在幼儿园，幼儿向教师告状的现象较为普遍。作为教师，一方面要重视幼儿的告状，从中获取有用的信息，另一方面要根据不同情况采取相应的处理方法。

（1）聆听。幼儿告状的原因有许多，因此当幼儿还没讲完时，教师不要急着作出判断或是简单地应答应对，一定要听完整后才根据情况决定教师是否介入、如何处理等。

（2）快速反应。如果是涉及安全等方面的事情，教师要在第一时间亲临现场，要公正、公平地认真对待，及时作出判断和拿出解决问题的措施。

　　（3）和幼儿一起解决问题。对于中大班的幼儿，教师可以在适当的时候开展一些讨论，让全体幼儿一起评判孰是孰非（注意对事不对人），告诉幼儿什么是对什么是错，这样既解决了问题又让幼儿从中吸取教训、获得经验。

　　7. 做事拖拉

　　面对活动比别人"慢一拍"的幼儿，教师首先不能急躁，也不能有太多要求，而应多观察、找原因，然后有针对性地引导。

　　对于因父母的过分保护造成各方面能力较差、缺乏自信而做事较慢的幼儿，教师可在组织活动前，让这些幼儿先行，使他们有充足的时间完成任务，从而体验成功的乐趣，增强自信。同时要加强对这些幼儿在生活等方面能力的培养，必要时可提供一对一的指导。

　　对于因幼儿不能专心做事，边做边玩而形成的"慢动作"，教师可加强幼儿时间观念的培养，要求幼儿在规定的时间内完成一件事。同时，在家园配合方面，需要进行必要的专注力的训练，如：开始可让幼儿专注认真地完成自己喜欢的一件事，时间由短逐渐延长，再逐步引导他专注而认真地完成其他事情，培养幼儿专心做事的良好习惯。

　　8. 乱发脾气

　　喜欢经常发脾气的幼儿一般较任性，常有不合理要求，当要求未满足或受到挫折时就大发脾气。表现方式有：大喊大叫，哭闹不止，就地打滚，情绪抑郁不理睬任何人，故意捣蛋等。教师苦口婆心的劝说多数无效，那么在这种情况下，教师就可以使些"妙招"应对。

　　（1）可以适当采取"冷处理"的办法，即暂时不予理睬，过了"高峰"再好好询问，帮助幼儿平息情绪。

　　（2）更加关注幼儿的一言一行，及时捕捉到"闪光点"，加以表扬，转移幼儿的注意力，这样往往能抑制幼儿进一步发脾气，幼儿的情绪也会随即好转。

　　（3）提高幼儿辨别是非的能力。教师平时要注意培养他们良好的习惯，让他们知道什么要求是合理的，什么要求是不合理的；什么是对的，什么是错的；什么事情可以做，什么事情不可以做。相信经过一段时间的正确引导，幼儿乱发脾气的现象可以得到改善。

　　以上这些幼儿常见问题行为的解决方法是教师在长期的实践过程中积累的经验，具有一定的实用性和可操作性。但这些解决方法不可能立竿见影，它需要新教师在实践的过程中运用智慧去使用、丰富、继续改善。因为解决幼儿问题行为的方法是多种多样的，正如《少年儿童研究》杂志总编辑孙云晓在《成功儿童技能教养法芬兰式教育》一书的"序"中写道：关键在于"你要清醒地认识到幼儿所有问题的最大原因是发展，解决幼儿所有问题的最大动力是成长"。因此，面对幼儿的各种各样的问题，教师需要有乐观积极的心态和科学有效的方法。

第三章
做个主动的学习者

> 学习,是教师专业发展的根本途径,每个优秀的教师可能有各自不同的优势与专长,但有一点肯定是一致的,那就是主动学习。学习已成为他们迫切的、发自内心的需要。
>
> 学习不必局限于读书,它的方式应该是多种多样的,如合作学习、培训学习或自主学习等,因此新教师可以拓宽学习思路——身边的同事,学校组织的各种教研活动以及各类书籍,应该都能成为自己主动吸纳的学习资源。

第一节　用心学习身边榜样

新教师刚刚踏上工作岗位，一切都需要在学习中实践、在实践中学习。因此，新教师要做个学习的有心人，主动向周围的榜样学习，吸纳周围有用的知识和经验，使自己能尽快适应工作、获得专业成长。

一、身边处处有榜样

在新教师的身边榜样无处不在，自己搭班的老教师、某一方面有特长的同事、幼儿园领导等都是可以学习的榜样。但是，向不同的榜样学什么、怎么学是新教师应该用心思考和实践的问题。

（一）向同班老师学习

对于刚参加工作的新教师，幼儿园一般都会安排一个好的班级合作伙伴，她们常常是有一定工作经验的老教师，在班级常规管理、家长工作、一日活动的组织、班级日常事务的安排、突发事件的处理等方面都有着一定经验。因此，搭班老师是新教师可以随时随地学习的宝贵资源。如果新老师在日常工作过程中，能勤学好问，认真听取搭班教师的指导，那么一定能潜移默化地学到很多方法和经验。

1. 在合作中学习班级常规管理

班级常规的建立、班级环境设置、班里每位孩子的个别教育等，都需要班里两位老师共同配合完成。在共同合作的过程中，新教师可以利用各种机会向老教师学习。如：在与老教师一起布置环境的时候，向老教师学习如何根据本班的需要和特点合理安排教室空间以及墙面装饰；在制订和调整班级常规的过程中，学习班级管理的一些基本原则和方法；在配合老教师针对某位幼儿进行个别教育的过程中，学习如何应对孩子的各种状况……

案例：盥洗室里的隐形门

小静刚跟陆老师搭班，就听别的老师说，陆老师带的班级，常规特别好。果然，小静发现陆老师说话总是有种魔力，不管班里的孩子处于什么样的乱糟糟的情况，她都能用几句话一下子安抚下来。比如，小班的孩子爱玩水、玩肥皂，每次洗手的环节孩子们都很拖拉，个别孩子还会因为玩水弄湿袖子或衣服。随着天气转凉，小静开始担心小朋友弄湿衣服会着凉，也怕小朋友弄湿地板导致滑倒。但是每次不管小静怎么认真催促他们，都收效甚微。

一次陆老师带班，好几个小朋友又在盥洗室里嬉戏、玩水，只见陆老师走到盥洗室门口，对着正在洗杯子的阿姨故意大声说："阿姨快出来啊，过会儿我这里的隐形门就要自动关闭了，不快点出来就要关在里面出不来了。"只见小朋友们立刻停止了嬉戏开始快速地盥洗，不一会就都走出了盥洗室。陆老师的方法给小静留下了深刻的印象。通过与陆老师的交流，小静明白一点：对于小班的孩子，如果老师能把自己的指令用带有情境性的游戏方式表达出来，孩子们会更容易接受，执行的效果也特别好。慢慢的，小静开始和陆老师一样，在提醒幼儿轻轻进入午睡室时，会说："看看谁最像小猫，走路静悄悄。"提醒孩子专心用餐时，会说："找找我们班的大老虎，啊呜啊呜把饭吃得最干净。"慢慢地，小静发现，孩子们似乎比以前更"听话"了，自己带班也越来越得心应手。

（蔡 菡）

在配合老教师完成班级管理各项工作的过程中，新教师可以切实地学到很多非常实用的具体做法，在点点滴滴中积累自己管理班级的经验。

2. 在观察中学习师幼互动

"学习如何与孩子相处"是每位新教师适应岗位的一项重要内容。良好的师幼关系不仅能促进幼儿发展，也能帮助新教师更好地胜任自己的工作。老教师在与孩子交往时，会有一些很有效的方法，新教师需要多观察、多思考，并在实际工作中尝试运用。

案例：亲一亲，抱一抱

宁宁第一年工作，就跟李老师一起接了一个新小班。很快宁宁就发现李老师似乎一下子就让孩子喜欢上了自己。孩子们一有时间就围在李老师旁边，喜欢跟李老师说悄悄话，即使有时候被李老师批评了，孩子们也都很快能接受，很少闹情绪。李老师是怎么跟孩子很快建立起亲昵的感情的呢？宁宁通过细心观察发现，李老师每天都会尽量亲一亲、抱一抱孩子。有时候是早上孩子来园的时候，有时是在孩子午睡的时候，有时候是孩子离园跟老师说再见的时候，有时是在孩子哭泣的时候……此外，李老师还每天都尽可能地找到各种机会增加和小朋友之间的情感交流，如：和小朋友聊天、听他们说说开心的事情；发现孩子身上有什么变化就主动关心询问……李老师的这些做法，让班里的每位幼儿都感觉到了李老师的关爱，都与李老师建立起了亲密的感情。于是宁宁也开始尝试模仿李老师的做法，慢慢地，宁宁发现，孩子们也开始跟她越来越亲近了。

（蔡 菡）

3. 在请教中学做家长工作

作为新教师，家长工作是一个难题，如果单纯地模仿老教师的做法，生搬硬套，效果一定不会好。因此，新教师可以通过多看多问的方法，让自己不仅"知其然"，更"知其所以然"。从而举一反三，为自己独立做好家长工作打下基础。

案例：一一摔伤后

一次下午户外活动，班里的一一摔跤了，新老师尤尤立刻抱着一一去了医务室。医生检查后猜测可能是骨折，让老师快通知家长来接。搭班的王老师立刻给一一的妈妈打了电话，电话里，王老师很简短的告诉她："一一在幼儿园里摔跤了，医生建议去医院，请妈妈方便的话马上来一下。"不久，妈妈赶到了幼儿园，王老师陪同妈妈一起去了医院，向妈妈解释了一一为什么会摔倒，王老师的陪同和道歉赢得了妈妈对老师工作的谅解。

事后，王老师跟尤尤老师利用休息时间一起上门看望骨折的一一。王老师告诉尤尤老师，孩子在幼儿园受伤，家长都会非常着急，有时甚至会失去理智，因此在通知家长时不要急于在电话里将事情全部说出，避免家长由于过于恐慌而在来园路上发生危险。同时，要找"合适"的家长先进行沟通，告知家长整个事情的经过。有些老一辈的家长对孩子万般溺爱，情绪也容易激动，如果选择与他们沟通，老师就不容易做工作。还有，一一发生了这样的事件以后，家长肯定会对这方面特别敏感，所以以后要特别关注对一一进行安全教育，避免再次发生类似事件。王老师的一席话让尤尤老师很受启发，以后班里孩子受了小伤，尤尤老师会在家长来园接时立刻告诉家长受伤的原因和老师的处理，让家长感受到老师对孩子的关爱。

（蔡 菡）

其实，幼儿园教师往往都非常忙碌，即使是两位搭班老师，也很少能有专门、完整的时间用来交流。因此，新教师应见缝插针地向搭班老教师学习，才能学到更多，也不会给对方增加更多负担。如：可以利用在孩子们来园之前或离园之后的一段时间，跟搭班老师交流；在老教师安排任务给自己时，多问问为什么，弄清来龙去脉再做；老教师在接待家长时，在旁边多听听，多琢磨琢磨老教师的话；在跟搭班老师共同完成一项任务时，尽可能记住流程或积累经验，以便有朝一日独自完成……

（二）向结对的师傅学习

在很多幼儿园，为了帮助新教师更快地成长，常常会为新教师安排一位培带师傅，这种培带关系常常被称为"师徒结对"。向师父请教的方式多种多样，新教师可以通过以下几种途径学习：

1. 互相听课

互相听课是最常见的形式。新教师通过主动听师傅的课，模仿师傅组织活动，能帮助自己更快地了解基本的活动组织方法，习得一些常见状况的处理方法，从而更快地适应独立组织活动。而邀请师傅听自己的课，师傅就能够有针对性地提出意见，帮助新教师改进具体的教学方法，让新教师进步得更快。因此，新教师应定期与自己的师傅互相听课，作为徒弟还应及时写好听课笔记和听后感，积累自己的教学经验。

2. 定期交流

定期交流也是一种常见的方式。新教师总是会遇到很多具体的、带有很强情境性的问题，这些问题需要及时得到解决，聊天式的自由交流就是最便捷的方式。在叙述与讨论中，徒弟可以向师傅学习如何观察儿童、分析孩子的行为表现、理解孩子的需求和想法、处理具体问题的方式方法等许多方面的内容。这样的交流能为新教师的成长提供最及时有效地帮助。

3. 准备汇报课

很多幼儿园都用让新教师上汇报课的方式来作为评比"好师徒"的一个内容，有时新教师也会有上公开课的任务。作为新老师，虽然会倍感压力，但是要积极主动地承担。因为，在师傅的指导下，从准备教案和教具、试教、研讨并调整教案、再试教到最后的正式展示，是一个非常好的学习提升的机会，这样的锻炼能让新教师更快地成长。

4. 读书交流

新教师可以请师傅推荐适合自己阅读的书目，并与师傅交流自己的心得和困惑，听听师傅对书中一些观点的看法，这样更有助于师徒之间交流分享体会和经验，帮助新教师学会更加全面地分析思考、理性客观地吸纳。

（三）向同伴、领导学习

1. 与同事交流探讨

教师专业成长不可能单靠个人的力量，集体是个人成长、发展的沃土。在新教师的周围，有很多老师可以作为学习、请教、交流的对象，如：听同事们聊聊班里的孩子、聊聊教育心得，能帮助新教师积累自己的经验；听同事讨论教学活动，可以帮助新教师在组织同一教学活动时更游刃有余；向有教学特长的老师请教，能帮助新教师在某些方面快速提高；与同事一起完成集体任务（如环境布置、排节目、配班），能让新教师学到很多书本上学不到却又很实用的小妙招；与同事说说自己觉得棘手的事情，可以共享信息、共享经验；与其他新教师聊天，能让自己获得更多的共鸣和归属感。总之，多向身边的同事学习，获取、吸收和借鉴他人的先进经验，使之转变成自己的教学智慧，能让新教师成长得更快。

但是，在学习请教的过程中，新教师要注意：不能无限制地占用他人的时间，因为每个人都有自己需要完成的工作和任务，谁都没有义务随时随地帮助自己解决问题。所以，新教师要懂得感恩同事们对自己的帮助和付出，并尽可能地帮助周围的同事做力所能及的事情。

2. 正确对待领导的检查

在工作时，新老师看见领导一般都会有些紧张情绪，特别是遇到领导听课、抽查备课笔记、检查教室环境等情况，更会倍感紧张和压力，怕自己给领导留下什么不好的印象，常常期望领导快快离开，更别提平时主动找领导交流自己在教育教学上的困惑了。

其实，作为幼儿园的领导，不论是园长、业务园长或者教科室主任，一定是在教育教学或者教师培养方面有着丰富经验的。因此，她们的指点会让新教师受益良多，如：通过聆听领导评课，能让自己学到很多教育教学方面的技巧，发现自己在教育教学方面的主要问题及其原因；通过与领导交流专业成长上的感悟，会让领导发现自己的闪光点，得到肯定和鼓励；通过与领导交流工作设想，能让自己得到领导的指点和支持……在领导眼中，新教师一些教学技能和经验上的不足，是非常正常、能够谅解的。因此，新教师不应惧怕领导的检查，而是应该积极抓住机会多多请教，让自己获得多方面的成长。

二、向榜样学习的途径与方法

榜样就在身边，学习随时随地可以进行。但为了使学习更有收获，作为新教师，应选择适宜的时机，围绕具体的问题向自己认定的榜样学习。

（一）在备课研讨中学习

1. 第一阶段，以参考别人的教案为主

刚踏上工作岗位，新教师对教案的一些基本格式、流程还不清晰，对所带班级幼儿的年龄特点和学习方式还一无所知，这时可以通过集体备课、或者借阅老教师的教案进行备课。同时，还可以用详案的方式写出组织活动每个细节，包括一些过渡语和常规要求，以确保教学活动能够流畅地组织。在参考教案的时候，新教师要针对自己看不明白的地方向老教师请教，从中学习老教师组织活动的一些方法和经验。活动组织完后，应认真记录自己对活动的反思，为以后独立设计活动积累经验。

2. 第二阶段，参考主要流程和环节

一段时间以后，新教师对于不同活动的设计组织有了一定的了解，对集体教学活动中的导入、衔接、常规要求等课堂用语也有了一定的积累，这时可以不再照搬其他教师的教案，而是在了解活动设计的主要流程和环节的基础上，自己组织每个环节，以及完善整个教案的细节，逐步开始培养独立思考的习惯。一段时间后，新教师可以就自己备课中遇到的困惑和问题，有针对性地请教老教师。

3. 第三阶段，参考教学目标和重点难点

在对各领域教学活动的组织有了一定的经验以后，新教师就可以只参照教学活动的教学目标和重点、难点，然后根据教学目标和重点、难点，自己设计教学活动，包括设计活动流程、每个环节的重点、难点如何解决等。

4. 第四阶段，独立备课

当新教师对本班幼儿的年龄特点已经有了一定的把握，对教学活动的组织也有了一定的经验时，就可以尝试完全独立备课了。但是，在独立完成备课后，新教师依然需要跟师傅和周围同事共同讨论，不断完善自己的教案，使教学活动的组织能取得预期的效果。

（二）在具体问题中学习

也许有的新教师会觉得，自己跟师傅、跟搭班老教师朝夕相处，平时也勤问多听，但是总有一种"学不来"的感觉，觉得向老教师请教自己的问题，似乎对自己的现状没有什么改观。这说明请教和学习还需要掌握一些正确的方法，以下一些建议也许对新教师会有帮助。

1. 围绕问题，有针对性地请教

有些新老师在与师傅和同事聊天时，常常只是忙于倾诉和抱怨自己的焦虑情绪，而不是围绕解决问题而进行有针对性的讨论。这样的话，交流再多，对自己也没有多少实质性的帮助。因此，在请教同事之前，新教师需要多思考，理清要请教的问题，以便与老教师有针对性地交谈。同时，在倾听老教师的做法时，对自己不能理解的地方需要多问"为什么"，做到"知其然，知其所以然"。

2. 深入探讨，表达自己的不同想法

常常有这样的情况：新教师看到老教师的方法有效，会不加思考拿来就用。但往往因为一知半解，因此，虽然新教师的做法跟老教师一样，但效果却差强人意；有时新教师也会感觉到，虽然老教师跟自己讲得头头是道，可由于工作经验不足，自己怎么也理解不了老教师要自己达到的教学效果或表达的意思；有时老教师给自己讲了教学流程或者具体的做法和想法，即便自己理解了，实施起来也有困难……遇到这些情况，就需要新教师在请教时，和老教师一起深入地探讨、互动，而不是只当听众。如：探讨自己需要解决的具体问题有哪些，可选择的解决方法，为什么要使用这些方法，以及在何种情况下适用于哪种方法。在探讨过程中，新教师有时会发现自己的想法与老教师的想法相左，这时，不应回避不提，而是要主动表达自己的不同意见。争辩的过程也是一个学习的过程，可以避免盲从，表达自己的意见和想法，可以培养独立思考的能力。只有知其然而且知其所以然，才能让新教师学得更灵活，更好地达到解决问题的目的。

3. 将请教与实践相结合，摸索适合自己的方式

作为新教师，应避免抱着一蹴而就的想法去请教老教师。毕竟老教师的方法是自身多年教学经验的总结，有着很多个人痕迹，有时甚至需要借助老教师自己的个人魅力才能有效。虽然每一位资深优秀教师都有供新手教师学习的专长，但是其专长并非普遍适用于新手教师，新教师一味地模仿，可能效果并不会十分理想。因此，新教师除了听老教师怎么说，还要勤于观察老教师怎么做，然后自己试着做，在做中学习。新教师在实践过程中有了进步或觉得实践起来有困难的时候，再向老教师继续请教，不断修正自己的实践。在掌握了一个方法以后，新教师就可以触类旁通地解决类似问题，避免以前的旧模式给自己的惯性影响。新教师只有像这样不断地实践和反思，老教师的方法和经验才能慢慢融入自己的工作之中，逐渐积累出自己的方法和经验。

（三）在互相观摩中学习

很多时候，师傅的做法和经验是"只能意会不能言传"的，它需要徒弟通过观摩来学习。对于新教师而言，老教师有很多值得自己观摩的内容，如：教室环境创设、区域化学习材料的提供、游戏环境和材料的创设、游戏中的指导策略、班级管理方法、集体教学活动组织、过渡环节的安排、个别教育的方法、家长工作的一些做法等。但是，毫无重点的观摩往往会收效甚微，有针对的观摩才能让自己学到更多。

1. 根据自己的薄弱点选择观摩内容

有针对性地根据自己的薄弱点或者困惑进行观摩，能更有效地帮助自己解决问题、积累经验。如：有的新教师在幼儿回答问题后，常常不知道以什么样的语言回应，那新教师就可以在听课时特别留意这样的情况，及时记录上课教师是如何运用教学智慧来回应幼儿的；有的新教师教态比较生硬，语气语调也比较单调，吸引不了孩子，那就可以通过观摩老教师组织活动，模仿老教师的神态、抑扬顿挫的语气，帮助自己改进不足。

在一次交谈中，园长给工作两年的毛毛老师提了一个建议，提醒毛毛老师组织活动时"眼睛里要有孩子"。一开始，毛毛老师觉得园长的要求让自己难以接受，自己眼睛里怎么会没孩子呢？上课的时候，眼睛不是一直在看着孩子吗？那些调皮的孩子更不用说，就算自己把脸转到别处了，眼角还在不由自主地关注着他们，怕一个不留神就发生意外事件。

毛毛老师决定观摩自己的师傅组织集体活动，观摩她是如何在组织活动过

程中"眼睛里有孩子"的。有了目的，毛毛老师观摩时特别仔细，一边观摩一边对比自己平时的做法。她发现，与自己重视教学环节和流程不同的是，师傅更关注孩子们的学习情况，如果孩子们表现出对活动失去兴趣，她就会临时调整内容。而且，师傅会根据孩子的表现，临时生成一些活动。此外，与自己只注重学习结果不同的是，师傅更关注孩子是如何学习的，同时，根据孩子的学习情况，及时地给予有针对性的指导。慢慢地，毛毛老师开始理解，"眼睛里有孩子"的意思，就是要关注孩子的学习过程，让自己的教学跟随孩子的脚步，知道了"看"和"观察"的区别，知道了自己以往不关注孩子原有水平、个体差异，一味按照自己的活动设计组织活动是不合理的。明白了这一点，毛毛老师开始在日常教学中不断改进。果然，不久以后，园长再次听课时，对毛毛老师的进步给予了肯定。

2. 对自己没有把握的活动提前观摩

对于新教师而言，某些领域或者某些较灵活的活动，会因为缺乏经验而难以掌控，效果不佳。这时，新教师可以针对自己特别难以把握的活动，有针对性地提前观摩。在观摩过程中，可以跟老教师对比自己的做法，对比孩子们的反应，如果老教师与自己做法不同，新教师应多思考"为什么"，也可以课后通过交流询问老教师。听老教师的课时，多问问自己"如果自己上会怎么样"，而轮到自己组织活动时，多问问自己"要是某某老师遇到这样的情况，她会怎么做呢？"活动后，可以把自己觉得有困惑的片段，描述给老教师听，让她们给自己一些建议。

小王老师工作第三年了，组织语言活动、美术活动、数学活动似乎都已经有了一点感觉，每次活动基本的教学目标都能完成了，教学流程也比较顺畅。但是，科学活动的组织一直让小王老师头疼。小王老师的工作前两年是在小班和中班，科学活动不是很多，也很短。到了大班，每次科学活动都需要准备很多操作材料，而且小朋友一操作材料，小王老师就觉得场面混乱难以控制。更困难的是，每次孩子的科学猜测都是备课时无法预料的，面对孩子的奇思妙想，小王老师不知如何引导，教学目标也常常流于形式，更不用提启发诱导了。

针对这样的情况，每次在制订周计划时，小王老师就与师傅商量，把师傅的活动安排在自己的活动之前，让自己有机会能在组织活动前听听师傅的活动。小王老师每次听完师傅的课都跟师傅探讨，使自己对活动的目标有更清晰的认识，对孩子的操作水平有初步的了解，对孩子可能会出现的问题和状况有预先的估计，也做好了应对的准备。这样，轮到自己组织活动的时候，小王老师果然能对活动有更好的把握。有时，小王老师会自己先组织活动，然后再听自己师傅组织同一个活动。通过对比自己与师傅对目标的不同理解、对某些环节的不同处理，找出自己与师傅在理念上、在对孩子了解上、在活动组织技巧上的差距。慢慢地，小王老师有了自己的一些心得，不再惧怕组织科学活动了。

第二节 积极投身教研活动

"独学而无友，则孤陋而寡闻"阐明了集体教研活动对专业成长的重要性。每一所幼儿园都会根据日常教育教学、课题研究、教师发展的需要来组织开展各种形式的教研活动，如观摩研讨活动、各种业务练兵活动、学习培训活动、专题研讨活动等。幼儿园的教研活动是教师学习教育实践性知识和经验的主要途径之一，因此新教师要以认真积极的态度投入到各项教研活动之中，主动吸纳有益于工作的经验和方法，不断更新自己的教育理念，不断提升分析、总结、表达能力，使教研活动成为新教师提高工作能力和水平的有效途径。

一、观摩活动

对于新教师而言，观摩活动是最直观的学习，很多幼儿园都会组织新教师外出观摩学习。观摩的形式多种多样，包括参观幼儿园环境、听观摩课、教育见习、活动研讨等，下面从内容和做法两个方面谈谈对新教师参与观摩活动的建议。

（一）观摩的主要内容

1. 感受教育理念

不同的教育理念会导致不同的教育行为，环境的布置、教具的摆放、与孩子的一个呼应和交流都体现着幼儿园、教师对儿童及对教育不同的理解。作为观摩者，需要带着"发现的眼睛"，敏锐地感受环境中及教师的言行中所表达出的教育理念。如：教师可以从园所大环境的创设、课程设置的比例和内容中感受幼儿园的教育理念和教育特色；从教室小环境的空间布局、材料提供、墙饰内容等感受教师的理念和风格；从执教者使用的教学策略、引导语、师幼互动方式中感受教师的教育观和儿童观等。在观摩中和观摩后，新教师都要及时结合观摩的发现与感受，对自己的教育言行做一些比较、分析、反思，从而使自己能不断地学习到先进的教育理念、正确的教育行为、灵活的教学策略。

2. 关注幼儿的表现

在观摩活动中，观摩者往往会对执教者的"教"进行认真观察，对执教者的语言进行详细记录，而对于"幼儿是怎样学习的"、"幼儿在学习中遇到怎样的问题"、"为什么会出现这样的问题"等学习的状况则很少关注。其实，关注幼儿的表现是观摩活动中应该重视的一项内容。因为，幼儿在活动中的表现、收获是评价教学内容、教学方式是否适合幼儿、是否具有教育价值的重要标准。幼儿与教师之间的呼应、配合也能让观摩者从另一个侧面感受到教师的教学策略和教学艺术、感受教师的教育智慧。因此，在观摩中观察幼儿的表现、观察师幼互动也是让观摩学习取得理想效果的有效方式。

（二）有效观摩的方法

1. 有计划地观摩

有计划地观摩能让观摩活动更有序、更有效。观摩前，要明确园领导安排观摩活动的目的和要求；可以通过网络或听主办方介绍来了解所观摩幼儿园的园所特色或研究课题，了解观摩教师或对象的特点和特色，以便于在观摩时关注其特色和擅长之处；可以通过认真阅读观摩材料和聆听组织者的介绍，了解观摩教师的教学活动名称和活动目标、基本内容；也可以根据自己目前工作实践的需要，带着自己的问题有针对性地观摩学习。总之，明确观摩要求，了解观摩对象，建立大致的观摩计划，才不至于走马观花，没有收获。

小王老师参加了幼儿园组织的观摩体育特色幼儿园的活动。观摩前，小王老师有心地了解了这所幼儿园的情况，知道最近他们研究的课题是"自制体育器械"。而正好自己年级组的老师在为晨间体育活动的器材比较匮乏而发愁，因而小王决定通过这次观摩多多学习这方面的经验。

为了能够观摩到对方晨间活动的组织，小王老师特地早早地来到幼儿园。一入园果然就发现孩子们已经在开始玩各种有趣的活动器械了。小王老师拿出早就准备好的数码相机，依次拍下了不同年龄段孩子玩的各种器械，还记录了孩子们各种不同的玩法和老师的指导方法，关键的地方还拍下了特写。回去后，小王老师将照片拿给大家看，很多老师都说很实用。暑假里，根据小王老师带回的资料和照片，幼儿园还组织老师们制作了一批体育器械，用于开学后幼儿的晨间锻炼。小王老师庆幸自己早有准备，才及时学到了有价值的内容，发挥了观摩学习的最大效益。

2. 科学地记录

科学地记录能帮助教师有效地捕捉值得自己学习的地方。科学地记录需要考虑两个方面：一是要抓住与观察目标有关的重要信息。如果观摩的是具体的活动，那么需要记录的是活动名称、本课目标、主要流程、关键提问等基本信息；如果观摩的是幼儿的操作活动，那么需要记录的是幼儿的学习状态，同时通过照片的方式记录操作材料和操作过程；如果观摩的是环境设置和墙面设置，则要用照片和画简易图的方式记录，并注明用法和教师的意图。二是要力求采取简便易行、省时省力的方式迅速记载观察内容，如：表格打勾、文字描述、录音录像、拍照等多种形式相结合，尽量做到快、细、全。观摩过后要及时整理当天的记录，补记一些当时没来得及记录的细节内容，同时整理誊清一些记忆模糊的内容，记下当时自己的感触和反思，以便日后翻阅。常见的记录方法一般有：

（1）逐句记录。也就是实录教师的每句话、每个环节，原句记录能帮助新教师更好地学习、模仿。

（2）记录主要环节和自己的感想。在观摩的过程中，有时面对活动现场教师或多或少地会产生一些感想，如：被观摩教师精彩的引导和应答、随机应变的教育智慧、值得自己迁移运用的环节设计、自己的困惑等，观摩时都可以用简单的文字或符号在旁边加以注明，这样的方法能帮助新教师更好地思考，让自己灵感的火花能及时被记录下来。

（3）图文摘录式。对于教师出示的图、表、符号等，现场临摹需要花费比较多的时间，并且有些复杂的内容是不可能当场记录的，这时，可以通过使用拍照或者录像的方式，完整记录，观摩结束后再用简单的符号、文字进行补充。

3. 观摩后的反思与学习

观摩后如果没有自己的思考，观摩就会流于形式，很难对自己有真正的触动和提高。因此，新教师在观摩活动后可以听听同行的教师们对观摩活动的评价，拓宽自己的思路。如果自己有不理解的地方，可以在观摩后与执教者进行交流。同时，要及时反思自己感受最深刻的方面，比较自己平时的做法与观摩对象的区别，从中发现自己需要改进的地方，并及时记录自己的感受，便于今后在实践中使用。

观摩活动后，新教师可以在实践中学习、借鉴一些理念和方法，但要记住绝不是机械地模仿，也不是生搬硬套。一定要在自己有所思考的基础上，结合自己的具体情况和需要进行恰当地修改与调整，并在尝试中不断完善，这样的学以致用才能真正促进自己的能力和水平不断提高。

二、业务练兵活动

幼儿园最常见的业务练兵活动包括上各种形式的汇报课、研讨课、评比课，各项基本技能技巧比赛等内容。新教师参加各类业务练兵活动既是锻炼的机会，也是学习的机会，同时还是检验自己各方面能力的机会。但是，由于业务练兵活动通常带有展示、比赛的性质，往往会让新教师很关注活动的结果，从而在准备过程中产生很大的压力，有时还会出现适得其反的效果，达不到预期的目标。因此，新教师在参加各项业务练兵活动时，应注意做好以下几个方面。

（一）要确立正确的态度

1. 从提升自己的角度出发，认真积极地对待

许多新教师对业务练兵活动顾虑重重，害怕自己因为能力或经验不足而表现不佳，因此对各级各类评比、展示活动都抱着回避的态度。其实，新教师应从提升自己的角度出发，正确认识参与此类活动对自己的意义，将参与业务练兵的过程，当成是一个参与研讨、锻炼学习的机会，主动积极地对待，一定会让自己在各方面取得更快的进步，得到许多的收获。

2. 抱着重过程轻结果的心态轻松面对

有些新教师过分关注活动的结果，太在意听课老师对自己的评价，因此常常会在活动过程中，只注意自己的表现，无法时刻关注孩子，导致效果不佳；有的新教师过分关注比赛的结果，导致心理压力过大，反而发挥失常。因此，心态对活动的最终结果有着直接的影响。新教师只有确立了良好的心态，注重参与的过程、淡化对结果的追求，才能轻松面对，真正发挥参与业务练兵活动的作用与价值。

（二）要减少依赖性，充分发挥自己的主观能动性

1. 从自己擅长之处着手选择内容

新教师在参加业务练兵活动时，可以根据自身的特点和特长选择内容或项目，如：在参加教学活动展示时，可以选择自己比较擅长的教学领域、比较容易把握的活动内容、比较容易组织的活动类型；在参加技能技巧比赛时，可以选择是参加单项比赛还是综合技能的比赛。如果比赛是综合型的，新教师要了解自己的强项和弱项，扬长补短，合理分配时间，有重点地练习。选择自己擅长的内容可以让自己更有把握、更有信心，同时也能扬长避短、展现自己的能力和特色。

2. 带着自己的想法主动请教

在准备教学练兵活动的过程中，新教师不能完全被动地听从、依赖他人的指导，一定要带着自己的想法、自己的理解，再结合他人给予的指导来准备。只有充分发挥了自己的主观能动性，才能使自己真正地融入活动设计的过程，才能真正理解活动设计的理念和意图，才能在教学过程中较好地根据幼儿情况灵活地组织，使每一次的教学练兵活动都能达到提高教学能力和水平的作用。

幼儿园组织两年一次的年轻教师教学活动展评，鼓励青年教师自主报名参加，比赛获胜的第一名、第二名，会代表幼儿园到市里去比赛。小杨老师想到

自己才工作第二年，肯定没有别的老师有经验，说不定还会出丑，因此一开始不想报名参加这样的比赛。可是，师傅和年级组里的老师们都一直鼓励她，觉得她有上语言课的天赋，而且新老师参加比赛即使表现平平也很正常，就当给自己一个练习的机会。小杨觉得老教师们说得有道理，就主动报名参加了。

报名后，小杨老师就着手开始选择具体的活动内容了。她的特长是朗诵和表演，平时比较喜欢组织语言活动。因此，她决定选择一个好的素材，上一节语言活动课。周末，她逛了很多书店，发现了一本新版的绘本《会飞的抱抱》。第一次看到这个绘本，小杨老师就感动于它的创意，以及书里浓浓的温馨情感，特别是里面的很多个拥抱，让她自己也感到心里暖暖的。她觉得这很适合自己所教的中班孩子，于是当即就决定利用这个绘本素材进行教学。

确定了教学活动的领域和素材，小杨老师又开始绞尽脑汁地设计活动。她通过对素材的分析，又结合自己擅长表演的特点，决定将活动定位为一个讲述和表演相结合的语言活动。

在一次次的试教后，小杨老师总是认真思考老教师们提出的意见和建议，并根据自己的感受和理解不断删改素材，不断调整完善活动设计，使之更符合中班孩子的认知水平、情感表达方式和学习特点。在小杨老师的认真努力下，她的语言活动"会飞的抱抱"脱颖而出，得到了大家的一致认可，她被推荐代表幼儿园参加市里的比赛，并一举获得了市级一等奖，是获奖选手中最年轻的一位老师。

三、学习研讨活动

很多幼儿园都有定期的教研活动，有经验交流、专题研讨、技能培训、专题讲座等各种业务学习活动。对于新教师而言，抱着投入的态度对待业务学习，在活动过程中认真聆听、积极参与，这是专业发展道路上必不可少的一环。

（一）做一个认真的聆听者

新教师在参与各类业务学习、研讨活动的过程中，一定要认真倾听、随时记录，不能置身事外，听过就算。每次学习活动结束后，要将记录及时整理，这样才能为自己积累出一个不错的、属于自己的"资源库"，在需要的时候，可以给自己很多启发。

琳琳第一年工作带小班，正好遇上幼儿园组织擅长上科学课的老教师给全体老师培训科学活动的组织方法。虽然琳琳带的小班还没有科学活动，但是想到明年后年自己的班级就会升到中大班，自己也一定会上科学课，所以琳琳还是一丝不苟地认真记下老教师的每个建议。当讲到"研制咸鸭蛋"这一活动时，组织过这一活动的其他教师提出了疑问，为什么在研制咸鸭蛋之前，必须要让孩子先品尝熟的鸭蛋？负责讲座的老教师解释到，那是因为孩子们一直吃的是咸鸭蛋，所以在他们的经验里，鸭蛋似乎天然是咸的，鸭蛋黄也天生是油油的、很黄的。只有在品尝过、观察过普通鸭蛋之后，孩子们在后续活动中才能更好地对比腌咸的鸭蛋和普通鸭蛋的区别。琳琳记录下老教师介绍的点点滴滴的经验，就连别的老师提出的质疑她也细致地记录在一旁。果然，第二年升入中班开始组织科学活动时，琳琳就避免了许多不必要的错误，使活动进行得顺利、有效。

（二）做个积极的参与者

新教师在参加教研活动讨论时不能而只当听众，因怕自己讲错话而一言不发，而是应该积极地投入到讨论之中，要把自己的想法、困惑大胆地表述出来，通过与大家的对话来了解自己的想法是否正确、遇到的问题可以如何解决。同时，还应该追随研讨内容进行思考，与自己平时的做法进行对比、反思，并把自己的所思所想主动与其他老师交流，针对发现的某些问题进行探讨……做个积极的参与者，才能让自己在教研活动中收获更多。

小蔡老师工作第二年，幼儿园组织了一次语言领域的研讨活动。内容是观摩两节语言活动的录像，并进行讨论。录像中的两位老师都经验丰富，活动的每个环节都很流畅。活动中，两位老师的一个处理方式引起了小蔡老师的关注。这两个活动快结束时，都有一个老师完整复述故事的环节。第一位老师在复述时，孩子们不由自主地跟着老师一起朗诵起了故事，老师立刻呼应了孩子，与孩子们一起朗诵完了整个故事，在整个过程中通过表情和手势，引导孩子们带着语气来朗诵。而第二个老师在复述故事时，孩子们因为被故事吸引，也不由自主地跟着老师朗读起来，可是老师做了一个"嘘"的手势，让孩子停了下来，让孩子完整安静地倾听完她的整个朗诵。

在接下来的研讨活动中，小蔡老师踟蹰再三，还是决定提出了自己的困惑："为什么都是语言活动，都是类似的环节，两个老师却采取了不同的处理方式？"小蔡老师的提问，引起了在场老师们的热烈反应，老师们三三两两交头接耳地讨论起了这个问题。最后，教研组长总结性地回答："第一个活动是一个讲述活动，活动目标之一就是在于让孩子尝试完整地表述，而第二个活动是偏重欣赏的活动，因为完整欣赏和倾听是教学的一个侧重点，因此，老师需要给孩子一个完整倾听的机会。其次，第二位老师本身非常擅长朗诵，活动的教材本身又具备了很强的欣赏性和韵律美，因此，这是一个很好地让孩子完整感受文学美的一个机会。所以，当孩子们临场出现了类似的反应时，两个老师却选择了不同的处理方式。"

通过这次研讨，小蔡老师意识到，只有对活动目标有了充分的把握后，在遇到需要临场发挥和应变的环节时，才能"万变不离其宗"地让自己的活动既呼应孩子的表现，又围绕教学目标进行。

四、撰写教育案例、论文

"如何撰写教育案例和论文"的话题通常也是教研活动的一个重要内容。这是因为撰写案例和论文不仅有助于教师及时反思自己的教学、积累总结教学经验，更有助于促进教师提升自己对教育教学的认识、形成自己的教育观点和思想。但是，新教师工作时间短，各方面的积累不够，所以往往会觉得撰写论文是件很难的事，往往提起笔来就不知道如何下笔。为了能让新教师尽快提高论文写作能力，建议可以从以下几个方面做起。

（一）从平时有感悟之处入手

新教师每天都忙于完成日常工作，常常等到提笔开始写文章的时候，会觉得没有内容可写。其实，在适应新岗位的过程中，新教师一定会有很多让自己很有感悟的地方，把自己的感悟和经验写出来，就是一篇很好的案例或小论文。下面珊珊老师的做法一定能给新教师带来启发。

第一年带班，珊珊一开始不敢跟家长说话，觉得跟家长不知道说什么，也很怕自己说错话、或说了不应该说的话。于是她开始有心观察老教师与家长的沟通交流。通过学习，珊珊开始知道孩子的哪些情况应该主动跟家长交流，以便获得家长的支持或配合；知道了针对祖辈和父辈家长的不同心理，应该有区别地做家长工作；知道了当感觉家长对自己有误解或有抵触情绪时，要主动与家长联系，沟通感情和想法。通过不断地积累，等到工作第三年的时候，珊珊已经能够独立进行家访，也能独立处理一些棘手的问题了。市里教育学会组织论文评比的时候，珊珊把自己三年积累的关于新教师如何做家长工作的心得写成一篇小论文，因为观点清晰、叙述的案例也很生动和充分，居然获得了一等奖。这让珊珊喜出望外，在以后的工作中她更重视积累平时的点滴经验和体会了。

新教师在进行展示活动后的心得、对日常教学的反思、个别教育的体会等，都可以作为写作素材。总之，记录自己的心得和体会，有感而发，写出的文章才会言之有物。

（二）从简单的案例、随笔开始

有了写作素材，还要选择合适的表现形式。作为新教师，应尝试从简单的案例随笔开始着手，逐渐过渡到撰写小论文。案例和随笔一般可长可短，撰写时可以根据所拥有的素材，直接有感而发地叙述。而小论文一般都要求有论点、论据，有字数要求，有时还需要具有一定的创新性和可借鉴性，需要一定的经验积累作基础。因此，新教师如果直接从论文着手也许会比较困难，不容易写出高质量的文章，而从简短的案例随笔开始，勤写勤练，则更容易有收获。

（三）多积累多请教

写一篇好的文章与组织一个好的活动一样，是新教师平时积累的集中体现，但也需要借助其他老师的一些智慧。要想写出好文章，不仅需要平时点点滴滴地积累对某一问题的看法、做法和思考，也需要留意别人对同一问题的见解和做法，另外还可以学习一些相关的文章，借鉴别人的思考、结合自己的想法，让自己的写作内容更充实。

同时，论文写作前和写作后，新教师可以邀请周围有经验的教师与自己一起聊聊所写的文章，或对自己的文章提一些意见和建议，这样既有助于自己不断理清思路、修改完善文章，更有助于自己拓宽思路、提高认识问题和分析问题的水平，学习论文写作的方法、经验，使自己学到更多有价值的内容。

第三节 让阅读成为你成长的阶梯

牛顿曾经说过："如果说我比别人看得更远些，那是因为我站在了巨人的肩膀上。"而苏霍姆林斯基也说过："真正的教师必是读书的爱好者。让读书成为一种习惯，是教师的一种责任、一种情怀、一种追求。"的确，阅读是教师专业成长的阶梯，不同的阅读内容能从不同侧面为新教师的成长给予支持。本章将向新教师介绍如何选择阅读内容，以及一些实用的阅读方法。

一、选择阅读内容

全美幼教协会(NAEYC)指出，幼儿教师的专业化应体现在：
（1）对儿童发展有着深刻的理解和体悟，将心理学、教育学知识运用于实践；
（2）善于观察和评量儿童的行为表现，以此作为课程计划和个性化教学的依据；
（3）善于为儿童营造和保持安全、健康的氛围；
（4）计划并履行适宜儿童发展的课程，全面促进儿童的社会性、情感、智力和身体方面的发展；

（5）与儿童建立积极的互动关系，支持儿童的发展；

（6）与幼儿家庭建立积极的有效的关系；

（7）支持儿童个体的发展和学习，理解儿童在家庭、文化、社会背景等方面的差异；

（8）对教师专业主义予以认同。

庞丽娟教授也指出，幼儿教师专业素质包含：

（1）对儿童和儿童发展的承诺；

（2）全面、正确地了解儿童发展的能力；

（3）有效地选择、组织教育内容的能力；

（4）创设发展支持性环境的能力；

（5）领导和组织能力；

（6）不断地专业化学习。

可见，随着社会对早期教育的重视，幼儿教师的专业素养要求也相应增加。要做一个称职的教师，只埋头苦干独自摸索是远远不够的。阅读是帮助老师更快成长的一个重要方式。有益于新教师阅读的书多种多样，下面主要从专业成长、修养身心、与幼儿共同阅读这三个方面来谈一谈。

（一）读有助于专业成长的书

1. 理论类

很多新教师会认为，理论类的书离实践距离太远，对自己的日常工作，没有直接的指导意义，除了应付考试，似乎就没有阅读的必要了。还有很多新教师感觉各种理论研究的书籍都比较晦涩难懂，因此阅读时往往对其敬而远之。

其实，阅读理论类的书籍或专业期刊文章，能帮助新教师在适应岗位之初，就能接受更先进的观念引领；能帮助新教师在撰写论文和案例时，更好地总结自己的教学经验……因此，新教师不要害怕阅读理论类的书籍和文章，而是可以选择一些具有普适性、带有很强实践指导意义的内容，如：人民教育出版社出版的《幼儿园教师教育丛书》，南京师范大学出版社出版的《给幼儿园教师的101条建议系列丛书》等。"不积跬步无以至千里"，长期坚持理论的积累，一定能让自己比别人走得更快更好。

2. 实践类

与理论的书籍不同，实践类书籍的写作形式比较自由，阅读过程也不那么枯燥，所写的内容能对新教师的日常教学提供最直接的指导，往往会让新教师在阅读过程中容易产生更多共鸣。因此，当新教师遇到实践上的困难时，当新教师需要设计活动时，当新教师需要撰写案例随笔时，阅读这类书籍能拓宽自己的思路、获得更多的启发。

实践类的阅读材料丰富多样，有个人传记类的，如高美霞老师写的《爬上豆蔓看自己——辛黛瑞拉的教育日记》、应彩云老师写的《孩子是天我是云》等；有活动设计类的，如徐苗郎老师的《我的幼儿园数学活动模式》、南京市实验幼儿园编著的《幼儿园综合教育课程主题活动方案设计》等；还有一些国外专家撰写的经验总结类的书籍，如《正面管教》、《如何说，孩子才肯学》等。此外，网络提供了丰富而便捷的阅读渠道，一些博客类、网站类的资料也适合新教师阅读，如朱家雄学前教育网 http://www.zhujx.com/，应彩云的空间 http://blog.age06.com/u/yingcaiyun/Default.aspx 等。

（二）读有益于修养身心的书

1. 励志类

阅读励志类的书籍，能帮助新教师拥有一份正确的人生观、价值观，引领新教师用积极向上的心态对待每天的工作和生活。如：刘墉的《靠自己去成功》、戴尔·卡耐基的《卡耐基写给女人一生幸福的忠告》、毕淑敏的《心灵7游戏》等，阅读这类书能让新教师的心灵获得成长。

2. 文化类

阅读文化类的书籍能增加一个人的文化底蕴，丰厚的文化底蕴能涵养人的气质、丰富人的精神世界。适合新教师阅读的文化类书籍包括：艺术类的，如艾德华所著的《像艺术家一样思考》；人物历史类的，如《明朝那些事儿》《林肯传》；自然地理类的，如《国家地理》杂志；散文类的，如林清玄的《心的菩提》、吴淡如的《做自己最快乐》；还有人际关系类的，如《杜拉拉升职记》等。通过阅读，新教师可以拓宽知识面，增加自己的文化修养，促进自己全面成长。

3. 文艺休闲类

"不会休息的人不会工作"，新教师的业余生活不应该总是被紧张的学习填满，通过阅读让自己休闲放松是一种非常可取的方式。如：通过阅读时尚杂志能帮助提高审美品位；通过阅读介绍各国风情的旅游杂志，可以帮助自己开拓眼界；阅读小说类的书籍，能让自己暂时逃离现实世界，让身心得以放松。总之，休闲阅读能帮助新教师更好地修养身心，丰富业余生活。

（三）读孩子喜欢的书

1. 了解孩子喜欢的书

儿童的世界与成人的世界有很大差异，儿童与成人的审美观和喜好也很不同，要想了解孩子喜欢的书，需要通过多种方式来发现。如：可以经常观察班里的图书角，看看孩子常常喜欢带什么书来幼儿园；可以在一日生活中多观察，发现孩子们经常翻阅的是哪些书；还可以在孩子们自由阅读的时间里，留意孩子们都想看的、三五成群聚在一起看的是哪类书；有时候可以组织相应的交流活动，来了解孩子喜欢哪些书……

与玲玲老师搭班的老教师为了培养孩子们对阅读的兴趣，最近在班里安排了每日一荐和好书评选两个活动。每日一荐是每天利用饭前或午睡起床后的过渡时间，请一名幼儿上前介绍自己带来的新书。可以介绍主要内容、好看的地方、自己推荐的理由，精彩的内容还可以节选部分讲一讲。而每周五的"好书评选"活动是由小朋友提名"我最喜欢的图书"，然后阐述理由，通过投票产生"本周最受欢迎的图书"。书的主人能得到荣誉贴纸，获奖图书在下周会放在图书区显眼处，成为"上榜图书"。在组织类似活动的过程中，玲玲老师了解到班里的孩子们喜欢《喜羊羊与灰太狼》，喜欢有很多图片的动物百科书，喜欢色彩鲜艳的绘本故事，喜欢与自己的生活经验相关、能够理解的故事。男孩子喜欢英雄主题的故事，而女孩子则更喜欢与芭比娃娃有关的故事……玲玲老师还发现，班里流行的书的内容会随着时间的推移而发生变化，一段时间孩子们痴迷于恐龙，而另一段时间孩子们又对迷宫着迷。关注孩子们喜爱的书，帮助玲玲老师从另一个角度了解孩子们的世界……

2. 解读孩子喜欢的书

仅仅知道孩子们喜欢哪些书是不够的，新教师还必须在此基础上对孩子喜爱的书有深入的思考。新教师可以通过阅读书的扉页和作者介绍，了解作者的创作意图和创作背景；可以通过阅读名家推荐和点评，了解他人对该书的看法；可以通过阅读介绍类的书籍，深入了解更多值得孩子阅读的书，如：《图画书：阅读与经典》、《童书是童书》、《童书非童书》等；可以和孩子一起翻阅图书，关注孩子们阅读时的表情、语言和关注点，主动跟孩子聊聊，讨论他们最喜欢的片段或环节。

有了对书的解读，新教师在引导幼儿阅读图书时会更有重点，将图书内容引入教学时也会更有针对性，更重要的是这样能帮助新教师更好地走进儿童世界，从而与儿童的心灵走得更近。

二、掌握阅读方法

如何阅读与阅读什么同样重要，合理安排阅读内容和方式，读以致用地将阅读所获指导实践，才能让自己的阅读真正做到"开卷有益"。

（一）合理安排

1. 规划阅读时间

在学校读书的时候，会有大量的时间和固定的地点读书，然而一旦走上工作岗位，新教师就会突然发现每天的主要精力都用于工作，真正能用来阅读的时间非常有限，有时似乎根本没有。但是，不管工作多繁多忙，新教师都应该规划好自己的工作和生活，给阅读留出一定的时间。如：每天晚上不把时间都用于看电视或娱乐，安排好固定的时间看一会书，日积月累，收获一定不小；节假日、寒暑假集中阅读一些平时想看却没时间看的书；上网浏览时安排一定的时间进行阅读……总之，只要重视用心，新教师一定能寻找出适合自己的时间来阅读。

2. 精读与泛读相结合

新教师应根据阅读内容、目前的需求和时间分配等，合理安排自己精读和泛读的内容。如名人传记、历史类、休闲类、文艺类、博客类、时尚杂志书刊、网络新闻文艺类的，适合泛读，阅读时间可以安排在睡前、出差、午休等零散时光。而一些理论类的专业著作、能帮助自己解决困惑的教育类书籍、与完成某些任务相关的书籍，则应安排精读。精读时间可以放在时间相对集中的周末、节假日、寒暑假等，精读的同时可以做笔记、写摘要、写感想。

3. 结交阅读朋友

良好的阅读氛围不仅能让自己更有阅读的愿望和动力，同时也能帮助自己接触到更多好书。因此，新教师应多参加单位的阅读小团体，参加单位或其他团体组织的读书沙龙等活动，与爱读书的老师结交朋友，通过交流和分享阅读，使自己通过阅读获得更多的乐趣。

（二）读以致用

1. 记阅读笔记，边阅读边思考

记阅读笔记，不仅能帮助自己加深记忆，更重要的是能帮助自己梳理阅读的思考。记阅读笔记的方法有很多，有的老师喜欢在书上圈圈画画，画出自己觉得重要和精彩的地方，便于以后翻阅和精读；有的老师喜欢在书上写批注，记录自己随时产生的想法和思考；有的老师喜欢摘录好的句子或者好的观点，放在网络上与好友共享；有的老师则喜欢带着目的翻阅，因此阅读笔记本会按照相关内容分类，阅读到有用的内容后，就在相关问题后记下书名页数，便于以后思考相关问题时，能够有针对性地查找。总之，每个老师都有不同的阅读习惯，找到适合自己的记录方法，能让自己在阅读的过程中不断思考，使自己的阅读更有效。

2. 结合实践，让阅读帮助自己成长

如果阅读只停留在有感触的基础上是不够的，阅读的收获必须落实到每日的教育教学中，书本知识才能慢慢演变成属于新教师自己的实践性知识，从而新教师才能真正提高自己。同时，带着自己的实践经验来进行阅读，也有助于与作者的经验相呼应，从而让自己更好地理解阅读内容。

  阅读习惯的培养需要一个过程，但是只要新教师能坚持有目的、有计划地博览群书，就一定会在阅读中得到乐趣和帮助，从而让阅读真正成为自己职业生涯发展必不可少的一部分。

第四章

做个观察记录者

观察能力和反思能力是教师必备的两项专业素质，研究表明，新手教师和专家型教师最大的区别也在于此。"专家型教师不会冲动地作出教学决策，而是客观冷静、全面深入地观察和倾听幼儿，然后依据观察到的信息理性地作出判断和行动。"[①] 的确，观察儿童并不断反思自己的教育行为，可以让教师更客观地了解儿童的发展状况，从而真正做到关注儿童的发展需要。从更深层的意义来看，善于观察和反思可以帮助教师完善自身的理论知识结构，提升教育行为的专业水准，从而在专业发展之路上走得更稳健。

本章将通过教师们记录的大量实例，向新教师介绍观察的方法与途径，常用的记录方式，反思的主要类型以及常用的反思札记形式。相信这些真实而鲜活的实例记录一定能引起新教师的共鸣，也希望这些样本与解析能够帮助新教师更便捷地找到适合自己的观察、反思方法。

---

① [英]Sheila Riddall-Leech. 观察：走进儿童的世界. 潘月娟，王艳云，译. 北京：北京师范大学出版社，2008：译者序.

第一节　在实践中观察

教学一线的老师有足够的时间观察了解熟悉幼儿，有足够的时间解读教育无尽的意义，因为在教育实践中有着丰富的供观察与研究的资源。幼儿在园生活中的点点滴滴、喜怒哀乐的情绪变化都是教师绝好的观察切入点，它能让教师捕捉到幼儿真切的需要、体会到每个幼儿的独特之处，获得翔实的、弥足珍贵的、有关幼儿的第一手资料，这就是一线教师的优势。因此，作为一名一线的教师，尤其是新手教师，观察应融入自己的教育实践，融入自己亲历的教育事件中，而后就会有许多的发现和感悟，教育就有可能不同于往常，获得质的飞跃。

一、寻常时刻，细致观察

《儿童的一百种语言》的作者之一、美国著名的幼儿教育专家乔治·福门教授提出：观察记录儿童经历的"寻常时刻"，是理解儿童学习不可多得的一个窗口。"寻常时刻"虽然很寻常，很微小，甚至很不起眼，但却是儿童探究事物、解决问题和建构知识的学习时刻，教师一旦理解了它，也就理解了儿童。对儿童的若干个短暂学习过程的深入分析，会为理解众多学习情境下的儿童学习带来更大的可能性。因此，福门教授提出，对"寻常时刻"的记录，可以使儿童的学习变得可见，便于教师对儿童的学习进行重温、分析和解释。

确实，很多时候当我们静静地站在一旁，将视线聚焦于教育的寻常时刻、聚焦于幼儿的一日生活、定格于幼儿的一举一动时，我们会惊异地发现，在幼儿园平凡的一天生活中，幼儿在与同伴和老师的互动中，在与各类事物的接触与对话之中，有着无数次的发展机遇，面临着无数次的抉择，而每个幼儿面对机遇和抉择时的不同表现，使教师能清晰地了解幼儿当前达到了什么发展阶段、有着什么样的兴趣和爱好，以及每个幼儿鲜明的个性特点、发展速率，这就是寻常时刻的不寻常。因此，置身于教育的寻常时刻，就要用充分的时间、足够的耐心和细心来观察幼儿，观察幼儿在做些什么、说些什么以及为什么这么做、为什么这么说。因此，观察幼儿是每一位教师必须学会的一种技能，它能帮助我们更加清醒地意识到幼儿的个体需要，敏锐并准确地观察和评价幼儿的学习和发展，进而设计出适宜的活动。为了使观察更有效，教师可以根据需要，在不同情境中进行有目的观察或随机观察，下面就着重介绍这两种不同的观察方法。

（一）有目的观察

有目的观察是指观察的指向性非常明确，观察前确定了明确的观察目的和目标，以保证观察的主题始终贯穿于观察的全过程。

观察目的是对将要观察什么和完成什么的表述，是观察的全部意图，它比较宽泛，能够呈现想要了解的、更多的有关观察对象的发展领域。观察目标是对要观察或评价的具体技能或能力的表述，它是一种具体的目的，通常是可以测量的。

为了保证观察的有效性，确定了观察的目的和目标之后，在实施观察前还必须考虑以下问题。

1. 观察时间

根据所指向的观察目的与目标，选择最适宜的观察时间段，使观察能达到预期的目的。

2. 观察的活动类型

依据所确定的观察目的和目标选择适宜的活动类型，如：要观察儿童的社会性发展情况，比较适宜的活动是幼儿的自由游戏，可以是室内的也可以是室外的。因为，自由游戏中幼儿的自主性大，受成人的干预少，能真实地反映幼儿社会性发展情况。

3. 观察者在场景中的位置

观察位置的选择要以不影响儿童的活动为前提，所以观察时教师最好是坐（或站）在一个不容易被幼儿看到的位置，使幼儿言行不受任何影响与干扰，以便教师获取真实的信息。但是，教师所在的位置又要能保证较清晰地观察目标幼儿及其周围的事物。所以，选择适宜的观察位置在有目的观察中非常重要。

当教师确定了要观察什么，定好适宜的观察时间和相应的活动，选择好适宜的观察位置后，就可以开始观察和记录了。

观察记录：

班级：大四班

时间：2008.6

活动类型：集体绘本阅读"青蛙弗洛格的成长故事"《鸟儿在歌唱》

观察目的：了解大班幼儿的绘本阅读能力

观察目标：大班幼儿对画面细节的关注与理解

记录者：施军

今日是绘本阅读："青蛙弗洛格的成长故事"《鸟儿在歌唱》。

首先，我要求幼儿自主阅读，第一遍用眼睛看画面，第二遍轻声编讲。

片段1：

自主阅读期间，王熠说："我知道，小黑鸟死了。"戴咪问："那为什么前面的书里小鸟死了，最后一页小鸟又在树上了呢？"刘弘毅说："小鸟复活了！因为，我觉得他们把小鸟埋起来的时候盖在小鸟上面的是个大鸡蛋，小鸟吃了，就活了。"王熠立刻反驳："不对，最后一页是另外一只小黑鸟。"

片段2：

开始集体讨论了。我请幼儿猜猜小黑鸟怎么了，你从哪些画面看出来的？

幼儿们的回答是："它可能睡着了。""不对，睡着的小鸟会在鸟窝里，不会在地上。""睡着的小鸟画面上有一串英语字母：Z、Z、Z、Z，现在没有，所以小鸟死了。""小鸟肚子朝天，所以它死了。活着的小鸟不会一动不动。""小鸟很胆小，这么多人围着它，如果是活的，早就飞走了。""我看见青蛙弗洛格和朋友一起把小鸟埋了，才知道小鸟死了的。"……

片段3：

果然，一位幼儿也提出了与戴咪相同的问题，幼儿的争论如下：

观点一：这是另一只小鸟。

观点二：这是死去的鸟妈妈的孩子。

观点三：这是鸟妈妈，它的孩子死了。

观点四：刘弘毅还是坚持自己的观点，并举手说了，但没人呼应。

结论：

几个片段告诉我的信息就是：大班幼儿已经具备独立阅读图书的能力，虽然不认字，但他们反而能毫无干扰、深入细致地观察画面的每一个细节，而且还能将画面的前后情节联系起来，进行分析、推理，判断事件发生的原因、过程、结果等。虽然有一些孩子的阅读结果会跟真正的故事有出入，幼儿发展水平不同也会使他们理解的书中内容出现一些前后矛盾的地方，但这些丝毫不会影响对孩子丰富想象力的锻炼与他们的创编兴趣，反而会促进孩子良好的阅读能力的发展。

（施　军）

为了解大班幼儿的绘本阅读能力，老师将观察的目标定位在对画面细节的关注与理解上，并通过集体绘本阅读活动进行观察。观察活动中，教师通过聆听幼儿的对话，通过对幼儿言语的分析，了解了现阶段幼儿的早期阅读能力，主要是对画面的观察、理解及推理能力。最后教师根据观察情况，作了客观的评价。因此，这是一次有效的观察活动，教师通过有目的、有计划的观察获得了自己期望得到的信息。

（二）随机观察

随机观察是相对于有准备观察而言的，这类观察是自发的、临时的，没有预设观察的目的与目标，常常是因为突然发生了有趣的或是出人意料的事情，教师觉得有价值而记录下来。作为一线的教师，其实在实际工作中，随机观察用的频率是相当多的。因为，教师每天都和幼儿在一起，幼儿的生活是丰富和多变的，意想不到的、精彩的瞬间时不时就会发生。因此，随机观察能让教师有更多的意外收获。所以，作为新教师要保持一定的敏感性，要时时关注周围发生的事，并要及时作出判断，用适宜的方式记录下来。在这里介绍一种最简单、最实用的方法，那就是在自己的口袋里放本小巧的笔记本和一支笔，这样就可以随时记录，用符号或关键词，而后作整理，长期积累，教师定会有许多的收获。

观察记录：

班级：托六班

时间：晨间的区域游戏

记录者：钱万娟

事件记录

今天早晨，我在"豆豆桌"投放了两把新勺子（奶粉勺，勺口较深，勺柄较长）。小杰来园后就进入"豆豆桌"玩起来，在选择工具时，一下子就找到了新勺子，他问我："钱老师，这把勺子哪里来的？"我告诉他："是我收集来的。"他找了一个酸奶瓶，用新勺子舀豆、装豆，装满后，他把勺子倒扣住瓶口，说："正正好，可以当枪了。"随后，他玩起了打枪游戏"哒哒哒"，还眯着眼睛说："瞄准……"

这时，小宇看见了，就去抢小杰手里的瓶子，小杰不肯，侧身躲避。我就建议小宇去箩筐里再找一个。他找了一个大瓶子、一把大勺子，还用勺子在瓶口比划了一下，勺子正好套在瓶口上，他对小杰说："我的是冲锋枪。"小杰说："我的是机关枪。"两个朋友边舀装豆，边玩起了打枪的游戏。

解读及反思

小杰经常去"豆豆桌"玩，对提供的游戏材料非常熟悉，一有新材料就发现了，而且马上选择新勺子游戏。新材料激发了他的探索欲望。由于他平时在舀装豆的活动中积累了对各种勺子的操作体验，所以，新勺"较深的勺口"这一特点，让他有了新的玩法。而长长的勺柄让他想到了枪柄，于是，出现了一物替代另一物的想法，这意味着孩子的想象有了质的飞跃。同时，两个小伙伴的争执也让我们更清楚地看到，托班孩子是喜欢模仿的。所以，教师应设法为孩子创设一个自由活动、自由尝试的空间，不断提供丰富的、有变化的游戏新材料，刺激他们的自我探索、互相学习。

事件记录

过了两天，小杰早晨来园后插好晨检牌，一边往豆豆桌走，一边对我说："钱老师，我带了个新瓶子。"我一看，是一个长长、细细的金帝巧克力豆的瓶子。我说："好的，你去玩吧！"他找了把大汤勺开始舀豆豆，当勺口对准瓶口倒时，大多数豆豆掉在桌子上。他舀了三次后，换了一把勺柄较短的大勺子舀，一勺豆只装进瓶子一颗豆，他对我说："太大了。"我说："嗯，你再重新找吧。"他找了一把勺口浅的小勺开始舀、装，一勺舀两粒豆，倒时，手稍一晃动，就会掉一粒豆。舀了几次后，他又去换勺子，这次他在勺子箩筐里东挑西拣，找了把勺口较深的小奶粉勺。小奶粉勺每次只能舀两粒豆，倒入瓶子时没有一粒掉在瓶外。就这样，他反复玩着，直至区域游戏结束。

解读及反思

显然，原有的材料已不能满足小杰操作、探索的需求。金帝巧克力豆的瓶子是他刚吃完的空瓶子，他从巧克力豆联想到自己玩过的豆。既然这个瓶子可以装巧克力豆，肯定也可以装玩的豆豆，而且这样的瓶子教室里是没有的，而他的想法得到了妈妈的赞同，所以，他把瓶子带来尝试玩豆豆游戏。通过这次的观察，我在调整、丰富操作材料时又有了一些新的想法：可提供更多不同形状、大小的瓶罐和勺子，可以让孩子自己收集喜欢的材料，以满足孩子不断操作、探索的需要，刺激他们精细动作的发展。

（钱万娟）

这是一位细心的老师，同时又是一位善于反思与调整的老师。她能从孩子的兴趣与行为中，获取教育的信息与灵感。其实，在教育实践中，像钱老师那样的观察经常可以进行，也许第一次观察是随机的，但紧随其后的观察就变得有目的多了。由于第一次的随机观察让钱老师捕捉到了孩子的兴趣与需要，于是，它引发了钱老师更深入的观察与分析。因此，只要教师做个有心人，观察随时可以进行，且这样的观察能使教师更深入地了解孩子。

二、问题情境，悉心观察

作为一名新教师，工作中时常会遇到一些困惑和困难，而面对困惑与困难时，新教师常常是不知所措、无能为力。新教师为此焦虑、为此迷茫。殊不知这些问题与困惑正是教师专业成长的生长点。因为，教育就是具有很多的不确定性，教育过程就是充满着变数，教师所面对的就是复杂的、不可预测的教育教学情境。教育情境的复杂性和不确定性决定了教师面临的矛盾与问题无时不有、无处不在，而这些外显的变化与不确定背后，往往有着复杂的根源性背景。因此，当新教师意识到了问题、感觉到了困惑时应该很庆幸，因为这表明自己已具有了一定的教育敏感性。这种敏感性是促进教师专业成长的可贵品质，而此时解决问题的最好办法就是在问题情境中悉心观察，了解问题根源，积极寻找解决问题的有效策略。

分析新教师工作中所面临的问题，主要来自于两方面：一是来自于自身，因教育实践经验的缺乏，教育能力的有限，由此产生的对自身教育现状的不满足，以及活动的预想与真实的情况有距离。因此，新教师希望自己在活动的设计与组织、对幼儿的有效教育、与家长的积极沟通等方面能有所改善。二是来自于幼儿，面对一个个鲜活的、各具特色的幼儿，特别是一些有着特殊行为与特殊需求的幼儿，新教师常常感到很困惑，觉得自己和他们之间缺少一种默契，拿他们没办法，感觉很有挫败感。因此，新教师希望自己更多地了解孩子，了解有着鲜明个性的孩子，了解他们的需求及心理。面对以上的问题情境，新教师需要的是学习，放下架子，在悉心观察中向有经验的老教师学习；蹲下身子，在悉心观察中向幼儿学习。

（一）悉心观察，向同伴学习

在新老师的周围有着许多教育教学经验丰富的老师，她们都是学习的宝贵资源。因此，作为新教师，要尽一切可能向她们学习，学习的有效途径之一就是悉心观察，观察她们组织的活动，观察她们与幼儿的交流，而后仔细揣摩，并与自己的行为比较。相信如此用心地观察学习，可以让新教师"站在别人的肩膀上"前行，在较短的时间内缩短与成熟教师的距离，而这不失为专业成长的一条捷径。

案例：自主游戏

自主游戏是幼儿最喜爱的活动，幼儿通过游戏不断地体验着成功与失败，不断地认识自我、认识世界，获得身心和谐健康发展。那么在幼儿的游戏过程中，教师该起什么样的作用？其作用该体现在哪些方面？教师该怎样来认识幼儿的自主游戏，建立怎样的游戏观？带着这些疑问，作为新教师的我认真观摩了朱老师组织的自主游戏，并与自己组织的自主游戏进行了比较。

游戏开始阶段：朱教师把每个区角的游戏介绍了一遍，强调注意点，推荐新玩法。朱教师恰当的介绍，既激发起了幼儿游戏的兴趣，又使幼儿能较快地进入到游戏之中。而适当的提醒，也让幼儿产生新的尝试和体验的欲望，对之前游戏中存在的问题产生调整的意愿。简单的游戏开始后，我看到了朱老师对幼儿自主游戏的潜在指导，它完全建立在朱老师对上次幼儿游戏的充分观察的基础之上，它反映的是朱老师认真负责的工作态度。

游戏进行中：幼儿迅速投入到各个区角的游戏之中，小医院、娃娃家、小超市、点心店、美发屋、美工区等，幼儿通过交流、分工、商量等方式，寻找自己感兴趣的游戏内容。小医院里，两个幼儿扮演病人，被人用"担架"送到医院，在桌子搭成的"床"上躺着，不时地发出"疼痛的叫喊声"。医生围着她们检查身体、打针、挂水、动手术，过程延续了有近十分钟。十几名幼儿参与到了这个"抢救伤员"的过程中，有人打急救电话，有人当120出诊的医生，有人诊治病人，有人来看望病人，其他没有参与的幼儿不受干扰地玩着自己的游戏。

游戏的后半程因一个意外事件而发生了戏剧性的变化。刚刚生了急病的女生大病初愈，一个男生去看她。在旁边幼儿的撺掇下，看望变成了求婚。男孩拿着老师递给他的一枝花（原本是放在钢琴上的点缀环境的花），单膝跪地地送给女生，女生害羞地跑开，男生在后面追，旁边还有许多凑热闹的幼儿一起跟着追。接着，一个幼儿提议举行结婚仪式，在老师与幼儿的商议和分工之后，大家开始筹备起来。"新郎"和老师一起在美工区制作戒指，美发屋的幼儿则在给新娘化妆打扮；还有许多幼儿在更换游戏角的布局，添设出一个举行婚礼的"礼堂"和"观礼区"。刚刚提议举行仪式的幼儿成为了婚礼司仪，宣布"××和××的结婚仪式现在开始，有请新郎新娘入场。""交拜仪式"、"互赠戒指"、"切蛋糕"等仪式相继进行。婚礼一直延续到游戏结束，教室里大部分幼儿都参与到了这场婚礼中。

自省与思考

整个游戏过程给我最深的印象就是幼儿的投入，每个幼儿都在做着自己喜欢的事情，扮演着自己能够胜任的角色。游戏里幼儿的表现看似很随性、随机，甚至还打破了一些规则和秩序，可是每个幼儿都沉浸在游戏的情境里，用自己已经掌握和想要尝试的经验来完成游戏，自发而成而又合理有序。这种游戏状态反映着幼儿较高的游戏水平，幼儿按自己的兴趣、需要和生活经验进行创造性的活动，按自己的意愿设计和生成新的游戏。游戏开始自发自主，游戏过程自娱自乐，游戏材料自由选择、自在操作，游戏伙伴自由组合、默契合作，最终在自由与和谐的游戏状态里，幼儿得到发展。

观摩朱老师组织的游戏，观察游戏中的幼儿，我认识到教师在游戏中的主导作用应体现在：

1. 积累经验创设环境：丰富的游戏情节、幼儿间生动的交流、生活化的语言动作，不是一朝一夕形成的，而是幼儿在日常的学习与生活中不断积累而成的。有心的教师会将生活的点点滴滴无痕地传递给幼儿，紧紧抓住幼儿的兴趣点创设游戏环境、添加游戏材料，这才让幼儿的已有经验能够自如地运用到游戏中，并在游戏中生成新的内容和新的经验。

2. 尊重支持幼儿：在大部分的游戏时间里，朱老师并没有介入到幼儿的游戏中，但这不代表她游离在外，朱老师自始至终仔细观察，提供最适时的支持。开始时，因为小医院里格外热闹，许多别的区域的幼儿也被吸引了过来，一些幼儿也临时成了医生和探病的人，朱老师并没有因为他们的"不务正业"

而去制止和提醒他们，而是充分尊重幼儿游戏的自主权和自发性；在幼儿很突然地产生举行婚礼仪式的想法时，朱老师没有因为出乎意料而干预和介入，却很及时地为求婚男生提供了一枝花，很及时地组织大家讨论筹备仪式的注意点，很及时地帮助"新郎"制作起戒指来。这时的教师与游戏中的幼儿没有了师生的上下关系，教师完全融入到幼儿的游戏中，完全被幼儿所接纳，甚至还给了我们一种"及时雨"的感觉。因为有了尊重与支持，幼儿的游戏水平和游戏热情不断高涨，从而迸发出更多精彩的想法。

3. 忘情投入与游戏精神：教师不需要完全介入到游戏中，但一定要完全投入到游戏中。朱老师自始至终都关注着幼儿的游戏，并且随着游戏情节的发展而忘情投入其中。有病人突发急病，朱老师和幼儿一样焦急万分；男生向女生求婚，朱老师像红娘般热情；婚礼仪式上，朱老师像双方家长般欣喜地看着新郎、新娘；甚至在游戏讲评时，朱老师还没有从游戏的兴奋中走出来，比幼儿还要激动地回味着刚才的精彩瞬间。这就是教师应有的游戏精神。反观大部分时间的我，其实一直是游离在幼儿游戏世界之外的，对于幼儿的突发奇想，我会很感兴趣地记录下来，可那种状态还是高高在上的观察者的姿态，其实是不平等、不投入的。

在整个游戏的过程里，还有一些细节让我感悟颇多。

细节一：在玩小超市时，一个病人"突发急病"，120急救车及时赶来了，扮演医生的幼儿让病人坐在椅子上，拖着在地上走，还发出了很大的摩擦碰撞声。朱老师问："为什么要坐在上面啊？"幼儿回答："这是救人的担架。"

能包容那种响声，对于教师来说是不容易的，另外这里面幼儿还有不爱惜公物之嫌，可朱老师选择了默许。其实这是对孩子创造性和想象力的肯定。幼儿获取了担架这一生活经验，想要把它运用到游戏中，在教室里就地取材想到了椅子。或许在老师的提醒下，幼儿能想到替代的方法，但在当时的游戏情境下，如果马上制止，对于幼儿的游戏状态就是一种干扰和阻断。事实证明，幼儿真的只是把椅子当做担架用了一小会儿，很快就转移到了"医院"里，所以朱老师的默许是值得鼓励的，它保证了游戏的顺畅。对于游戏中成人看来违反了常规的行为，不要急着说"不"，而要给幼儿充足的时间自己去尝试。

细节二：当男生追着女生奔跑求婚时，许多幼儿兴奋地追在后头，教室突然变得混乱无序。此时，朱老师及时转移大家的注意力，拓展大家的思维，说："好，××现在向××求婚了，下面应该做什么事情啊？"马上就有幼儿指出："进行结婚仪式。""结婚仪式怎么进行呢？"在朱老师富有智慧的引领下，幼儿开始了丰富而有趣的结婚仪式。

反思自己，当游戏中幼儿在教室里到处乱跑，十分喧闹的时候，我的第一反应是及时制止甚至停止游戏。其实，无缘无故地吵闹，破坏游戏秩序，不是大多数幼儿的初衷，这些行为背后一定是有原因的。教师只有一直处在游戏的状态里，细心地观察着幼儿的一举一动，才会对前因后果了如指掌，才会做出及时而准确的判断与调整。

短短一个自主游戏的活动，却给了我许多的启迪，让我对自己组织游戏活动时的状态有了充分的反思。我从中学习到了许多，而最核心的一个认识就是：充分理解和尊重幼儿，幼儿的自主性、创造性才能得以无限发挥；全情投入，满怀游戏的热情，幼儿的热情才得以尽情释放；不断提升自我的游戏水平和游戏理念，幼儿的游戏水平自然也会不断增强和提高。

（辛海燕）

这是一位善于学习的新教师，她虚心地向身边的老教师学习，因为在她们的身上有着多年来积累的丰富的教育教学经验，而这些经验正是新教师工作中所急需的，它能使新教师在工作中少走弯路。同时，这又是一名聪明的新教师，因为，她是带着工作中的困惑和问题向老教师学习的，可以说，明确的学习指向在一定程度上增强了学习的成效。尤其可贵的是，她将老教师组织的游戏与自己组织的游戏进行了对比，并深刻地反省自己、剖析自己，从老教师的教育智慧与经验之中，看到了自己的不足，思考、明确了自己今后的努力方向。这种善学、勤思的品质对于成长中的新教师来说是极其重要的，它将助推新教师的成长，助新教师早日踏上专业成长之路。

（二）悉心观察，向幼儿学习

幼儿是教师亲密的教育合作伙伴，他们天真无邪、无拘无束，解读幼儿的情绪情感及行为表现能让教师通晓他们的内心世界。因此，悉心观察幼儿，能让教师发现他们独特的特点，了解幼儿能够做些什么、喜欢什么，能让教师更好地理解幼儿为什么做这些事情，从幼儿的视角去看事物，然后思考提供怎样的活动和资源来支持和促进幼儿的发展。

案例：小杰的寻求友谊之路

两岁八个月的小杰开口说话晚，目前只能说两、三字的句子，如"要嘘嘘"、"×老师"，而且发音还不够清楚。他很喜欢上幼儿园，游戏和自由活动时，最爱独自到娃娃家、发现区玩。但是这段时间频繁出现小杰伤害到同伴的行为，而且天天发生，每天数次。有时老师拉住他的一只手，他就用另一只手拍打经过他身边的同伴，如果拉住他的两只手，他还会想办法触碰到别人，用脚踢踢，或者把自己的腿搁到旁边人的腿上。

4月9日

春游途中小杰想和安安手拉手一起走，可是安安已经拉着熟悉的朋友云云在走了，不愿和小杰拉手。不管妈妈在旁边怎么劝解，小杰都不听，固执地还要伸手去拉安安。最后哭着被妈妈抱开。

4月15日

安安独自坐在椅子上安静看书，小杰走过去用手用力拍打安安的脸，安安流着眼泪大声告诉老师："他打我。"

4月16日

程程在座位上大声说话，没有听老师讲故事，小杰走过去把程程的脸咬了一口。直到下午回家时，程程脸上还有两道红红的牙印。

4月19日

吃点心后看书时，小杰突然打毛毛的脸，用指甲把毛毛眼侧皮肤划出了红印。毛毛捂着半边红红的脸，不知所措。

程程看见小杰要坐在他身边，连忙侧身让，过一会又站起来，换了一个离小杰远些的位子坐下。

4月20日

好好没有和大家一起去喝水，仍然坐在自己的座位上，小杰边喝水边走到好好身边，用自己还没喝完水的杯子用力敲了一下好好的头。

4月21日

两个男孩餐后趴在阅读区垫子上看书，小杰冲过去用力压在其中一个男孩的背部和头部，小男孩被突然大力的挤压吓蒙了，过一会儿才大哭起来，身体却仍然被小杰压着没法动弹。

在班级里，小朋友怕被打疼，纷纷避开小杰，不愿和他在一起玩。家长对孩子的这类行为非常担心，天天怕小杰在幼儿园又把谁弄疼了。

让同伴受到伤害，自己也反复遭到拒绝，可是小杰寻求同伴友谊的愿望依然强烈。尽管小杰每天弄疼小朋友，被父母、老师板着脸批评，甚至旁边同龄的小朋友看到小杰打疼别人也会严肃地皱起眉头，大声对他"哼！"一声来表示自己的气愤，但小杰还是喜欢上幼儿园。下雨天家人担心路途不便，不想送他来幼儿园，他在家里就会对着窗外不停地大声叫着"老师、阿姨！"家人只好再送他来幼儿园。

分析

从这几天发生的事件看得出，小杰关注的对象和范围逐渐宽广，从独自活动转向关注身边环境，试图与周围的人、事、物产生互动，希望和班里的同伴一起玩，但是语言表达能力差是目前小杰与人交往最大的障碍。像4月16日把程程咬伤的事件，是因为他觉得程程没有安静地听讲，做得不对，想去阻止程程随便说话才这样做的。4月21日突然把同伴紧紧压在地上的行为也只是因为他看见小朋友在玩，自己想加入他们而采取的行动。他的心里虽然有一定的认识或想法，却不会运用语言表述出来，只能采取自己从小习惯了的肢体动作来表示，于是就出现了多次弄伤同伴的事。

看着小杰每每因为向同伴发出不恰当的交往信息，希望结交朋友的愿望常常落空，我们也替他担心。虽然老师从一名教育者的角度能理解他行为背后想与人交往的迫切愿望和需要，但是其他孩子是不能理解且难以接受的。

措施

首先，我们从提高语言表达能力着手来帮助他。

1. 尽早帮助他学会开口说几句交往过程中常用和必要的话，如"你好"、"谢谢"、"对不起"、"给我玩玩吧"等。

2. 小杰在需要表达愿望和需要时，成人帮助他用最简单、最易学会的语言说出来。老师先说，再鼓励他模仿说。

其次，在家中也要求家长多和孩子交流，玩游戏、讲故事、念儿歌，以丰富的语言刺激孩子，鼓励孩子说出自己的需要。

另外，不管在家庭还是幼儿园，都要多给他创设与人交往的机会，不能因为担心孩子"闯祸"而剥夺他的交往需要。只有在相应的交往环境中，孩子才能满足交往需要，通过成人和同伴的正确示范、引导，习得适宜的交往技能。

下一个月我将继续关注他的"寻友之路"，也许路途中还会碰到许多曲折，但希望小杰能早日找到能让他更加快乐的友情！

（戴轶嘉）

这是一位充满爱心的教师，面对班内年龄小、语言发展滞后、有一定攻击性行为的孩子，教师没有讨厌他，而是充满爱意地观察与了解他，努力从幼儿的年龄特点、发展现状中积极地寻找原因。字里行间流露的是教师满满的爱意。当教师通过观察与分析找到原因后，又积极地寻找有效方法，以帮助孩子度过这一非常时期。因此，可以说，是观察让教师真正地了解幼儿，了解不同幼儿的发展与需要，是观察让教师的专业素养得以真正提升。

三、认真做好观察记录

观察的目的是增进对幼儿的了解，拓展关于幼儿发展的认知，对教师的实际工作有所帮助。所以，结合观察还有一项非常重要的工作就是作好详尽的记录，记录所观察到的现象，因此记录应该是清晰的、详细的，且这些记录要有助于分析与评价。还有，仅凭一次观察就轻率地做出判断是不可取的，其中不可避免地带有一定的偶然性。因此，客观、真实的观察应该是持续的，这样获取的信息才是可靠的、有信度的。为此，认真做好观察记录就显得尤为重要。

一般的观察记录都必须包含以下的信息：

（1）观察日期：知道前一次观察是什么时候，对于后续的评价工作非常重要。

（2）观察者的名字：要说明是谁实施的观察，为后续的跟进研究作准备。

（3）被观察的幼儿名字：为了尊重幼儿的隐私权，幼儿姓名可以用符号、字母或化名来替代。

（4）幼儿的准确年龄和性别：幼儿的准确年龄可以用年和月记录，也可用月和周记录，这样就能将其发展状况与普遍认可的发展常模进行比较和评价。

（5）观察方法：观察方法有好多种，每一种方法都有其优势和相对的局限性，观察方法的记录有助于以后的分析与判断，也有助于进一步地思考观察方法的选择是否合适。

（6）观察目标：必须是能够达到的，并且可以测量的。

（7）涉及的成人和幼儿数：成人和幼儿的数量是观察应包括的另一种重要的信息，它能提供观察的总体背景，将有助于分析与评价观察数据。

（8）对场景的简单描述：场景的描述能将观察置于一定的背景中，有助于对观察现象的分析。

为了使记录更加便携与有效，常用的观察记录方法是设计观察表格，表格中包含所有重要和必要的信息，这样既方便又可以节省时间。

附：观察表格的记录信息

观察者姓名

儿童姓名

儿童的准确年龄

儿童的性别

观察开始的时间

观察结束的时间

使用的方法

儿童人数

观察目的

观察目标

简要描述观察背景

没有一种观察方法是完美的，每一种观察方法都有其一定的局限性，专家型教师会根据观察的需要和周围环境选择最为适宜的观察方法和记录格式，会在一段时间内综合运用多种方法持续观察幼儿。因此，了解各种观察方法，综合运用不同的方法来观察是新手教师向专家型教师发展的必备能力。因为，它能帮助教师更全面地了解幼儿。在此，介绍两种常用的书写观察记录的方法。

（一）叙事

叙事主要用于搜集开放性的数据，此类方法可以包括：对事先计划好的观察活动或任务的结构化记录，也可以是非结构性的、自发的记录。因此，它可以用于有目的观察中，也可以用于随机观察中。叙事风格的观察记录包括观察记录、结论、评价、建议。

记录部分是对观察现象最详细和客观的记录；结论部分应该概括地叙述教师观察到什么，与所确定的观察要呼应；评价部分应该将教师的发现与教师所观察幼儿相对应的年龄段应有的表现作比较，也可以将观察的某个幼儿与班级中同一年龄段的其他幼儿作比较。最后是建议，即提供怎样的支持与帮助。

案例：观察记录

班级：托八班

时间：2008年6月

观察目的：了解托班幼儿与同伴交往的情况

观察目标：托班幼儿游戏活动中与同伴交往的意识

活动类型：区域游戏

记录者：丁蕴茹

事件记录

诚诚拿了一筐纽扣积木坐在桌边搭，扬扬拿了一筐纽扣积木准备在另外一张桌子上搭，但他刚坐下马上又站了起来，端着积木坐到了诚诚的那张桌上搭了起来。过了一会儿，愉栋从旁边走过，诚诚对愉栋喊："和我一起玩吧！"愉栋走过来要拿诚诚手里用积木搭好的一把枪，诚诚说："不可以，这是我要的，他那里有。"边说边指着扬扬，愉栋没理睬他，开始拿诚诚筐里的积木搭起来，诚诚也没有反对。在这过程中，嘉嘉也拿了一筐纽扣积木来搭。这时小莫走了过来，拿了扬扬筐里的一块积木，扬扬马上到小莫手里去抢，小莫紧紧拿住积木说："大家一起玩。"扬扬依然不松手，小莫松开积木，又去拿嘉嘉筐里的积木，嘉嘉用身体趴在筐上护住积木，小莫没拿到，走到架子边重新拿了一筐纽扣积木。这时，俞辰又走过来，伸手拿嘉嘉筐里的积木，嘉嘉用身体趴在筐上护住积木，俞辰又去拿扬扬筐里的积木，扬扬将俞辰手里的积木拿过来放回筐里，俞辰又拿，这次扬扬没有反对。几个宝宝搭的都是枪，搭好后，俞辰第一个喊："开枪请开炮，开枪请开炮！"其他宝宝也跟着一起开心地喊起来。

解读及反思

1. 扬扬开始准备在另外一张桌子上搭积木，但后来又移到诚诚的那张桌上，其他几个宝宝也将玩具拿到了有宝宝在游戏的桌上，这说明托班宝宝已有与同伴一起游戏的愿望。

2. 诚诚对愉栋发出"和我一起玩吧"的邀请，小莫在同伴与他争抢时会说"大家一起玩"，说明在游戏过程中，宝宝开始会用语言交流，简单表达自己的想法，有些宝宝会邀请同伴一起游戏。

3. 扬扬、嘉嘉都不愿意同伴拿他筐里玩具，这种情况在托班宝宝身上经常发生，他们还没有与同伴分享玩具的习惯。

这仅仅是我记录的宝宝游戏的一个画面，其实托班宝宝在游戏中相互的交流比托班上学期明显增多。

小结

从事件中可以看出，宝宝到了托班下学期，与同伴交往的行为开始萌发，已开始从独自游戏向与同伴共同游戏过渡。但游戏时他们依然是以自我为中心，缺乏与同伴分享玩具、共同游戏的经验。为顺应宝宝的发展需求，在以后的活动中，可借助宝宝喜欢的玩具为平台，为宝宝创设共同游戏的环境，逐步帮助宝宝丰富与同伴共同游戏的经验，萌发宝宝最初的友好交往意识。

（丁蕴茹）

这是一份叙事性观察案例，教师用文字详细客观地记录了自己所观察到的现象，而后对这一现象进行了分析，并得出了结论：托班下学期的宝宝们开始有了与同伴一起玩的萌芽。教师由此受到了启发：今后要为宝宝们创设共同游戏的环境，满足宝宝的发展需求。

（二）表格

表格法与叙事法一样得到了儿童保教专业人员的广泛运用，是学校和托幼机构中常用的记录方法。表格运用起来快捷、方便，它可以在一段时间内使用，可以记录结构化的活动，也可以在自然的环境下记录常规活动和事件。使用表格可以记录一名幼儿的发展，也可对一群幼儿的发展情况进行比较。

附：表格

大班幼儿"学会独立"的成长记录表

_____ ☺

日期 \ 我能做到	记住老师布置的任务并完成	自己整理收归自己的书包	自己背书包、拿物品	自己洗脸	自己洗脚	晚上自己睡（有条件可分房睡）

注：孩子又长大一岁了，为了培养孩子的独立能力，家长可从以上几方面着手。这些都是生活中的细节，只有从生活入手，持之以恒地培养，孩子才会真正地进步。让我们为孩子的成长一起努力！请您对照表格认真记录。（试试用☆ ○ △记录，独立按要求完成☆，在家长提醒下按要求完成○，没有完成△。）

第二节　在反思中提升

教师的专业成长不可能一蹴而就，它需要一个长期渐进的过程，其中反思是必不可少的重要环节，也是新手教师成长为一名专家型教师的重要法宝。因为反思不同于一般的个人经验的无意识积累，它要求教师反思自己、反思别人的教育行为和教育经验，从而更自觉、更理性地审视教育实践，并将理论和实践统一起来。因此，教师经常自觉地反思能使零散的教育经验得到梳理。华东师范大学叶澜教授曾说过：一个教师写一辈子教案不一定成为名师，如果一个教师写三年教学反思就有可能成为名师。许多教育家和名师都用自己的实际行动证明了这一点。可见，结合具体的教育情境进行反思，将有助于教师提升自己的专业素质，进而迈向专业成长之路。

一、反思是教师成长的必要环节

教师的反思是对具体情境作理性的思考，是对所处的教育情境中的各种因素及其关系的思考与权衡。教师通过反思能把握实践情境下具体问题的本质，进而改进教育实践，使自身的教育行为更合理。而新教师在进行教育实践反思时，通常应当在理念和行动两个维度展开。理念层面上的反思：通过反思发现自己既有的理念与先进理念的差距，并以先进的理念纠正自身认识上的偏差。实践层面上的反思：通过反思发现自身行为与目标间的差距，调整优化自身行为，提高行为的有效性和目标的达成度。此外，就反思对象而言，不仅要对自身进行反思，还要对教育对象——幼儿进行反思。对自身的教育实践进行反思时，教师可以反思自己的成功经验，每一活动都有自己的精妙之处，这些达到预设、引起教学共振的做法要及时地进行总结；可以反思自己的失误之处，积极地从主观上找原因，使之成为以后教学应吸取的教训；可以反思自己的教学创新，感悟教育教学中的创新之举，不断积累自己的创新经验。对幼儿进行反思时，教师通过反思解读，理解幼儿的行为，了解幼儿的需要与兴趣，进而设计出引导幼儿不断向前的各类活动。当然，在具体的反思过程中，各种相关因素应综合考虑，在反思教育理念的同时，要以教育实践为背景，在反思教育实践时要以一定的教育理念为依据，要运用正确的教育理念反思自己的教育实践、反思幼儿的行为表现。从而，教师在调整教育选择和教育行为的过程中，逐渐形成有着丰富实践性学识的个人教育理论，并使自己在教育教学上日臻完善。因此，反思是教师专业成长的必要环节。

案例：这是我的作品

问题的发现

孩子到了大班，随着动手能力及想象力的发展，对桌面建构游戏兴趣愈发浓厚。然而，在孩子们热衷之余，我却发现每次收桌面建构玩具成了令老师头疼的事情。因为总有好几个孩子会围在桌面建构玩具作品展览区迟迟不回座位。

问题的分析

带着这个问题，我连续观察了几天孩子们收桌面建构玩具的情况，发现大多数孩子围在作品展览区旁边都不是在玩，而是为了给自己的作品选个位置来陈列。在这个过程中，孩子会有意或无意地损坏他人的作品，而每个孩子一旦发现自己的作品被别人损坏，总会反击，而且我常常听到孩子会大喊："这是我的作品。"就这样,你来我往,因此他们迟迟不能回到位置。

问题的解决

明确了问题的症结,我就开始探寻解决问题的办法。我决定这次让孩子们来讨论一下问题解决的办法。

老师:"最近,我发现很多孩子收玩具时总是围在展览区旁边,很晚才能回到位置,浪费了我们很多宝贵的游戏时间。老师观察了一下,原来是大家都想把自己的作品陈列上去,但是展览区却已经很满了。有什么办法可以解决一下这个问题呢?"

幼儿:"朱老师说过了,可以把以前搭的拆掉。"

幼儿:"可以把重复的、一样的拆掉。"

幼儿:"搭得不好的就不要陈列上去。"

(当时我恍然大悟,难怪很多孩子都会在那忙着拆别人搭的作品。)

老师:"嗯,我知道了,你们想的都是一种方法,就是减少陈列的作品。那还有别的办法吗?"

幼儿:(边说边走到自然角窗台边)"可以把一些作品放在这里。"

幼儿:"还可以把作品放在钢琴的上面。"

幼儿:"可以放在学具柜顶上。"

…………

老师:"哦,你们现在说的是增加展览区。这样吧,我们投票决定用哪种方法。同意减少陈列作品的孩子请举手(2票)。同意增加展览区的孩子请举手(29票)。"

就这样,在孩子们的民主讨论、投票下,最后决定增加展览区。而在我的建议下,我们将图书区最上面一层撤空,作为我们班级第二块作品展览区。

反思

班级常规是每个老师都常抓不懈的主题,创设一个良好、有序的班级常规是每个老师努力的方向。这个事件给我的触动是:

1. 老师发现班级里出现的问题时,一定要搞清楚真正症结所在,这样才能对症下药。庆幸的是,这次我没有成为一个独裁者,一味要求他们按时回位置,或是简单的批评责备。因为有了前期细心的观察,我才能够真正弄清楚问题的源头。

2. 只有顺应孩子需要的班级常规才能被孩子们所接纳。孩子们起初收玩具时不能及时回位置,是因为他们想展览自己作品的愿望没有得到满足,局促的展览区无法满足他们的需求。而后来因为展览区的扩大,矛盾消除了,孩子们的需求得到了满足,所以他们能接纳并遵守常规"按时回位置"。

(徐 玲)

这是一位工作八年的教师撰写的反思报告,报告详尽地阐述了问题的发现、问题的分析以及问题的解决,最后是自己对整个事件的反思。阅读教师的反思报告,我们感受到的是教师的民主与智慧,遇到问题她没有武断专行,而是仔细观察,认真思考,最后圆满地解决了问题。因此,经常反思能引发教师的深入思考,有助于教师教育教学智慧的提升。

二、让反思成为习惯

美国学者波斯纳认为,没有反思的经验是狭隘的经验,至多只能形成肤浅的知识。只有经过反思,教师的经验方能上升到一定的高度,并对后继行为产生影响。他提出了教师成长的公式:教师成长 = 经验 + 反思。如果一名教师仅仅满足于经验的获得,而不对经验进行深入思考,他就只能在低水平上进行简单的重复。因此,教师的反思应该贯穿始终,追随自身教育行为的整个过程。事实证明,反思是一条走向成功的路径,它是优秀教师成长的一个标志。因此,对于新手教师来说,确立反思意识,增强反思的自觉性,对自身的专业成长尤为重要。如果不善于从经验反思中吸取教益,就有可能永远停留在一个新教师的水准上。相反,如果新教师善于教学反思,能及时地发现问题,总结教学的得与失,获得对教育的感知与顿悟,并不断地改进自己的教育教学策略,就会得到快速的成长,教育实践智慧也将不断地提升。所以,新教师要下决心把反思培养成一种兴趣和习惯,勤于反思,功于坚持,勤于思考,长期积累。只有在工作实践中主动积极地反思,而且是触动心灵的真正反思,并积极地认同,努力地改变,教师才算真正积累了教育教学经验,才能获得自主成长与进步。

三、反思的几种类型

教学反思是一种有益的思维活动和再学习活动,是对教育观念、教育背景和教育现状的深入思考,这种深思能促使教师将教育研究成果和教育理论运用于教育实践,从而更好地指导教育实践。因此,反思应成为教师职业的自觉行为,成为激发教师终身学习的自觉冲动。为了帮助新教师有效地进行教学反思,这里将对主要反思类型作介绍。由于划分的维度不同,反思也有不同的分类,按反思内容分为:专题反思与整体反思。按时间维度分为:行动前反思、行动中反思、行动后反思。

(一)专题反思与整体反思

1. 专题反思

有着明确的问题取向,常常围绕一个特定的问题进行多方面的思考,这种反思目标明确，针对性强，分析也相对较为深入。如：可围绕活动中师幼互动情况进行反思；可围绕活动中教师提问的开放性和有效性进行反思；也可围绕活动中幼儿注意力的持续时间进行反思等。总之，反思有着明确的方向，是围绕某一问题进行的深入思考。

案例：课间十分钟

如果真的不管孩子，他们会如何度过自己支配的"快乐时光"？这恐怕是我们开展"课间十分钟"体验活动前，每个老师都觉得最有悬念的问题了。为了让孩子收获更多，我们的课间十分钟体验活动成了班级一个系列的活动。

第一次体验活动：疯狂玩耍的十分钟

在开始体验前，教师请大家讨论什么是小学的课间十分钟，课间十分钟应该干什么？幼儿们七嘴八舌地说开了，"做操"、"喝开水"、"上厕所"、"拿课本"。看来，课间应该先干什么孩子已经很清楚了。教师强调了时间概念后，幼儿期盼已久的自由时间终于到了。老师敲铃之后，几乎所有的孩子"呼啦"一下全跑到操场上了，孩子们三五成群地玩自己想玩的器械，或玩老鹰抓小鸡，但更多的孩子是在简单地来回追逐或自己独立玩耍。孩子兴奋的神情溢于言表，在炎热的6月，不一会儿他们就都满头大汗了。10分钟一晃而过，教师的铃声响起，孩子们回到了教室，但有几位孩子因为收拾操场上的器械而迟到了。

进教室坐好后，教师问："课间十分钟好玩吗？为什么？"孩子们兴奋地回答："好玩。""很自由。""老师不管。"教师又问："课间十分钟，去喝水和小便的人请举手。"35个人的班级，居然只有5个人做到了。教师再问："大家摸摸头上的汗，热不热？摸摸心脏，跳得快不快？这样的休息好不好？"在教师的引导下，幼儿们开始说："课间十分钟应该休息，不应该乱跑。""应该安静地玩。""应该先喝水、小便，再出去玩。"教师又请迟到的幼儿说说迟到的原因，应该如何才能不迟到。在老师的提醒下，幼儿们说出了："玩一会儿就提前收，铃响了收会来不及。""不要玩来不及收的玩具。""玩的时候不要跑太远，要在教室附近。"

"我要上小学了"主题活动进行到一半，说到课间应该干什么，似乎所有的孩子都已经知道。但是知道和做到还是两回事，只有很少的孩子能真正做到教师不提醒，也先去喝水、小便。对幼儿来说，课间十分钟的含义也许仅仅在于可以自由自在地玩耍，因此他们全部跑到操场上四散玩耍也就成了必然。他们并不真正了解课间十分钟的真正用途，只是直观地认为："10分钟是用来自由玩耍的。"要让幼儿的体验更有意义，让他们真切地体验到课间10分钟真正的目的和用途，并转化到行动中，还需要教师的引导和坚持。因此，在接下来的课间10分钟体验活动中,教师需要在每次活动前,都提醒幼儿课间十分钟的含义和课间十分钟需要完成的任务。幼儿只有在老师的反复提醒下,并经过多次体验活动,才能积累很多合理利用时间的经验,逐渐明白课间10分钟的主要任务是什么。

(蔡 茵)

课间10分钟体验活动是大班幼小衔接中的一个活动,幼儿特别喜欢。因为,他们可以像小学生一样完全离开老师,完全支配自己的活动。因此,参观小学之后,幼儿就期待着完全属于自己的课间10分钟。可是,真正的10分钟体验活动开始了,幼儿会做些什么,教师该如何引导?以上的反思活动紧紧围绕10分钟体验活动进行,从师幼之间的对话开始,它让教师知道了幼儿的真实想法。于是,教师开始思考接下来的10分钟体验活动"教师应该做些什么,如何组织这样的活动"。相信这样的专题反思活动能切实地解决教师急需解决的问题。

2. 整体反思

通常不把反思的对象集中在教育教学的某一个具体问题上,而是总体把握教育教学各方面的行为,就其中突出的问题进行思考,这就是整体反思。比如,一个活动结束后,教师可在以下方面进行反思:这一活动的成功之处在哪里,哪些方面还可以进一步改进?活动是否达到预期的目标,哪些方面的达成度不够,为什么?活动设计与实际教学有哪些差距,我是如何处理的,方法是否得当等。这些问题涉及活动的各个方面,有助于教师对整个活动有一个完整的认识,以利于日后教育教学的改进。

案例:活动"蘸蘸变变"三次反思

我自幼爱画画,这也成了我人生最大的乐趣之一。在幼儿园工作的十多年间,我始终如一地延续着儿时的那份喜好,在美术教学的过程中,不断地尝试和总结也成了我工作中的一大乐事。我自认为在幼儿园的美术教育教学中积累了一些经验。近几年,我们幼儿园开设了托班部,我有幸成为一名托班的老师,这对于从没带过托班的我来讲,着实是一个很大的挑战。

带着对美术教学的那份激情,我很自信地设计了托班的一个美术活动"蘸蘸变变",让宝宝通过学习用滚筒蘸着颜料滚印出各种不同的图案,从而促进双手的自然配合。我想,托班宝宝比小班的孩子小了一年,应该最接近于小班孩子的特点,于是我像设计小班的美术教学活动那样精心设计了活动的各环节,并期待着活动的成功进行。可是在实际的教学过程中,开始得很不尽如人意,于是我又将此活动作了不断的调整和修改,一共进行了三次。这三次活动是我对"蘸蘸变变"这一美术教学活动不断反思和调整的过程,更是对托班宝宝不断认识的过程。

第一次教学活动

2005年3月30日,我在托班任选了6名宝宝开展这一活动,并作了以下教学准备:将精心设计的小动物形象藏在桌面上铺满的白报纸下面,备好滚筒、颜料、用毛根穿好的晾衣服用的夹子、晾衣竿。教学实录如下:

老师:宝宝,我们今天来玩一个变魔术游戏,好吗?

宝宝的表现:都将眼睛闭上,等着老师变魔术。

此时,不知什么原因,嘉骏将铺在桌上的白报纸弄破了一个角,里面憨态可掬的小棕熊就露了出来,这下他高兴极了,大喊起来:"看,小熊、小熊!"这下,6个小朋友都炸开了锅,根本不管老师要变什么魔术。邻座的利星赶紧也翻起那个已破的一角,试图寻找着什么,终于她也拿到了藏在里面的小动物——熊猫,她抑制不住地边挥舞手中的小熊猫边喊:"老师,我也找到了,我找到的是小熊猫,多好看!"这下其他4个原本想看看老师眼色的小机灵鬼终于再也按捺不住,也想从报纸底下找出点什么。

老师:哦,有这么多的小动物,他们没盖被子,多冷啊!我们给它们盖盖好被子,好吗?(由于一个小小的意外,将我事先设计好的教育流程打破了,我试图用玩游戏的口吻和情境将宝宝拉回到我所设计好的流程上来。)

宝宝的表现:有4个宝宝能跟着我帮小动物盖好"被子",但很显然他们的思绪还是在刚才的小动物身上。利星和嘉骏虽然不再那么大声地说,但他们两个在下面仍交流个不停,老师讲了什么根本就没有听。

老师:利星、嘉骏我们也来给小动物盖上被子,好吗?(我还是想用玩游戏的口吻和情境将这两位宝宝拉回到我所设计好的流程上来,继续做了一下努力。)

宝宝的表现:既然老师说了两次,那就勉强配合一下老师吧。(但是,我能看出,他们这样很难受,宝宝的好奇心没有得到充分的满足,他们真的很想再看看下面有些什么小动物,是什么颜色的……很想交流!)

老师:你们是不是很想知道下面藏了什么,那我们就一起来变个魔术,看看你们能变出什么?"变变变,变魔术,一、二、三"……

可以看出,这个时候宝宝的注意力不够集中,这个活动只是顺着我所预设的环节勉强地进行。

教学反思

1. 这个活动开始时就出现了一个小小的意外,也正是这个意外,影响了宝宝的情绪,最后活动只能勉强地进行。出现意外后,虽然几经引导,宝宝依然故我。为什么?因为他们是托班的孩子,他们年龄越小表现得就越为自我,所以在很大程度上，他们是"不听劝"的！由于对托班宝宝缺乏正确的认识，以为可以像小班的宝宝那样，用一些玩游戏的口吻就能将他们"拉"回来，殊不知事情并非如我所想！

2. 在这个过程中，我作为老师是"高高在上"的，过多地考虑自己的想法，引导宝宝跟随自己的设计走，是让宝宝来适应老师，这其实是"高控制"的教育，是违背教学规律的，也是不适合孩子的。

3. 这个活动也反映了我随机应变的能力还不够。如果我当时不想着把宝宝引导到自己预设的环节上来，而是针对出现的意外"将计就计"。即：既然宝宝看见了预先藏好的小动物，那干脆就顺势满足宝宝的需求，比如：让宝宝看看讲讲自己发现的小动物，那活动进行起来可能就顺利多了。所以托班老师随机应变的能力显得尤为重要。

第二次教学活动

在第一次活动后的第二天(3月31日)，我又任选了另外6名宝宝进行活动，并作了以下教学准备：将精心设计的小动物形象挂在作品展示区的粘钩上，并创设相应的情景，备好滚筒、颜料、用毛根穿好的晾衣服用的夹子、晾衣杆。教学实录如下：

老师：出示没有颜料的滚筒，在纸上滚。然后蘸上颜料滚出花纹，激发宝宝的兴趣。

宝宝：看到老师滚出的花纹，有了很多的想象。比如：网状花纹——"老虎的笼子"、"抹布的花纹"、"渔网"、"包西瓜的网"……(他们的想象力得到了充分的发展。)

老师：我们一起到森林里去玩，看看有哪些小动物。

宝宝：相互交流对"小动物"的认识。

老师：示范用滚筒蘸上颜料给小动物的衣服上滚印上漂亮的花纹。

宝宝：也尝试着给小动物印漂亮的花纹，但是不到5分钟，6个宝宝全滚印好了。(王若竹、徐加程小朋友问我："老师，我还想要小动物，还要滚一滚。"王立江小朋友干脆不管下面应该做什么，还是反复地在滚印着，极其投入。)

老师：请你的小动物到太阳底下晾晾。

宝宝：将自己的小动物夹到晾衣竿上。(复习夹夹子的技能。)

老师：和你的动物朋友说句最好听的话。

宝宝：自由地和自己的动物朋友说说话。如："小兔，你真漂亮！""小狗，你真好！"……

教学反思

1. 整个活动，我做了精心的设计，整合了许多的内容，比如：让宝宝复习对各种小动物的认识，复习夹夹子，学习说一句好听的话，等等。但这是一个美术活动，宝宝的主体活动应该是操作滚筒，印出漂亮的花纹。整合了太多的内容，就使主体活动被削弱。在这个活动中，宝宝操作滚筒的过程只持续了4~5分钟，非常不充分。虽然有的小朋友仍有继续操作滚筒的愿望，但已经没地方让宝宝再操作了，于是他们就在印过花纹的地方不停来回地滚印。既然宝宝操作得不尽兴，那就该去除一些多余的环节，比如：说动物，取、夹小动物，说句好听的话等。把操作滚筒的环节加强，使活动变得更为简单，满足宝宝的需要。

2. 托班宝宝的活动虽然很注重情境性、游戏性，但在此活动中，宝宝们不在乎是给哪个小动物穿衣服，只注重用滚筒蘸颜料滚印花纹的动作变化及过程。给动物穿衣服这样的形式反而限制了宝宝，不能充分地来满足他们的需求。于是，我就从宝宝的实际需要出发，不再给小动物穿衣服，而是在桌上铺满白的铅画纸，让宝宝在空白的地方能尽情地滚印。另外，多提供各种不同花纹的滚筒，让宝宝满足操作滚筒的同时，可以尝试换不同花纹的滚筒，体验到美术活动的乐趣。

第三次教学活动

4月4日，我又任选了第三批的6名宝宝进行活动，并作了以下的准备：三张桌子，上面铺满铅画纸、滚筒、颜料。教学实录如下：

老师：第一环节同第二次教学活动。

老师：你们也想来试试吗？

宝宝：自由地选择滚筒和颜料，在空白的纸上自由地滚。他们根据自己的需要尝试着用不同花纹的滚筒印出不同颜色的花纹，并对自己印出的花纹进行想象。宝宝们非常地专注于自己的工作。此次活动宝宝进行得很有序，而且很尽兴(大约持续了十多分钟)，终于满足了宝宝操作滚筒的需要。

教学反思

根据宝宝的需要，我去除了一些比较程式性的环节，突出活动的主体部分，使活动更为简单，让宝宝在活动中能充分地操作，从而真正满足宝宝的需要，我想这才是真正适合宝宝需要的活动。

案例评述

组织三次"蘸蘸变变"美术活动的过程中，我通过观察宝宝在美术活动中的各种表现，进行了认真的记录以及分析、研究。观察研究他们的过程就是我和宝宝共同成长的过程。

评述一：创造适合托班孩子的教育。

我深深地体会到，孩子特别是托班的宝宝在认知和发展过程中有着他们自己的大纲，他们不会按照我们成人认可的或刻意安排的模式走，而是表现得更加自我。所以，我们在设计和组织活动的时候一定要注重让宝宝在前，是"让老师来适应孩子"而不是"让孩子来适应老师"。虽然这只是两个词位置的变化，但意义和过程却有着太多的不同。老师在设计和组织活动的时候要尊重宝宝的身心发展规律：托班的活动要简单一些，不宜有太复杂的结构，一定要去除一些老师预设的、不必要的程式性的结构，让活动更为简单，这样才是真正从宝宝的需要出发，顺应宝宝自身的大纲，创造适合托班孩子的教育。我觉得其间包含着以下两层含义。第一，教育设计要注重适合托班孩子的需要。第二，教育过程中也要注重托班孩子的需要。只有这样，我们的活动才会更有价值和更有意义，宝宝才会在适宜的环境中自然、和谐地发展。

评述二：让教育行动研究成为教师的基本生活形态。

这三次活动也是我对此教育活动设计—实践—反思—调整—再实践—再反思—再调整的过程。第一次准备不够充分、过于注重活动预设的流程，第二次因为想准备充分以至环节过多、结构太复杂，第三次虽简单却顺应孩子发展的需要。在这一个行动研究的过程中，我对托班宝宝的学习特点有了进一步认识——在老师提供的学习环境中较自我的学习，也对老师如何指导托班宝宝的学习有了更深的理解——去除一些以往教学中的"套路"，使活动更简单，给予孩子更多自我尝试、反复的机会，做一个适时的引导者，而不是控制者。

（王　芳）

这是一份非常有价值的反思报告，报告真实而详尽地记录了教师认识与实践的成长过程。对于看似简单的一个托班美术活动，教师前后进行了三次研究性实践，而每次都有让她意想不到的收获，也使她与托班孩子间的距离更进了一步。因此，这是有价值有意义的反思活动。

（二）行动后反思、行动中反思、行动前反思

1. 行动后反思

主要指教师在整个活动结束后对自身行为和相关的意识活动进行的反思，是对活动过程及自己所经历事件的思考性回忆，包括对教师的教学观念、教学行为、学生的表现，以及对教学的成功、失败进行理性分析，提出改进意见，活动后的反思具有批判性。

案例：从小班数学活动"区分长短"中获得的思考

一、活动目标

1. 学习用比较的方法区分物体的长短。
2. 乐于探索，能尝试运用逆向思维解决问题。

二、活动准备

1. 两根长短不一、质地不一的绳子。
2. 幼儿每人两根长短不一的绳子。
3. 情景图片一张。

三、活动过程

（一）学习用比较的方法区分长短

1. 教师出示两根长短不一的绳子并提问：它们有什么不同？哪根长哪根短？你怎么知道的？（目测）
2. 还可以用什么方法比出长短？
3. 幼儿示范。
4. 教师小结：方法一，将两根绳绳头对齐靠拢，自然下垂后观察比较长短。方法二，将两绳头放在同一测量线上，拉直绳子观察比较长短。

（二）操作练习

幼儿每人两根绳，引导幼儿用"一头对齐"的方法比较出长短（两种比较方法都可以试一试）。

（三）运用逆向思维解决问题

问题一：长绳变短绳。

1. 请幼儿将自己认为是短绳的那根放在老师指定的托盘里。
2. 集体验证。
3. 设置问题：能不能让你手中的长绳变得比托盘里的短绳还短？
4. 幼儿探索方法，教师随机用自己的短绳进行比较验证。
5. 小结方法。

问题二：短绳变长绳。

1. 出示情景图片，讲述故事"救伙伴"。
2. 设置问题：每个小兔手里只有一根短绳，怎样才能把掉在陷阱里的同伴救出来？
3. 小结：将绳子接起来。

（四）小结

长和短是比出来的，长绳可以变短绳，短绳也能变长绳，遇到问题多动动脑筋，就一定能把问题解决。

活动反思

"区分两个物体的长短"，这对现在的小班孩子而言基本没有什么难度，学会用"一头对齐"的方法比较长短对孩子来说也是很容易达成的。但如果仅仅把教学过程简单地定为学习比较方法和提供多种材料供孩子比较操作的话，个人认为意义不大。长短是在比较中所产生的概念，是相对的，长短是可以改变的。如果让孩子在长短相互转化的过程中巩固比较的方法，那这样的学习过程就变得有趣味而灵活了。因此，其中一个活动目标就定为：尝试运用逆向思维解决问题。整个教学过程是在老师和孩子们层层递进的交流操作中完成的。第一个问题"能不能让你手中的长绳变得比托盘里的短绳还短？"出现后，孩子们在不断的尝试探索中得到的解决方法一个接一个，有的孩子用打结方法，有的孩子用绕手指的方法，有的孩子用两头各捏掉一部分绳子的方法等。而老师的随机验证也给了孩子更多思维和探索的动力。一个孩子想用打结方法解决，但打一个结还是比老师的长，他又继续打，直到打了3个结才比老师的短，成功后他很得意。第二个问题"每个小兔手里只有一根短绳，怎样才能把掉在陷阱里的同伴救出来？"显然问题的开放性要小于第一个问题，但也是一种逆向思维方式的运用，当然这两者还是存在明显的差异的。毕竟这个问题的解决还局限于"纸上谈兵"，不像第一个问题的出现让孩子可以尽情地操作探索，而有时方法是在尝试过程中迸发出来的，毕竟孩子的生活经验是有限的。

活动调整和建议

1. 活动后可提供软硬不同的物体让孩子继续操作探索，也许结合物体特点还会有新的比较方法，如吸管可以放在桌上撮一撮（来源于其他老师的教学经验）。

2. 第二个问题最好也设置成可以供孩子操作探索的，而不仅仅是"纸上谈兵"式的解决。设置方向：致力于解决生活中的问题。

感想

现在的孩子见多识广，如果我们用惯性思维、老观念来实施教育，那就落伍了。所以也不要责怪孩子为什么上课不要听，有时候从自己的行为、观念去剖析一下，一定可以发现很多新问题，及时调整自己的步伐，让孩子兴趣盎然地跟着你走，这才是上上之策。

（宿春梅）

老师在活动结束之后，根据幼儿在活动中的表现进行了深入的思考，思考活动环节的设计、思考教师的问题设置。其实，类似这样的反思，新教师可经常进行。因为，每次活动结束之后，教师都会有自己的想法，感觉很成功或感觉不尽人意，此时若能及时记录下自己的所思所想，对新教师的成长大有益处。

2. 行动中反思

主要指教师在组织活动时，对幼儿在活动中的参与、交往、达成情况进行反思，并根据活动现状及时反馈，灵活有效地控制、调节活动，它强调解决发生在教育教学现场的问题。行动中反思具有及时反应的特点，具有监控性，是一种反应性反思，能有效提升教师对活动的调控和应变的能力。

案例：活动结束后

"有趣的温度计"科学活动结束了，孩子们有的在整理桌椅，有的追着我，想继续看温度计。我将他们实验时用的温水集中倒在盆里，整理起实验器材来。这时，皓然将我漏收的水温表拿起，放在那盆温水里看了起来，我边收拾边问："你在干什么呀？""我想看看水变多了，温度有没有升高！"皓然的这个问题真有趣！其他孩子对这个问题会怎么想呢？我很想知道答案，因而决定延后下面的预设活动，与孩子们一起继续探究下去。

我停止收拾器材，将孩子们重新集中起来，请他们一起来讨论皓然的问题。果真如我所料，孩子们一下子兴奋起来，大部分孩子马上说："水变多了，温度肯定会升高。"有一个孩子说："不会，水多了，可它又没有变热。"为此他们争论了起来，于是我说："那就再用事实证明一下吧！"孩子们拿起温度计放在那盆水里测量起来。结果，他们发现先前在小杯中测的水温是45摄氏度，而水集中到大盆里却变成37摄氏度。唯唯不愿意相信这个结果，重新拿了一支水温表测量了一下，结果还是37摄氏度。这时我又问："水温为什么降低了？"有些孩子默然，有的孩子恍然大悟地说："我知道了，是水变冷了！"我接着问："水为什么会变冷？"有的孩子说："因为过了好长时间了。"有的孩子说："因为我们没有盖盖子。"我对孩子们竖起了大拇指。

这是一个正规科学活动结束后孩子们自发引申出来的学习探究活动，虽说延缓了我后面的预设活动，但从我和孩子们的探讨中看来，我觉得我所做的是有价值的。看着孩子们因为成功解决问题而欢欣鼓舞时，我为他们而高兴，也从中感受到了很多很多。

1. 教师要保护孩子的好奇心和探究欲望。

我们都知道好奇心是人的天性，求知是人的本能。好奇、好问、好探究是孩子与生俱来的特点。教师要善于保护孩子的好奇心和探究欲望。以上案例中，无论是我收拾材料时孩子们追着我看温度计，还是皓然在活动结束后用水温表再次测量水温，都是好奇心和探究欲所致。好奇心致使他们提出问题，而教师对孩子问题的呼应使他们更产生了继续探索的欲望。其实，这种情景在幼儿园屡见不鲜，许多时候往往活动结束了，孩子们对活动的某些部分仍意犹未尽，但由于考虑到下一个活动，教师往往就终止了孩子的探究欲望。而在这次的"冲突"中，我并没有对孩子的提问置之不理，相反延缓了下面的活动，顺应了孩子的需要，用行动鼓励了他们的探究行为，满足和发展了他们的求知愿望和兴趣，形成了一次有效的互动。孩子们在这次有效的互动中，对科学探究的兴趣更加浓厚了，同时也学会了主动获取知识的方法。

2. 教师要做孩子学习的支持者与引领者。

孩子的学习是无处不在的，也常常不因活动的结束而结束，但他们的学习需要成人的支持。特别是在科学活动中，孩子们从自己的观察、操作中得来大量的信息，如果得到教师适时的点拨，这些信息会愈加清晰地呈现在他们面前。以上案例中，我接收到皓然"水变多了，温度有没有升高！"的信息，并组织孩子进行了再次探讨与实验，使孩子们了解到"水的温度与水的多少是没有关系的"，发展了孩子们实际探究解决问题的能力，培养了孩子们尊重科学事实的态度。

总之，作为教师，要善于细心地观察孩子，接受来自孩子的求知信息，为孩子构建一个广阔的学习平台，用有效的行为激发孩子进一步探究的愿望，让孩子在主动探索时获得成功的体验，从而产生积极愉快的情绪。而这种良好的情绪状态又会激发孩子更加积极主动地进行探索。这将使孩子永远保持探究和学习的热情，获得积极主动学习的动力。

（丁蕴茹）

这是一份行动中反思的典型案例，教师有着丰富的教育经验，充满着教育的智慧。她随时关注孩子的需要及兴趣，并从兴趣中挖掘有价值和有意义的元素。最难能可贵的是，教师为了满足孩子的好奇心和探究欲望，果断地延后了预设的活动，使幼儿继续沉浸在探索之中。可以想象，此时幼儿的获得肯定比预设的活动要多得多。而这不是所有教师都能做到，她需要教师具有较强的反思意识，能随时随地地站在儿童的角度，反思自身的行为并及时总结。新教师如果养成了经常反思的习惯，那离优秀教师的距离又近了一步。

3. 行动前反思

是指教师在进行活动设计时的反思，包括活动目标的制订、活动的组织与设计、活动资源的运用、幼儿已有经验的分析等。其价值在于更好地把握即将要进行的活动，保证活动的成功与有效。因此，它提示教师在活动之前必须要慎思，要对自己过去积累的经验或他人的经验进行反思，使活动设计建立在过去的经验和教训的基础上。因此，行动前反思具有前瞻性。

案例：对小班语言活动"藏在哪里了"设计的思考

捉迷藏是孩子们熟悉和喜爱的游戏之一，图书《藏在哪里了》就是以"捉迷藏"这样一个游戏为线索，吸引着孩子们的目光，紧扣着他们的心弦，而图书特有的画风更是让孩子身临其境。在整个活动设计中，我从小班孩子的阅读兴趣和阅读习惯出发，对原有图书进行了筛选和添加，选择的画面是特征明显且幼儿熟悉的动物小兔和小鸭。教学策略是，单幅逐页出示，教师引导幼儿观察，目的在于唤起幼儿的已有经验和学习兴趣，学习用完整的语言表达。随着活动的进展，我又设计添加了独幅画面，树丛中躲藏着多个小动物，此时的教学策略是让每个幼儿自主观察，独立地逐个寻找躲藏的许多动物，并用清晰的语言表达。为了让小班幼儿全身心地投入活动，我有意识地为幼儿创设一定的情境，自然地渗透相关的经验，让幼儿在看看、找找、说说的过程中体验阅读的乐趣。

（陆　艳）

这份活动设计意图就是教师的活动前思考，她立足于小班幼儿的学习特点和已有经验，对所要开展的活动进行的思考，思考教学策略的运用，思考内容的增选等。如果新教师在组织教学活动前也能像这位老师做一个细致的分析和全面的思考，那么其教育教学能力将得到快速提升。

四、写好反思札记

撰写反思札记，用文本的形式随时记录自己对教育教学实践的认识与感受，不仅有益于使自己的思考与认识清晰化和条理化，而且有益于通过经验积累形成对教育本质的比较系统的、深刻的认识。经常翻阅反思札记是一种享受，因为它能激起你的回忆，引发你的思考，让你不断产生新想法，不断获得新的收益。因此，反思札记是教师深度反思、认识自我、优化教育行为的有效措施，是促进教师专业素质提升的有效途径。作为刚参加工作的新教师，更有必要撰写反思札记，记录在自己的教育过程中发生的重要事情，记录这些事件的细节，进而进行理性的分析与思考。这有助于新教师积累教育教学的经验教训，实现专业知识的显性化和凝固化。因此，撰写反思札记是教师专业成长的重要法宝。这里重点介绍几种常用的反思札记形式。

（一）教育日记

把自己每天的所见所闻所读所思，用日记的形式记录下来，就像普通日记一样，有什么苦闷和彷徨都可在教育日记中倾诉。写教育日记可以让我们与自己的心灵对话，可以把教育生活的感动、困惑及时变成文字，写成文章，这是我们非常珍贵而丰富的原始资料。同样，写教育日记可以给自己一个思考的时间，让自己在忙碌中平静下来，梳理一天的心情，重新思考一天中自己的经历，进而给自己做出一个客观的评价。

苏霍姆林斯基就是从写教学日记开始，而成为著名教育家的。他坚持反思总结和勤奋写作，教学日记积累了无数本，一生写了四十多本书，一百多篇论文，一千多篇童话和短篇小说。如果一个人坚持每天写一篇千字论文，十年就是 3650 篇，拥有三百多万字。教师教育教学实践智慧的丰富，教育教学独特风格的形成需要教师不断地在脑海里过滤曾经的细节与片段，不断地研味每一

个学生的眼神与动作。所以年轻教师要有毅力、要有恒心,坚持写教育日记。教育日记可以从以下几方面着手记录:

记录成功的教育事例,包括教学活动,与幼儿的交流,与家长的谈话,教室内的环境布置等,这些成功的教育事例就是教师自己的宝贵财富。记录下来并有感而发能加深教师对它们的认识与理解,在实践中当我们再次遇到相同的情景时,那些成功的经验就会立刻浮现在眼前,从而使自己的工作游刃有余。

记录失败的事例。每天的工作都有收获,也都有过失,把这些过失与失败记录下来,寻找失败的原因,并进行深入的分析,能使自己在今后的工作中引以为戒,不再犯同样的错误。

我们提倡教师做个观察记录者,要用一颗敏感之心捕捉教育中的精彩瞬间,当你把这些精彩瞬间记录下来时,你对教育的感悟、对幼儿的理解也随之越来越深。同时,你也可记录下从其他老师那里获得的间接经验。

附:教育日记《娃娃家》

3月10日

今日娃娃家里增添了教室自制的馄饨,在幼儿游戏时,他们特别喜欢将所有的馄饨全部倒在锅中,再将菜放进去,把锅填得满满的。其实从中可以感受到他们享受的是游戏的过程,而不在结果。

3月11日

今日娃娃家中,孩子们开始做烧饭吃饭的游戏。这时只见士怡端着一个小锅走向我这里,锅内放着满满的馄饨,快到我面前时突然转身,小心地走到"厨房",拿了个"荷包蛋"放在馄饨上,端到我这里,说:"给你吃鸡蛋馄饨。"当我吃掉时,士怡开心地笑了,可见孩子的游戏在逐渐丰富。

3月17日

今天,娃娃家中增添了"拖把"和"水桶",刚开始时没有人发现,大家和往常一样,各自忙着烧饭。这是因为烧饭的宝宝太多造成的,于是,为了分散他们,我简单示范了一下拖地,有两个宝宝看得特别认真。紧接着,高拿起拖把有模有样地模仿起大人拖地,地上拖拖,然后水池里洗洗,接着将椅子下面也拖拖,最里面够不着,就干脆趴在地上,伸长手臂朝里拖。

反思:看来,孩子们的生活经验在游戏中起着一定的作用,能让他们产生对游戏的兴趣。若家中很少让孩子接触生活的话,那么孩子的游戏经验相对也较少。另外在投放新材料时,教师应给孩子一定的空间,先观察再引导,不应立即参与游戏,剥夺他们自我发现的意识。

3月19日

今日,娃娃家中投放了洗发露和沐浴露。游戏开始后,佳佳来到娃娃家烧饭。片刻后，她找到洗发露后看了看，来到"水池"旁，弯下腰，低下头，将头发往前抛，在"水池"里做起洗头发的样子：先在水池里洗洗，然后挤点洗发水，在头上搓搓，再在"水池"里冲冲，接着来到卧室拿了个围巾充当"毛巾"，在头上擦擦。样子真可爱！

分析：托班幼儿生活范围有限，喜欢模仿，因此孩子对"娃娃家"特别感兴趣，可以学妈妈烧饭、学奶奶买菜、学医生给"娃娃"打针等。而孩子的游戏过程又比较依赖游戏材料，所以在角色游戏中给孩子提供一些来源于他们身边的物品，他们自然也会与生活经验联系起来，而不用教他们如何去玩。因为这些物品在家都是经常用到的，他们也就有了模仿成人的游戏。佳佳虽然没有拿到洗发露鸭嘴瓶，但是她已经能将沐浴露的瓶子当成洗发露，模仿成人洗头，相信如果再提供一个洗澡盆，那么娃娃洗澡等游戏也自然会出现了。由此可见，如果提供的操作材料是现实生活中的物品，孩子更容易投入游戏，丰富游戏情境。

（阙　文）

教师连续在娃娃家观察记录并进行反思，从案例中我们能清晰地感受到老师对于2—3岁宝宝游戏的认识以及对幼儿游戏时老师应该做些什么的思考，相信只要持之以恒地记录教育日记，将有助于年青教师逐渐成为专家型教师。

（二）教育随笔

教育随笔其特色就在"随"字——随便、随时、随手、随心，它不拘一格，短小活泼，形式多样，可以抒情、可以叙事、也可评论。它层次结构简单，内容单一，不需要有论点论据，文字可长可短。随笔中撰写的往往是一些即时发生的、触动心灵的事件以及对此的感受和想法。所以撰写随笔的教师一定要有一双善于发现的眼睛，有一个善于思考的大脑。

教育随笔可着力描写一个事件，尽力把一件事情写清楚，然后在文章的结尾处进行简单的点评，将感悟和思考孕育在所描述的事件之中。也可以在叙述一个事件的同时发表自己的见解，一边叙述一边评论。

案例：当收玩具音乐响起时

自主游戏是孩子们最喜欢的活动，也是最开心的时刻，孩子们活动时尽情地游戏，忙得不亦乐乎，等收玩具音乐响起时总要等很长时间才能安静下来。而有的孩子快有的孩子慢，于是老师总表扬那些快的孩子，而对于那些动作慢的孩子，老师总是给予提醒、督促，甚至埋怨，可他们却依然如此。

带着疑惑去寻求解决问题的良策，于是我对孩子进行了细致的观察，以下是我的观察实录：

镜头一：

收玩具音乐响了，在娃娃家玩的小艾放下手里正玩着的娃娃，搬起自己的小椅子迅速地回到了自己的位子上。虽然娃娃家的桌上、地上还散落着一些"锅碗瓢盆"，而她的同伴们也在叫她："小艾，快来一起收玩具！"但她不理不睬的，好像什么事都已与她无关，她只管坐得很端正，一本正经地看着我。

镜头二：

收玩具音乐响了，小波就开始收玩具，先把自己玩过的一样一样地收归好，再环视四周，把一些别人散落在角落的玩具都一一放回了原处，并再次检查一遍，之后再搬起小椅子回到了座位上，而这时他已是最后几名了。这个孩子就是那些慢的孩子之一，也许是因为他得到了别人太多的催促或提醒，这时他显得有些不安。

小艾和小波的行为使我想到了很多，我也更深地感到了观察孩子的必要性，理解了观察与教育之间的关系，进而对教师评价的适宜性作了一番审视和反思。

小艾就是那些快的孩子之一，无疑她现在又在期待着老师的表扬，而她之所以快的原因是她根本就没有参与收玩具，音乐对她而言不是收玩具而是在位子上坐好。然而稍后她也许会得到老师的表扬……是什么造成她这种行为的呢？是爱表扬或怕批评？是老师经常的表扬造成了她这种只顾自己、不顾别人的行为？不管怎样，她是一个注重别人评价的孩子。而小波虽然动作慢，但其实他是一个热心、做事有序的孩子，而他这些潜在的优点往往被他动作慢的假象所掩盖，也许他还经常得到同伴、老师的指责。而只有细致的观察才能真正了解孩子。其实，孩子们的很多行为只是一种表面现象，需要我们细心观察，静心分析。只有在敏感地捕捉到幼儿外显的行为或语言后，再进行思考、分析并迅速地作出判断，我们才能了解孩子的真正想法，了解事情的真实情况，真正地走近孩子。其次，老师的评价要在观察的基础上进行，才能使评价客观、公正、有价值，决不能凭主观猜想。再次，要客观地看待每个孩子的特点，尊重他们的个体差异，因材施教，帮助他们扬长避短。

（陆　艳）

这位教师有着较强的敏感性，能从习以为常的现象中发现问题，并通过自己的悉心观察，了解幼儿外显行为背后的真实原因。其实，像案例中所提到的现象很多，教师常见的处理方法往往是就事论事，简单处理。如果新教师在工作中能像陆老师那样悉心观察，认真分析，那么你就能更清楚地了解孩子，从而得心应手地处理来自的孩子的各种问题。

案例：由姐姐老师走向奶奶老师

前一段时间，一个偶然的机会我遇见了二十多年前的一位家长，她是冬冬的妈妈。冬冬上幼儿园时刚满三周岁，聪明又调皮，我们的谈话自然从她的儿子冬冬开始。冬冬妈妈说："秦老师，您还记得吗？我们冬冬小时候一直叫您姐姐老师，冬冬非常喜欢您，也很崇拜您，还一直说，长大了要和秦老师结婚。"当然记得，那是我参加工作后所带的第一届学生，也许他们觉得我不像老师，更像一位姐姐，因此班内除了冬冬叫我姐姐老师以外，还有几个小男孩也叫我姐姐老师。转眼间，昔日牙牙学语的冬冬如今已是名牌大学的硕士研究生了，冬冬妈妈的言语、神情中流露出的全是自豪与兴奋。她的情绪深深地感染着我，并由此打开了我的记忆闸门。事隔二十多年，当时的点点滴滴如今回想起来依然是那么的清晰与亲切，仿佛就在昨天。

　　那时的我19岁，带着理想与憧憬，带着对孩子的热爱，踏上了工作岗位。由于我们是"文革"以后的第一届幼师毕业生，因此学校都委我们以重任，工作第一年我们就独立带班。虽然没有一点工作经验，但我们有着满腔的热情与高昂的激情，每天与三岁的孩子在一起，感觉自己就是一个大孩子，与他们一起嬉戏、玩耍，与他们一同快乐，一同收获，由此我和孩子们的感情也与日俱增。记得有一次我生病住院，我们班的孩子非常想我，有一个小女孩叫楠楠，一天早上醒来的时候，突然大哭，边哭边说："我想秦老师，爸爸，你带我去看秦老师。"于是在小女孩的要求下，他爸爸就用自行车载着她来看我。当时我觉得自己就是天底下最幸福的人，因为我在释放爱的同时，加倍收获了孩子们质朴、纯洁的爱。三年的幼儿园生活很快就过去了，孩子们即将离开幼儿园，升入小学，伴随着歌曲《再见了，幼儿园》，孩子们忍不住哭了起来。哭声由几个小女孩蔓延至全班，孩子们不愿离开他们的姐姐老师，而他们的姐姐老师——我——也和孩子们一样泪流满面，舍不得他们的离开……

　　与冬冬妈妈的对话激活了我的思绪，同时更唤醒了我的内省和自察。原来烙印在孩子们的记忆深处，并时常被想起的不是老师所传授的各种知识与本领，而是教师自身的人格魅力，其核心是"爱"。孩子们喜欢活泼可爱的姐姐老师，因为姐姐老师把他们当做自己的弟弟妹妹，真诚地接纳他们，无论聪明与否，乖巧或调皮；因为姐姐老师始终充满童心，与他们打成一片，同体验，同快乐，从而走进了他们的心灵，赢得了他们的爱戴与尊敬。

　　虽然随着年龄的增长，我们不可能永远都做孩子们喜欢的姐姐老师，但我们可以不断地升级，做孩子们喜欢的、可亲的妈妈老师。妈妈老师把孩子们当成自己的子女，以母亲特有的细心给予他们无微不至的呵护与关心，以母亲特有的耐心给予他们启迪与引领。甚至再年长一些的时候，我们还可以做孩子们慈祥的奶奶老师。奶奶老师慈祥、和气，富有亲和力，她把孩子们当做自己的孙辈，并尝试着让自己做一个老顽童，拥有一颗童心，想孩子们所想，知孩子们所知。

由此，从姐姐老师走向奶奶老师，是幼儿教师成长的真实写照，是对幼儿教师职业生涯最为形象、生动的诠释。工作中教师始终要把孩子们当做自己的宝贝、自己的亲人，同时还不能因为面对众多的孩子而稀释、降低爱的浓度，我想这就是宽广、博大、深厚的师爱。相信每一个孩子都具有巨大的潜能，并善于用慧眼去发现，用智慧去开发。尊重每一个孩子，尊重个性，尊重差异，以亲切和蔼的态度对待每一个孩子，以仁爱宽容之心对待每一个孩子，以欣赏的眼光看待每一个孩子。同时还要真正地放下架子，俯下身多倾听、多交流，成为他们中的一分子，从而实现心与心的沟通与交流。

唯有如此，孩子们才能真切地感受到教师的爱，才能发自内心地始终把教师与自己最亲近的人联系在一起，于是才会有孩子们喜欢、信任的姐姐老师、妈妈老师、奶奶老师。此时教育才能由爱生爱，教师才能一路走一路收获，达到我们所追求的理想和境界，教师才能真正领悟教育的真谛，感受教育的幸福。因此让我们共同努力、执著追求，在教育生涯中幸福地由姐姐老师走向奶奶老师。

（秦　璞）

从文中我们可以看出这是一位老教师，反思从具体的一件事情，而引起即：遇到了二十多年前的幼儿家长。也许这件事情在一般老师那里，寒暄与激动过后也就没了下文，而这位老教师却在家长的回味与言语中思考：怎样的老师受孩子欢迎？怎样的老师让孩子念念不忘？思考之余坚定了自己的信念，随着年龄的增长教师表达爱的方式也许会不同，但一定要把孩子们当做自己的宝贝、自己的亲人，唯有如此，孩子才能真真切切地感受到你的爱，才会把你和自己的亲人联系在一起。

最后，要想写好随笔，还必须多阅读，多思考。当阅读、思考积累到一定程度时，教育随笔的撰写就必然是"厚积薄发"。此外，作为教育第一线的教师，收集典型的教育案例是写好教育随笔的前提。因此，在教育实践中，新教师要悉心观察，敏锐发现，勤于动笔，善于从纷繁的现象中抓住事物的本质进行反思与提炼。

（三）日常反思

日常反思着眼于边实践边反思，边改进边提高。叶澜教授在每听完一节课后所提出的第一个问题就是：对今天的这堂课你自己满意吗？因此，作为新教师，每组织完活动都要及时反思：活动成功吗？为什么会取得成功？主要收获在哪里？活动为什么会失败，主要症结在哪里？用什么方法弥补？应该吸取什么教训？从而让反思真正成为一种习惯，在反思中逐步走向专家型教师、走向名师。

下面的一些内容可以帮助教师进行有效的日常反思[①]：
1. 你所接受的一些建议
2. 你所遇到的问题的解决方法
3. 你一天的简洁回顾
4. 进展顺利的一项活动或事件
5. 进展不顺的一项活动或事件
6. 你听到、看到的趣事
7. 你体验到的情绪情感
8. 新想法、新观念
9. 你将不再重犯的错误
10. 当你遇到不能独立解决的问题时到哪里求助
11. 你对一起事件的感受
12. 课堂事件的原因
13. 你所学到的一些新东西
14. 你需要改变的一些过程
15. 你做得很棒的事情
16. 别人为你做的友善的事情
17. 你可以记住的事情
18. 你能很快解决的问题
19. 你的抱怨
20. 你的目标
21. 一些你发觉不得不老调重弹的事情
22. 对其他教师、学生、学校事件的印象

---

① ［美］Julia G Thompson. 从教第一年——新教师职场攻略. 赵丽，卢元娟，译. 北京：中国轻工业出版社，2007：15.

第五章

制订生涯规划

职业生涯规划是在对一个人职业生涯的主观条件和客观条件进行测定、分析、总结的基础上，对自己的兴趣、爱好、能力、特点进行综合分析与权衡，结合时代特点，根据自己的职业倾向，确定自己最佳的职业奋斗目标，并为实现这一目标作出行之有效的安排[1]。职业生涯规划不仅是终身学习的需要，也是自我发展的需要，同时还能帮助教师获得最佳的生活状态。本章将帮助新教师在了解教师专业素质的基础上，学习如何发现自己具备的专业潜能，并根据自身实际情况为自己量身定制切实可行的职业生涯规划，亲手描绘自己专业成长的蓝图。

---

[1] 陈念南. 管理学教授错在哪里. 上海：上海大学出版社，2006：224-225.

第一节 了解教师的专业素质

所谓教师的专业素质，就是指教师在教育教学过程中表现出来的、决定其教育教学效果、对幼儿身心发展有直接影响的各种品质的总和，包括专业理想、专业态度、专业知识和专业能力。

作为一名新教师，要实现从一个"准专业者"到"专业能手"，就必须对教师的专业素质有清晰的认知、准确的把握，而后才能发现潜能、确立方向，不断提升专业素质。

一、专业理想

专业理想是教师的首要专业素质，决定着教师从事教育事业的根本方向。没有理想与信念就没有专业发展的原动力，从某一程度上说，专业理想的高度决定了专业素质所能达到的水平。

（一）有职业的使命感与责任感

幼儿教师的专业理想首先体现在对其职业的使命感与责任感上，只有正确认识幼儿教师在社会中的地位与作用，才能确立"对儿童一生的学习和发展负责"的信念和高度的责任感，才会在教育过程中真正"热爱孩子、热爱工作"，把教育工作当做自己最热爱的事业，而不仅仅是谋生的职业；才会像对待自己的孩子一样去爱每一个幼儿、尊重每一颗童心；才会专注于自己热爱的教育事业，全身心地投入到工作中去，从工作中获得人生的满足与价值，形成一种以师为乐、以师为荣、以师为贵的生活状态。

（二）有近期和远期的自我发展目标

幼儿教师的专业理想还表现为有近期和远期的工作目标和自我发展目标，能坚持不懈地努力实现自我追求，并为不断完善自身的知识结构和专业技能做一个终身学习者。在日常工作中，具有较高专业理想的幼儿教师在与儿童、家长、领导、同事交往过程中往往呈现出良好的职业道德、文化修养、工作作风及人格魅力。

二、专业态度

教师的专业态度是指在对所从事的教师专业的价值、意义深刻理解的基础上，形成的为教育专业奋斗不息、追求不止的精神。专业态度是教师专业素质的核心，直接影响着教师的工作质量。积极的专业态度是教师工作的内在动力，也是孩子良好行为习惯形成的重要影响因素。

（一）关爱接纳每一个孩子

一个称职的幼儿教师在专业态度上首先要关爱和接纳每一个孩子。具体表现为像妈妈一样以一颗包容之心去关爱班上每一个孩子，像朋友一样去倾听每一位孩子的心声，平等地对待每一个孩子，维护孩子的权利，顺应他们的需求，保证他们有受到同等教育的机会。

（二）理解尊重孩子的个体差异

在教育过程中，幼儿教师的专业态度还具体体现在能理解和尊重孩子的个体差异，帮助每个孩子积极充分、富有个性地发展；在活动中能耐心关注孩子的学习过程，尊重孩子独特的见解，倾听、理解孩子的想法和感受；能根据教育需要为孩子创设和提供丰富的活动环境和学习机会，支持儿童的学习；在与孩子相处的一日活动中，始终保持饱满的工作热情、亲切的教育态度；能意识到自己的言行对孩子身心发展的重要性，为了孩子的发展会及时调整自我，以自身的人格魅力促进每个孩子人格积极和谐地发展。

（三）潜心研究与合作

幼儿教师的专业态度还表现为潜心研究与合作，敏锐吸纳教育新信息，时刻关注教育改革新趋势，精心设计课程方案，愿意与孩子、同事互相学习、合作，在分享经验、分享智慧中不断提高专业水平。

三、专业知识

在教师的专业素质中，专业知识与专业能力同为专业素质的基础，如果说专业理想是教师为什么而教，那专业知识与专业能力就是教师凭什么教。幼儿教师在自身的知识结构中必须具备以下知识：

（一）有关教育政策、法规知识

政策法规知识的了解将有助于教师更好地贯彻落实党的教育方针和政策，依法执教。这些是幼儿教师必须了解政策法规：《教师法》，《教育法》，《未成年人保护法》，《幼儿园工作规程》，《幼儿园管理条例》，《幼儿园教育指导纲要》，《儿童权利公约》等。

（二）教育教学理论知识

幼儿教师必须具备本专业的专业知识，主要有幼儿心理学、幼儿卫生学、幼儿教育学、教育教学法和特殊儿童教育学的基本理论和基础知识，常用的卫生保健知识与技能。了解和掌握这些知识能使自己更好地胜任工作。

（三）相关领域的知识

教师的可持续发展需要教师拥有广博的知识。此外，幼儿教师所任教的不是专门的某一学科，而是涉及社会、语言、艺术、健康、科学、自然等各个领域。因此，教师在学好本专业知识的同时，还必须学习相关领域的知识，学习现代教育技术，了解科技新成果。

需要指出的是，一个称职的幼儿教师，不仅要有以上扎实的专业知识，而且要能将各类知识融会贯通，运用于教育实践中，这样才能进一步提高自己的专业水平。

四、专业能力

由于幼儿教育阶段相对于其他学校教育阶段而言更具有开放性与自主性，因此，幼儿教师的专业能力体现在多个方面，具有一定的特殊性。

（一）观察与了解幼儿的能力

首先是要具备观察和了解幼儿的能力。教师在教育教学过程中，要能从多个角度、用多种方式观察、了解孩子，研究并掌握儿童学习和发展的特点、规律。

（二）活动组织能力

教师要在了解本班孩子特点的基础上，结合孩子的需求和生活经验，选择和组织教育内容；能为孩子创设充满关爱、尊重、和谐和支持的心理环境，创设健康、丰富的生活和活动环境；能有效组织适合于孩子自主活动、激发孩子思考与探究、激励孩子不断产生学习兴趣的多种形式的教育教学活动；在组织一日活动过程中，能敏锐地察觉幼儿的问题、困难与需要，并及时给予适当地支持、帮助与引导；具有胜任开展各种教育教学活动、能给孩子良好素养熏陶所必须具备的说、唱、弹、跳、画、制作、玩等良好的技能技巧。

（三）与幼儿和家长沟通的能力

教师要与幼儿之间建立积极、有效的互动关系，创设有利于幼儿学习和发展的合作性学习环境；能运用恰当的方式与家长沟通、交流，向家长宣传先进的教养理念，争取家长的理解、支持和主动参与，建立良好的家园关系。

此外，幼儿教师的专业能力中还包括教育监控的能力。教师要以发展的眼光客观地观察、积极地评价孩子，并能调整、引导幼儿同伴、家长、其他保教人员对幼儿的评价，形成积极评价的集体氛围。

附1：优秀教师的11个显著特征

1. 永不自满

高素质教师的第一个特征是，他本身是一个优秀的学习者。他们总是渴望学习新东西，扩展自己的知识基础，尝试更好的方法来获取成功。他们是终身学习者，因而他们也培养终身学习者。因此，好教师的第一个特征就是永不满足于现状。换句话说，最好的教师永远是学生。

2. 高期待，严要求

高期待、严要求是优秀教师的第二个特征。有人认为，期望越大，失望也就越大。有这样思想的人怕引来家长的抱怨，不愿意对学生高要求。但事实上，高标准、严要求带来的是学生的最佳状态和最佳成绩，并让他们体验成就感。他们会变得更加自信，更加自立，不自满自傲，为进入成人世界做好更充分的准备，应对不可避免的竞争。当然，高标准不是不切实际的标准，尽管它可能会让学生感到不舒服。

3. 培养学生的独立精神

优秀教师善于对学生的进步以及出现的问题进行监控，在必要的时候采取纠正和补救措施。他们不是教室的中心，而是鼓励学生自己寻求帮助和答案。他们并不热衷于"教"，而是热衷于为学生的学习提供辅助。正如一名优秀的经理有一个优秀的团队，即便他不在时也能很好地运转，优秀教师培养学生的独立精神，这会让他们终身受益。

换句话说，优秀教师并非是在教课程内容，而是在力促学生的深入理解以及思维和学习习惯的养成，把学生培养成独立的学习者。

4. 知识渊博且了解学生

优秀教师对所教学科的内容有深入的了解，有能力对学科知识进行各种处理，如重组、简化、个性化等。由于他们精通自己的学科，因而能做到游刃有余。要做到这一点，他们不仅需要付出努力，还需要付出激情。他们还要能够理解那些不喜欢本学科的学生，有针对性地变换呈现知识的方式，以克服他们的兴趣缺乏。学生会评价说："这个老师总有新点子。"

5. 有洞察力

优秀教师能对学生的作业进行快速、准确的评估。他们能及时评判学生的试卷和其他功课。他们不一定把学生的作业本填满红色的批改记号，或用"金星"来鼓励学生，但一定让学生知道哪些是正确的，哪些还需要提高。如果没有教师不间断的评估，学生的学习就缺乏必要的指导，便不会取得较大的进步。一名对学生有很大帮助的教师不会限制他们的新颖想法，但会要求学生必须对之进行证明。在任何时候，最好的教师看重学生的推理过程，而非最终答案。换句话说，教师评学生，也是在评自己。通过评估，知道学生和自己在哪些地方还需要改进。

6. 有幽默感

一流的教师有很强的幽默感。他们和学生开玩笑，也接受玩笑。他们虽然不是喜剧演员，但却很愉悦人。他们给学生讲故事，指出一些蠢事，在大家遇到困难时给大家带来欢声笑语，且不担心自己成为大家的笑柄。换句话说，优秀教师为了抓住学生的注意力而无所顾忌。

7. 有灵活性

优秀的教师在整个社区寻求资源。他们心中的教育超越了教室四壁。他们是民权组织的积极分子，活跃在各个组织，并利用自己的社会关系促进学生的学习。例如，他们为学生请来嘉宾演讲者，向社区募捐，组织学生展示他们的作品，供大众欣赏和批评。他们将技术作为一个延伸手段，寻找各种新的资源把课上得更加精彩。报纸和时事新闻是他们开阔学生视野的工具，小小教室与世界相连，任何时候都不放过教育的契机。只要学生表现出对某事物的兴趣，便利用这个时机来激励他们的学习。正因为如此，在谈怎样上好一堂课时，他们从来都不会提到教学计划，因为优秀的教师不靠教学计划来上课，他们在课堂上随时捕捉更有激励性的导引线索。如果认为孩子们都是空罐头盒，个个一样，只管把知识倒进去，然后封上口，那就是对教育和教育工作者的极大误解。

8. 办法多样

一流的教师为学生提供丰富多样的教学方法。他们能把不同学科的课整合起来上，引导学生写研究论文、创作诗歌或美术作品，甚至把体育作为课堂教学的一部分。例如，学生要学习历史上的探险家，教师会引导学生研究他们每小时走多少英里，画出一张他们所需的卡路里图表，绘制传说中他们探险的路线图，根据他们的所见所闻写出探险日记，绘制他们在途中所见的动植物的图片，并发表演讲，说出他们对这次探险的感受。换句话说，教学行家通过各式各样的途径为学生追求卓越创造条件。

9. 精益求精

一位优秀的教师总是精益求精，不会敷衍了事。他们总是争取最好的效果，从不接受借口。因为这个特点，他们不是最宽容的教师。要使下一代有教养，便要求教师有此特征。教育本质上是对心智的训练。一个懂规矩的学生，知道什么是该做的，什么是正确的。最好的教师，即是持有培养学生良好习惯的恰当标准的教师。换句话说，优秀的教师知道孩子现在需要什么，以及将来需要什么。

10. 不循规蹈矩

一名优秀的教师会让学生永不"安心"，这也许是最有趣的一个特点。他不会让学生感到厌烦，而是让学生感到被挑战。

如果教师有很高超的教学技能，学生放学回家后就会讲他们在课堂上做了什么。他们的内心被教师搅动着、鼓动着，且知道自己要为这些意想不到的挑战做好准备。优秀的教师会穿套装上课，给学生观看录像，带他们到图书馆，要求他们完成研究项目，相互布置、批改作业，发明在课间玩的游戏。他们不会让学生度过相同的两天。

11. 沟通能力高超

值得注意的是，没有一篇研究论文或评论说，优秀教师的特征是漂亮的板书、干净的教室、宽松的评分、整洁的书写或很好的着装。优秀教师的所有特征都与激励学生学习有关，而其中最重要的特征，是高超的沟通能力。

（以上是入选美国教师名人堂，被许多机构评选为美国顶级教师的阿兰·保罗·哈斯克维茨撰文分析的优秀教师最显著的11个特征。）

附2：幼儿教师专业素质的评估方案

1. 附表：幼儿教师专业素质评估方案（无锡市实验幼儿园提供）

2. 说明

幼儿教师专业素养评估指标体系分为"基础性指标"和"发展性指标"两部分，总分值150分。第一部分"基础性指标"设A级指标4项，B级指标17项，是作为每一位幼儿教师必须达到的基本要求，总分值100分。第二部分"发展性指标"设A级指标3项，B级指标15项，是教师努力的方向，鼓励每位教师依据各自的特点富有个性地发展，总分值50分。

附表　幼儿教师专业素质评估方案

姓名：_____　　　　　　　　　　　　　　　　　　　　　　　　_____年_____月_____日

A级	B级	指标要求		分值	达成度			指标要求	分值	达成度		
		基础性指标			优 (1~0.9)	良 (0.8~0.7)	中 (0.5~0.6)	发展性指标		优 (1~0.9)	良 (0.8~0.6)	中 (0.5~0.3)
A1 专业素养 20	B1 师德修养	1. 热爱、理解、尊重幼儿，坚持正面引导，笑纳全体儿童。2. 自敬自重，廉洁从教，以饱满的热情投入工作，促进每个儿童人格积极和谐的发展。		5	两条符合要求	一条稍有不足	两条均有不足或一条明显不足					
		有体罚和变相体罚行为不得分										
	B2 专业精神	3. 好学、求真、乐于奉献，为幼儿身心健康规范地做好每一项工作。不违反工作常规。4. 责任心强，当幼儿需要工作需要与个人需要发生冲突时，能以工作、幼儿为重。		4	两条符合要求	一条稍有不足	两条均有不足或一条明显不足					
	B3 专业知识	5. 具有系统的专业基础理论和专业知识，并指导自己的工作实践。		4	符合要求	稍有不足	明显不足					

第一节　了解教师的专业素质

续表

A级	B级	指标要求 基础性指标	分值	达成度 优(1~0.9)	达成度 良(0.8~0.7)	达成度 中(0.5~0.6)	指标要求 发展性指标	分值	达成度 优(1~0.9)	达成度 良(0.8~0.6)	达成度 中(0.5~0.3)
A1 专业素养 20	B4 专业技能	6. 具有扎实的弹、唱、跳、画、说等基本教学技能。	2	全部达标	一条未达标	两条未达标					
		7. 能将基本教学技能转化为有效地教育手段组织一日活动。	2	三条以上未达标不得分							
				符合要求	稍有不足	明显不足					
	B5 文化素养	8. 热爱学习,有良好的阅读习惯和获取新知识的意愿,确立终身学习观念,广泛学习、吸纳多元文化。	3	符合要求	一条稍有不足	两条有不足					
		9. 具备基本的百科常识和生活常识,能够较为自如地在日常教育中运用。									
		10. 具有较高的文明礼仪水平和良好的行为习惯。									

续表

A级	B级	指标要求 基础性指标	分值	达成度 优 (1~0.9)	达成度 良 (0.8~0.7)	达成度 中 (0.5~0.6)	指标要求 发展性指标	分值	达成度 优 (1~0.9)	达成度 良 (0.8~0.6)	达成度 中 (0.5~0.3)
A2 保教能力 80	B6 观察评价	11. 在认真观察、分析每个幼儿客观表现基础上,建立幼儿发展档案。12. 能客观评价每个幼儿,并激励幼儿不断发展。	8	符合要求	稍有不足	无幼儿发展档案	1. 能敏锐观察分析孩子寻常时刻的各种表现,作出相应的指导策略。2. 运用科学的发展观,指导家长对幼儿客观科学评价。	4	符合要求	基本符合	一般
	B7 制定教育计划	13. 能根据孩子的年龄特点,将"生活、学习、做人"领域的教育目标,落实、渗透于各类教育计划中。	6	符合要求	稍有不足	明显不足	3. 能根据课程目标,结合幼儿的兴趣爱好及已有的经验,制定个性化的教育计划。	3	符合要求	基本符合	一般

第一节　了解教师的专业素质

续表

A级	B级	指标要求 基础性指标	分值	达成度 优 (1~0.9)	达成度 良 (0.8~0.7)	达成度 中 (0.5~0.6)	指标要求 发展性指标	分值	达成度 优 (1~0.9)	达成度 良 (0.8~0.6)	达成度 中 (0.5~0.3)
A2 保教能力 80	B8 活动设计	14. 能根据幼儿的学习特点、教材特点，着眼各项能力目标的有机渗透，综合运用园本课程的教育原则和方法，设计适宜的组织方式、教具学具，并能根据幼儿的已有经验，预设有效方法解决活动的重点、难点。	6	符合要求	稍有不足	明显不足	4. 能有效地运用教育资源顺应幼儿学习需要，有创意地设计各种活动。	3	符合要求	基本符合	一般
	B9 师幼互动	15. 在一日生活中，能回应每一个孩子适宜的帮助与指导，引导幼儿主动参与到活动中，形成有效地师幼互动。	8	符合要求	稍有不足	无幼儿发展档案	5. 在组织活动的过程中尊重、理解孩子，能及时接纳孩子发出的信息，形成合作式的探究的师幼互动。	4	已形成	基本形成	正在形成

续表

A级	B级	指标要求 基础性指标	分值	达成度 优 (1~0.9)	达成度 良 (0.8~0.7)	达成度 中 (0.5~0.6)	指标要求 发展性指标	分值	达成度 优 (1~0.9)	达成度 良 (0.8~0.6)	达成度 中 (0.5~0.3)
A2 保教能力 80	B10 环境创设	16. 为幼儿创设充满关爱、安全、愉悦、宽松的心理环境。 17. 能与幼儿共同创设有助于生活、学习活动的有序环境。	7	符合要求	一条稍有不足	两条稍有不足或一条明显不足	6. 能为幼儿创设充满关爱、尊重与支持的活动环境，促进幼儿情感、行为、能力、个性等充分发展。	4	符合要求	基本符合	一般
	B11 安全保育	18. 能根据幼儿生、心理特点，合理安全地组织一日活动。 19. 在设计、组织活动时有安全意识，消除事故隐患，避免事故发生。	7	符合要求	一条稍有不足	两条稍有不足或一条明显不足	7. 在组织各项活动前及活动中，对当时环境、幼儿行为有预见性，消除不安全隐患。	4	符合要求	基本符合	一般

第一节 了解教师的专业素质

续表

A级	B级	指标要求 基础性指标	分值	达成度 优 (1~0.9)	达成度 良 (0.8~0.7)	达成度 中 (0.5~0.6)	指标要求 发展性指标	分值	达成度 优 (1~0.9)	达成度 良 (0.8~0.6)	达成度 中 (0.5~0.3)
A2 保教能力 80	B12 家园沟通	20. 能经常与家长沟通，帮助家长建立科学的育儿观念，取得家长的支持与配合。	8	符合要求	稍有不足	明显不足	8. 能针对不同家长，给予有效的指导。 9. 能运用多种媒体，进行多种形式的沟通与交流。	4	符合要求	基本符合	一般
	B13 教育机智						10. 在组织活动中，能根据幼儿需求及当时活动的现状，灵活、有效地调整教育策略。	4	符合要求	基本符合	一般

续表

A级	B级	指标要求 基础性指标	分值	达成度 优 (1~0.9)	达成度 良 (0.8~0.7)	达成度 中 (0.5~0.6)	指标要求 发展性指标	分值	达成度 优 (1~0.9)	达成度 良 (0.8~0.6)	达成度 中 (0.5~0.3)
A3 研究能力 20	B14 教学研究	21. 在教学实践中有一定的研究意识，能及时分析反思教学行为，不断认识幼儿学习特点，拓宽教学思路，提高教育教学质量。	5	符合要求	稍有不足	明显不足	11. 能及时分析、发现教育实践中存在问题，不断总结经验，有一定个案记录、评价能力，及时调整策略。	5	有8篇以上有质量的个案与分析	有5篇以上有质量的个案与反析	有5篇以下个案与分析，质量一般
	B15 课题研究	22. 积极参加课题研究，学习制定课题研究计划，并能有计划、有步骤地实施和总结。	5	符合要求	稍有不足	明显不足	12. 有一定研究能力，能撰写有质量的研究报告或教育论文。	5	有1~2篇文章在省级以上获奖或发表	有1~2篇文章在市级以上获奖或发表	有1~2篇文章在园级获奖

第一节 了解教师的专业素质

续表

A级	B级	指标要求 基础性指标	分值	达成度 优 (1~0.9)	达成度 良 (0.8~0.7)	达成度 中 (0.5~0.6)	指标要求 发展性指标	分值	达成度 优 (1~0.9)	达成度 良 (0.8~0.6)	达成度 中 (0.5~0.3)
A4 自我发展 30	B16 发展目标	23. 能根据自身的不足与优势确定自我发展的阶段目标。	6	有明确发展目标		无明确发展目标	13. 在发展过程中不断确立更高的目标完善自我。	2	符合要求	基本符合	一般
	B17 反省调适	24. 能根据幼儿、家长、同事、领导的反馈信息,不断反省调整自己的教育行为。	8	符合要求	稍有不足	明显不足	14. 能经常对自己的教育教学行为进行自我反省与调整,效果好。	2	效果好	效果较好	效果一般
	B18 专业性学习	25. 能利用各种资源途径,不断提高自己的职业能力。	6	符合要求	稍有不足	明显不足	15. 在某一领域能系列研究现代教育理论,主动关注国内外幼教界的动态与发展。	2	符合要求	基本符合	一般

续表

A级	B级	指标要求		分值	达成度		
		基础性指标	发展性指标		优(1~0.9)	良(0.8~0.6)	中(0.5~0.3)
A4 自我发展 30	B19 专业特长		16. 对某一领域有广博的知识和透彻的理解，形成一套先进的教育方法，教育教学效果显著，得到同行的广泛认可。	2	有公认的专业特长	基本形成	正在形成
	B20 教育风格		17. 有丰富的教育经验和教育智慧，已形成具有自身特色的教育风格。	2	有公认的鲜明的教育风格	基本形成	正在形成

基础性指标总分：_____ 发展性指标总分：_____

（无锡市实验幼儿园提供）

第二节　发现专业潜能

潜能是未来的力量和隐藏的才华，是自己能做却还未做的。应该说，每个人都有自身的潜能，差别就在于是否发现自己的潜能，勇敢地坚持下去并发挥自己特长，从而把自己的潜力变成人生一笔巨大的财富，最终实现自己的人生价值。

美国盖洛普公司在全球63个国家，针对101家企业170多万名员工进行调查，发现自认为有机会适才适所、在工作中发挥所长的只有20%。原因在哪？盖洛普公司紧接着针对三十年间在各行各业有卓越成就的人士，进行系统化研究，发现成功人士的卓越表现，是因为能够在职场上发挥潜能，而非借由后天训练出来的技术专长。

每个人其实都有自己的优势，成功的关键是发挥自身的优势。"自知者智"，能够进行自我管理的人才能更好地实现自身的价值。所以，作为教师，要在自己的专业上迅速得到成长，首先必须了解自己的特质、发现自己的专业潜能。

一、从兴趣特长中发现自己的专业潜能

其实并不需要什么名言来激励自己发现自己的潜能，需要做的只是不断地问自己喜欢什么、什么事可以让自己激动起来？发现自己最喜欢、最感兴趣的方面，往往就能找到自己的潜能。因为，在兴趣的支持下，教师对这一方面的工作就会更投入、更钻研，坚持力也会更久，聪明才智也会不断地迸发，潜能也就显现出来了。

徐老师是市教学能手，也是幼儿园的骨干教师，有着16年的工作经验。她回忆，在刚刚踏上工作岗位的时候，常常觉得什么都做不好，事事不如人。但她爱好美术，无论是工作中还是业余生活，她都不放过任何一个美术鉴赏交流的机会，并积极搜集对自己有用的美术素材。而她的第一次成功就源自于一节大班的美术活动，园内教师和园外专家都为她创新的美术教法拍案叫好，而活动中为大家称道的美术教法正是来源于徐老师日常搜集积累的创作素材。由此，徐老师有了自己奋斗的目标：她把自己的兴趣爱好与专业发展结合起来，慢慢地发掘出自我的专业潜能，再凭借美术方面的潜能优势带动了课程研究等其他领域的专业发展。可以说，对美术浓厚的兴趣使徐老师发现了自己的专业潜能，而潜能的优势又帮助她迈出了成功的第一步。

幼儿教育要求教师有比较广泛的专业知识和弹、唱、说、跳，画等多方面的技能，这往往就会让教师变成"杂家"。如何既做好"杂家"、又做好"专家"，让自己更出色、专业发展更迅速？徐老师的方法是完全可以借鉴的，那就是从兴趣出发、从擅长之处入手，在自我的兴趣特长中发现自己的专业潜能。

二、从工作的点点滴滴之处发现自己的专业潜能

曾经有位长者这样说：每个人都是一颗钻石，总会有闪光的一面，自己的闪光点也许不能马上发现，是因为钻石有很多面，它还没有转动到和阳光接触。那么，发现闪光一面的唯一方法就是必须不停转动，使它和阳光接触。在专业发展的过程中，很多教师可能没有徐老师那样幸运，能迅速从自己的兴趣出发，找到自己的专业潜能。但是如果教师可以踏踏实实走稳工作中的每一步，专注完成工作中的每一件事情，那么从日常工作点点滴滴的进步中也会逐渐发现自己的专业潜能。

每天，教师从进入幼儿园的第一分钟开始，就面临着一项又一项的工作，组织活动、创设环境、家园联系、计划制订……如果每一项工作教师都能踏实认真地完成，每天都进步哪怕百分之一，那么一年以后，能发生多少改变呢？而正是这些日积月累的改变，能让教师发现工作中的潜能，发现自我努力的方向。

小阙是个工作5年的老师，个子娇小的她，似乎很不起眼，每次基本功竞赛中也都不是很出色。但就是平平凡凡的她，这一年突然就被大家发现了：原来小阙老师真的很棒啊，她带的班很出色，家长对于她有着很高的评价。是什么让小阙老师被大家注目的呢？原来工作第三年的时候，小阙老师就被委任独立带一个班，从那以后的两年，小阙老师又接连带了两次托班。在这样接连几年的独立带班中，小阙专注地完成每一项工作，从最初的懵懂，到后来的得心应手，慢慢地，在日常工作中她发现了自己的专长，那就是家长工作。虽然她年纪轻，经验也不是很丰富，但在与家长的真挚沟通中，家长们都很喜欢这位娇小的阙老师。在家长工作方面的出色表现让小阙更有自信，正是这份自信，又让她在班级管理方面发现了新的发展方向。找准发展方向后，小阙老师不断学习研究积累，终于有了让大家眼前一亮的出色表现。

可以说，小阙的潜能发现就来自于日常工作的点点滴滴。时间的推动，经验的积累，一定能让很多还没能发现自己专业专长的老师从工作细微处发现自己的潜能。

三、从他人的反馈中发现自己的专业潜能

每个人都有自己的优点。有时候,自己的优点可能自己并不了解,因为觉得这是很平常,但是在别人眼里就是不平常的表现了,所以可以多和身边的人交流一下,让他们来帮助自己发现潜能。

(一) 从同事的反馈中发现自己的专业潜能

在工作中,我们接触最多的就是身边的同事,工作中的点点滴滴同事们都比较清楚。因此,多与同事合作、交流,重视同事们的建议与反馈,从同事们的评价信息中我们可以发现自己的特长和优势,从而发现自己的专业潜能。

刘老师就是通过和同事的交流来发现自己的专业潜能的。那是一次年级组内的讨论活动,大家正为孩子们的新年庆祝活动而苦思冥想。这时,刘老师的一个方案让大家眼前一亮。大家纷纷为刘老师的奇思妙想所折服。而这件事情过去之后,每当有需要创想的方案,大家总会征求刘老师的"高见",刘老师也从一个又一个方案的创想中找到了自己的潜能。也许,第一次新年方案的创想是误打误撞,但同事们的一次又一次征求却让这"误打误撞"拨云见日。

(二) 从领导的评价中发现自己的专业潜能

作为管理者,幼儿园领导经常要巡视教师的日常工作、随堂听课,教师不应该把领导的检查当做负担,而是要抓住机会争取得到领导的指点。因为,领导在观察后与教师交流的信息,能有助于教师发现自己的长处与优势。有时候,这种信息会比自身逐渐发现来得更快、更准确。

张老师最近很烦,因为园长经常突然走进她的教室坐下来听课,这让张老师很紧张。但是,时间一长,她紧张的心情就慢慢放松下来了,也许是适应了这种听随堂课的状态。一段时间后,园长找张老师谈话,对张老师的教学状态做了中肯的评价。在评价中,张老师欣喜地发现,原来自己在语言活动的教学中有这么多优点:教态亲切自然,教材运用得当,问题设置巧妙,语言表达流畅,朗诵、讲故事生动。这让张老师树立了良好的自信,对语言教学活动产生了兴趣。从此以后,张老师就将自身专业发展的突破点定位于语言教学的研究。每次上语言活动课,她都能精心设计,积极参与语言教学的交流、研讨、培训活动,语言活动课上得越来越好,并在多次开放公开活动中颇获好评。同时,语言教学的进步也带动了张老师在其他领域教学的发展,使她很快成为幼儿园的骨干教师。

第三节　制订可行的职业生涯规划

一个人的职业生涯是否能获得成功、是否能实现自己的人生价值和目标，乃是决定于自己是否具有管理和计划其职业生涯的能力。哈佛大学的爱德华·班菲德博士对美国社会进步动力的研究发现，那些成功人士往往都是规划好自己的职业发展道路、有长期时间观念的人。他们在做每天、每周、每月活动规划时，都会用长期的观点去考量，他们会规划五年、十年、甚至二十年的未来计划。"机遇从来只青睐有准备的人"，制订可行的职业生涯规划可以最大限度地挖掘自身的潜能，帮助我们实现美好的人生目标。

职业生涯发展规划一般由以下几个部分组成：

一、剖析自己的现状

分析自己的现状，主要是对自己的职业兴趣、气质、性格、能力等进行全面认识，弄清楚自己的优势与特长、劣势与不足。因此，自我分析时要客观，不能以点代面，既要看到自己的优点，又要面对自己的缺点，只有这样，才能避免规划设计中的盲目性，达到适宜的设计高度。

（一）分析自我

每个教师都是一个独特的个体，各具特色，各有潜能。分析自我，真正地了解自己是专业成长规划的第一步。在分析中，首先要明确自己的优势。可以通过思考"曾经做过很多事情，最成功的是什么？为何成功的？是偶然还是必然？是否是自己能力所为？"等一系列问题，通过对最成功事例的分析来发现自己优越的一面，譬如反应灵活、果断、创新力强，以此作为个人深层次挖掘的动力之源和魅力闪光点，形成对职业规划的有力支撑。当然，对自己的认识分析一定要全面、客观、深刻，绝不回避缺点和短处。其次，要分析自己的弱势。人无法避免与生俱来的弱点，必须正视并应尽量减少其对自己的影响。卡耐基曾说："人性的弱点并不可怕，关键要有正确的认识，认真对待，尽量寻找弥补、克服的方法，使自我趋于完善。"因此要注意静下心来，多跟别人好好聊聊，尤其是与自己相熟的父母、同事、朋友交谈。看看别人眼中的自己是什么样子，与自己的预想是否一致，并找出其中的偏差，这将有助于扬长避短。

（二）分析环境

对自己所处环境进行充分地了解，主要是评估各种环境因素对自己职业规划发展的影响。每一个人都处在一定的环境之中，离开了这个环境，生存与成长的情况就有可能发生改变。所以，在制订个人的职业规划时，要分析环境条件的特点、环境的发展变化情况、自己与环境的关系、自己在环境中的地位、环境对自己提出的要求以及环境对自己的有利因素与不利因素等。教师要对幼儿园的各个方面进行详细了解，如：幼儿园整体规划情况，幼儿园管理者对教师的自我发展规划及自身目标定位是否给予充分尊重，是否鼓励教师大胆规划、追求个性，是否能针对教师的个人规划给予切实有效的支持等。如果你的发展规划契合幼儿园的实际情况，那么实现规划的成功概率就大得多。

二、树立明确的目标

剖析自己的现状、了解自己的优劣势，其作用就是为更合理、更明确地制定自我发展的目标。一名教师要在专业发展的道路上有所建树、有所收获，就必须有清晰的方向、有明确的目标，所以树立明确的目标是教师专业成长规划的关键。

（一）目标要有可行性

目标要有可行性，要有事实依据，美好的幻想或不着边的梦想将会延误职业生涯良机。教师要根据自己的实际情况进行规划，发挥自己的长项。比如，在教科研方面有研究，就把自己打造成教科研方面的研究型教师。在班级管理方面有特色的就把自己往管理型人才方面发展，做一名优秀班主任等。

另外，目标的可行性中，还应包括各项行动何时实施何时完成、各个目标何时实现，这些都应在时间和顺序上有个合理安排，并以此作为检查行动的依据。

（二）目标要有持续性

目标要有持续性，以便每个发展阶段都能持续连贯衔接。新教师可以根据自身的特点规划若干个可行的小目标，在达成小目标的过程中，新教师会比较容易产生成就感。在达成一个小目标之后，继续确立另一个目标，这种按阶段规划目标的方法，能帮助新教师进行长久规划，使专业成长的目标更具持续性，而且教师还能根据自身的发展变化以及环境的变化适时做出恰当的调整。

三、设计可行的路径

专业成长规划是一个有机的整体,剖析现状是其基础,目标确定是关键,而设计可行的路径是目标得以实现的强有力的保障。要设计可行的途径,首先可以这样来思考:要实现自己的职业理想,或者促使自己更好地持续发展,有哪些途径和资源可以利用?很多教师抱怨缺少发展的机会和支持,事实上,只要做个有心人,就会发现自己周围存在很多资源和机会。

(一)模仿学习

犹如我们写字临帖一般,我们可以先选择自己喜爱的一本字帖,从字形、结构开始描摹入帖,直至完全吃透其精神风格,然后再创新;同样,新教师可以选择一名自己喜欢的名师或骨干教师作为模仿学习的榜样,设计一些学习的途径和方法,以达到提升、发展教育教学能力和水平的目的。

(二)有计划地阅读

用心的教师常常会发现,几乎所有的特级教师都有一个共同的嗜好——读书。他们充满智慧和灵气的课堂正是得益于他们广博的知识积累和深厚的文化底蕴,因此有计划地阅读也是实现职业生涯发展目标的必要途径。

(三)运用网络资源

网络给教师提供了很好的交流方式,它可以把远隔千里的教师"聚"在一起,形成即时互动式的交流。这种交流不仅使教师在遇到问题时能得到启发或找到一些具体的解决方法,常常还能促使教师自我反思,在表达中提高行文水平。

(四)参加课题研究

用课题研究来推动每一位教师不断地将实践经验转化为理性认识,这非常值得年轻教师们采用。苏霍姆林斯基说过:"如果你想让教师的劳动能够给教师带来一些乐趣,使天天上课不至于变成一种单调乏味的义务那就应当引导每一位教师走上从事研究的这条幸福的道路上来。"新教师可以尝试从一个课题研究的"观摩者"逐渐过渡到"践行者",通过不断地观察、学习、研究来提升自己的专业水平。

实现自身专业发展的路径有很多,如:参加园内的各种教研活动、"青蓝工程"师徒结对、外出听课参观……但无论是哪种方式,教师都要认真、积极、主动,从中获得新信息、发现新资源、得到新支持,要善于把握和利用这些学习的机会,为自身的专业成长插上有力的翅膀。

附：教师职业生涯发展规划

××幼儿园教师个人发展五年规划

姓名	×××	性别	女	年龄	23 岁
学历	学前教育大专	教龄	1 年	职称	无

一、自我剖析与发展现状

自我认知：我性格中最大的优点是真诚坦率、勤奋好学、敢于创新。但因为参加工作的时间较短，心态还不稳定，遇到困难和挫折时易出现消极思想，容易退缩。

能力分析：我的优势是实践能力强，有较强的自省能力，思维较敏捷，喜欢吸收和学习新知识，尤其对美术方面比较感兴趣。平时做事比较有条理，工作效率高。不足之处是工作中忙于完成日常的教育教学任务，专业书籍的阅读比较有限，专业知识和总结能力还有待提高。

发展现状：工作第二年，基本适应现阶段的工作节奏。如今最大的问题是，作为一个适应期的教师，对于未来的发展方向有些模糊和茫然，对于如何开发自己的潜能，发挥自己的优势，形成自身的特色有些无所适从。

二、发展目标与路线规划

发展目标：

我的五年发展最终目标是初步形成自己的教学风格，争取评上幼教高级教师。

路线规划：

1. 确定自己擅长的领域。
2. 在具有特长的领域中探索和总结出适合自己的有效的教育教学方式。
3. 积极参加赛课、基本功大赛等各类活动。
4. 多多撰写有质量的论文、案例。
5. 评上幼教高级教师。

三、发展策略的设计与实施

1. 根据教学要求，独立、认真地备好每一节课，根据课程内容制作丰富、多样的教学具，提高孩子们的学习兴趣。
2. 在自己喜爱的美术活动方面积极探索、大胆创新，要多积累教学素材，并敢于运用新素材设计组织活动。
3. 每月主动邀请有经验的教师来听课 1~2 次，认真听取大家的评价及建议，并从中寻找自己擅长的领域，总结出适合自己的教学方式。
4. 主动听有经验的教师们上课，虚心学习教学方法，博采众长，提高自身的教育教学水平。
5. 每月阅读 1~2 本幼教杂志，每学期阅读 2 本专业书籍，并争取外出参观学习，拓宽自己的眼界和知识面。
6. 积极参与幼儿园的教科研活动，如赛课、基本功比赛、课题研讨等，在比赛与研讨中使自己得到锤炼与成长。

续表

7. 做一个勤快的记录者,把日常工作中有价值的点滴以反思的形式记录下来,积少成多,既是练笔也是素材库。

8. 每年保证写出1篇有质量的文章,并积极参与各类论文比赛,争取在这五年里能有3篇论文获奖。

9. 积极参加学前教育本科学习,在学历提高的同时,积淀理论知识,提升专业素养。

四、阶段发展情况小结与调整

×× 幼儿园教师个人职业生涯发展规划

姓名	×××	性别	女	年龄	26 岁
学历	学前教育本科	教龄	4 年	职称	幼教一级
一、自我剖析与发展现状					

自我认知:我性格上最大的优点是:正直善良,待人诚恳。有着积极向上的心态,无论是工作上还是生活上,都希望能做出一些成绩,实现自我的价值。但当要求与期望或与现实没有达成一致时,我就会急躁、犹豫不决,缺少坚持的勇气与信心。

能力分析:我的优势是文笔比较好,能够写出较高质量的论文和应用文。兴趣比较广泛,思维较敏捷,喜欢吸收和学习新知识。我在文艺曲艺方面有特长,有一定节目编排能力,比较擅长音乐教学,已在幼儿园和年级组的文艺演出活动中崭露头角。不足之处是:缺乏条理,工作效率不高,特别是事情一多,我就容易焦虑和无序。工作中忙于完成日常的教育教学任务,专业书籍的阅读比较有限,总结和反思也做得不够,因此研究能力还有待提高。

发展现状:感觉自工作以来取得了一定进步,获得了一些成绩,从业务能力到为人处世,都逐渐地在发展和成熟,已经基本适应现阶段的工作节奏。如今我最大的问题是,作为一个进入发展期的教师,对于未来的发展方向有些模糊和茫然,对于如何开发自己的潜能、发挥自己的优势、形成自身的特色有些无所适从,刚刚工作时的雄心壮志似乎有渐渐消退的趋势。

续表

二、生涯目标与路线规划
生涯目标： 我最终的职业理想是做一名教育教学有特色的名教师。 **路线规划：** 1. 探索和总结出适合自己的有效的教育教学方式。 2. 结合自己擅长的音乐或语言教育领域，加入本园或本区的科研课题组，深入研究，形成特色。 3. 撰写有质量的论文、案例，总结和推广经验。 4. 通过努力逐步成为园级骨干教师、获得市级骨干教师（教学能手、学科带头人、名教师）称号，形成自己的教育特色和风格。
三、生涯策略的设计与实施
1. 认真备课，积极钻研，增强独立分析教材和设计活动的能力。 2. 上好每一个教学活动，在自己擅长的音乐和语言活动方面积极探索、大胆创新。要多积累教学素材，并敢于运用新素材设计组织活动，主动邀请有经验的教师前来听课或向其虚心请教。认真记录对教学活动的反思（包括自我评价和同事的建议），总结出适合自己的教学方式，切实提高自己的教学与研究水平。 3. 每月保证听课4节以上，并做好听课后的分析记录，积极学习别人的优点和长处，弥补自己的不足。 4. 每月阅读1~2本幼教杂志，每学期阅读2本专业书籍，并争取外出参观学习，拓宽自己的眼界和知识面，提升自己的专业素养。 5. 发挥自己的文艺特长，运用于教学实践、游戏活动与幼儿园的其他活动中。 6. 发挥自己的写作特长，督促自己勤练笔耕，督促自己对教育教学进行反思，每学期至少能写出1篇高质量的文章。 7. 积极参与幼儿园的教科研活动，如赛课、参加课题组等，在比赛与研讨中把握机遇，接受锤炼。
四、阶段发展情况小结与调整

附录1　幼儿园工作规程

第一章　总　　则

第一条

为了加强幼儿园的科学管理，提高保育和教育质量，依据《中华人民共和国教育法》制定本规程。

第二条

幼儿园是对3周岁以上学龄前幼儿实施保育和教育的机构，是基础教育的有机组成部分。是学校教育制度的基础阶段。

第三条

幼儿园的任务是：实行保育与教育相结合的原则，对幼儿实施体、智、德、美诸方面全面发展的教育，促进其身心和谐发展。幼儿园同时为家长参加工作、学习提供便利条件。

第四条

幼儿园适龄幼儿为3周岁至6周岁（或7周岁）。

幼儿园一般为三年制，亦可设一年制或两年制的幼儿园。

第五条

幼儿园保育和教育的主要目标是：

促进幼儿身体正常发育和机能的协调发展，增强体质，培养良好的生活习惯、卫生习惯和参加体育活动的兴趣。

发展幼儿智力，培养正确运用感官和运用语言交往的基本能力，增进对环境的认识，培养有益的兴趣和求知欲望，培养初步的动手能力。

萌发幼儿爱家乡、爱祖国、爱集体、爱劳动、爱科学的情感，培养诚实、自信、好问、友爱、勇敢、爱护公物、克服困难、讲礼貌、守纪律等良好的品德行为和习惯，以及活泼、开朗的性格。

培养幼儿初步的感受美和表现美的情趣和能力。

第六条

尊重、爱护幼儿，严禁虐待、歧视、体罚和变相体罚、侮辱幼儿人格等损害幼儿身心健康的行为。

第七条

幼儿园可分为全日制、半日制、定时制、季节制和寄宿制等。上述形式可分别设置，也可混合设置。

第二章　幼儿入园和编班

第八条

幼儿园每年秋季招生。平时如有缺额，可随时补招。

幼儿园对烈士子女、家中无人照顾的残疾人子女和单亲子女等入园，应予照顾。

第九条

企业、事业单位和机关、团体、部队设置的幼儿园，除招收本单位工作人员的子女外，有条件的应向社会开放，招收附近居民子女入园。

第十条

幼儿入园前，须按照卫生部门制定的卫生保健制度进行体格检查，合格者方可入园。

幼儿入园除进行体格检查外，严禁任何形式的考试或测查。

第十一条

幼儿园规模以有利于幼儿身心健康，便于管理为原则，不宜过大。

幼儿园每班幼儿人数一般为小班(3至4周岁)25人，中班(4至5周岁)30人，大班(5周岁至6或7周岁)35人，混合班30人，学前幼儿班不超过40人。寄宿制幼儿园每班幼儿人数酌减。

幼儿园可按年龄分别编班，也可混合编班。

第三章　幼儿园的卫生保健

第十二条

幼儿园必须切实做好幼儿生理和心理卫生保健工作。

幼儿园应严格执行卫生部颁发的《托儿所、幼儿园卫生保健制度》以及其他有关卫生保健的法规、规章和制度。

第十三条

幼儿园应制定合理的幼儿一日生活作息制度、两餐间隔时间不得少于三小时半。幼儿户外活动时间在正常情况下每天不得少于两小时，寄宿制幼儿园不得少于三小时，高寒、高温地区可酌情增减。

第十四条

幼儿园应建立幼儿健康检查制度和幼儿健康卡或档案。每年体检一次，每半年测身高、视力一次,每季度量体重一次,并对幼儿身体健康发展状况定期进行分析、评价。

应注意幼儿口腔卫生,保护视力。

第十五条

幼儿园应建立卫生消毒、病儿隔离制度,认真做好计划免疫和疾病防治工作。

幼儿园内严禁吸烟。

第十六条

幼儿园应建立房屋、设备、消防、交通等安全防护和检查制度;建立食品、药物等管理制度和幼儿接送制度,防止发生各种意外事故。

应加强对幼儿的安全教育。

第十七条

供给膳食的幼儿园应为幼儿提供合理膳食,编制营养平衡的幼儿食谱,定期计算和分析幼儿的进食量和营养素摄取量。

第十八条

幼儿园应保证供给幼儿饮水,为幼儿饮水提供便利条件。

要培养幼儿良好的大、小便习惯,不得限制幼儿便溺的次数、时间等。

第十九条

积极开展适合幼儿的体育活动,每日户外体育活动不得少于一小时。加强冬季锻炼。

要充分利用日光、空气、水等自然因素,以及本地自然环境,有计划地锻炼幼儿肌体,增强身体的适应和抵抗能力。

对体弱或有残疾的幼儿予以特殊照顾。

第二十条

幼儿园夏季要做好防暑降温工作,冬季要做好防寒保暖工作,防止中暑和冻伤。

第四章 幼儿园的教育

第二十一条

幼儿园教育工作的原则是:

体、智、德、美诸方面的教育应互相渗透,有机结合。

遵循幼儿身心发展的规律,符合幼儿的年龄特点,注重个体差异,因人施教,引导幼儿个性健康发展。

面向全体幼儿,热爱幼儿,坚持积极鼓励、启发诱导的正面教育。

合理地综合组织各方面的教育内容，并渗透于幼儿一日生活的各项活动中，充分发挥各种教育手段的交互作用。

创设与教育相适应的良好环境，为幼儿提供活动和表现能力的机会与条件。

以游戏为基本活动，寓教育于各项活动之中。

第二十二条

幼儿一日活动的组织应动静交替，注重幼儿的实践活动，保证幼儿愉快的、有益的自由活动。

第二十三条

幼儿园日常生活组织，要从实际出发，建立必要的合理的常规，坚持一贯性、一致性和灵活性的原则，培养幼儿的良好习惯和初步的生活自理能力。

第二十四条

幼儿园的教育活动应是有目的、有计划引导幼儿生动、活泼、主动活动的，多种形式的教育过程。

教育活动的内容应根据教育目的，幼儿的实际水平和兴趣，以循序渐进为原则，有计划地选择和组织。

组织活动应根据不同的教育内容。充分利用周围环境的有利条件，积极发挥幼儿感官作用，灵活地运用集体或个别活动的形式，为幼儿提供充分活动的机会，注重活动的过程，促进每个幼儿在不同水平上得到发展。

第二十五条

游戏是对幼儿进行全面发展教育的重要形式。

应根据幼儿的年龄特点选择和指导游戏。

应因地制宜地为幼儿创设游戏条件(时间、空间 材料)。游戏材料应强调多功能和可变性。

应充分尊重幼儿选择游戏的意愿，鼓励幼儿制作玩具，根据幼儿的实际经验和兴趣，在游戏过程中给予适当指导，保持愉快的情绪，促进幼儿能力和个性的全面发展。

第二十六条

幼儿园的品德教育应以情感教育和培养良好行为习惯为主，注重潜移默化的影响，并贯穿于幼儿生活以及各项活动之中。

第二十七条

幼儿园应在各项活动的过程中，根据幼儿不同的心理发展水平，注重培养幼儿良好的个性心理品质，尤应注意根据幼儿个体差异，研究有效的活动形式和方法，不要强求一律。

第二十八条

幼儿园应当使用全国通用的普通话。招收少数民族幼儿为主的幼儿园，可使用当地少数民族通用的语言。

第二十九条

幼儿园和小学应密切联系、互相配合，注意两个阶段教育的相互衔接。

第五章　幼儿园的园舍、设备

第三十条

幼儿园应设活动室、儿童厕所、盥洗室、保健室、办公用房和厨房。有条件的幼儿园可单独设音乐室、游戏室、体育活动室和家长接待室等。

寄宿制幼儿园应设寝室、隔离室、浴室、洗衣间和教职工值班室等。

第三十一条

幼儿园应有与其规模相适应的户外活动场地，配备必要的游戏和体育活动设施，并创造条件开辟沙地、动物饲养角和种植园地。

应根据幼儿园特点，绿化、美化园地。

第三十二条

幼儿园应配备适合幼儿特点的桌椅、玩具架、盥洗卫生用具以及必要的教具、玩具、图书和乐器等。

寄宿制幼儿园应配备儿童单人床。

幼儿园的教具、玩具应有教育意义并符合安全、卫生的要求。

幼儿园应因地制宜，就地取材、自制教具、玩具。

第三十三条

幼儿园建筑规划面积定额、建筑设计要求和教具玩具的配备，参照国家有关部门的规定执行。

第六章　幼儿园的工作人员

第三十四条

幼儿园按照编制标准设园长、副园长、教师、保育员、医务人员、事务人员、炊事员和其他工作人员。

各省、自治区、直辖市教育行政部门可会同有关部门参照国家教育委员会和原劳动人事部制订的《全日制、寄宿制幼儿园编制标准》，制定具体规定。

第三十五条

幼儿园工作人员应拥护党的基本路线，热爱幼儿教育事业，爱护幼儿，努力学习专业知识和技能，提高文化和专业水平，品德良好、为人师表，忠于职责，身体健康。

第三十六条

幼儿园园长除符合本规程第三十五条要求外，应具备幼儿师范学校（包括职业学校幼儿教育专业）毕业及其以上学历。

幼儿园园长还应有一定的教育工作经验和组织管理能力，并获得幼儿园园长岗位培训合格证书。

幼儿园园长由举办者任命或聘任。非地方人民政府设置的幼儿园园长应报当地教育行政部门备案。

幼儿园园长负责幼儿园的全面工作，其主要职责如下：

（一）贯彻执行国家的有关法律、法规、方针、政策和上级主管部门的规定；

（二）领导教育、卫生保健、安全保卫工作；

（三）负责建立并组织执行各种规章制度；

（四）负责聘任、调配工作人员。指导、检查和评估教师以及其他工作人员的工作，并给予奖惩；

（五）负责工作人员的思想工作，组织文化、业务学习，并为他们的政治和文化、业务进修创造必要的条件；

关心和逐步改善工作人员的生活、工作条件，维护他们的合法权益。

（六）组织管理园舍、设备和经费；

（七）组织和指导家长工作；

（八）负责与社区的联系和合作。

第三十七条

幼儿园教师必须具有《教师资格条例》规定的幼儿园教师资格，并符合本规程第三十五条规定。

幼儿园教师实行聘任制。

幼儿园教师对本班工作全面负责，其主要职责如下：

（一）观察了解幼儿，依据国家规定的幼儿园课程标准，结合本班幼儿的具体情况，制订和执行教育工作计划，完成教育任务；

（二）严格执行幼儿园安全、卫生保健制度，指导并配合保育员管理本班幼儿生活和做好卫生保健工作；

（三）与家长保持经常联系，了解幼儿家庭的教育环境，商讨符合幼儿特点的教育措施，共同配合完成教育任务；

（四）参加业务学习和幼儿教育研究活动；

（五）定期向园长汇报，接受其检查和指导。

第三十八条

幼儿园保育员除符合本规程第三十五条规定外，还应具备初中毕业以上学历，并受过幼儿保育职业培训。

幼儿园保育员的主要职责如下：

（一）负责本班房舍、设备、环境的清洁卫生工作。

（二）在教师指导下，管理幼儿生活，并配合本班教师组织教育活动。

（三）在医务人员和本班教师指导下，严格执行幼儿园安全、卫生保健制度；

（四）妥善保管幼儿衣物和本班的设备、用具。

第三十九条

幼儿园医务人员除符合本规程第三十五条规定外，医师应按国家有关规定和程序取得医师资格；医士和护士应当具备中等卫生学校毕业学历或取得卫生行政部门的资格认可；保健员应当具备高中毕业学历，并受过幼儿保健职业培训。

幼儿园医务人员对全园幼儿身体健康负责，其主要职责如下：

（一）协助园长组织实施有关卫生保健方面的法规、规章和制度，并监督执行；

（二）负责指导调配幼儿膳食，检查食品、饮水和环境卫生；

（三）密切与当地卫生保健机构的联系，及时做好计划免疫和疾病防治等工作；

（四）向全国工作人员和家长宣传幼儿卫生保健等常识；

（五）妥善管理医疗器械、消毒用具和药品。

第四十条

幼儿园其他工作人员的资格和职责，参照政府的有关规定执行。

第四十一条

对认真履行职责，成绩优良者，应按有关规定给予奖励。

对不履行职责者，应给予批评教育；情节严重的，应给予行政处分；构成犯罪的，由司法机关依法追究刑事责任。

第七章　幼儿园的经费

第四十二条

幼儿园的经费由举办者依法筹措，保障有必备的办园资金和稳定的经费来源。

第四十三条

幼儿园收费按省、自治区、直辖市或地(市)级教育行政部门会同有关部门制定的收费项目、标准和办法执行。

幼儿园不得以培养幼儿某种专项技能为由,另外收取费用;亦不得以幼儿表演为手段,进行以营利为目的的活动。

第四十四条

省、自治区、直辖市或地(市)级教育行政部门应会同有关部门制定各类幼儿园经费管理办法。

幼儿园的经费应按规定的使用范围合理开支,坚持专款专用,不得挪作他用。

第四十五条

任何组织和个人举办幼儿园不得以营利为目的。举办者筹措的经费,应保证保育和教育的需要,有一定比例用于改善办园条件,并可提留一定比例的幼儿园基金。

第四十六条

幼儿膳食费应实行民主管理制度,保证全部用于幼儿膳食,每月向家长公布账目。

第四十七条

幼儿园应建立经费预算和决算审核制度,严格执行有关财务制度,经费预算和决算,应提交园务委员会或教职工大会审议,并接受财务和审计部门的监督检查。

第八章 幼儿园、家庭和社区

第四十八条

幼儿园应主动与幼儿家庭配合,帮助家长创设良好的家庭教育环境,向家长宣传科学保育、教育幼儿的知识,共同担负教育幼儿的任务。

第四十九条

应建立幼儿园与家长联系的制度。

幼儿园可采取多种形式,指导家长正确了解幼儿园保育和教育的内容、方法,定期召开家长会议,并接待家长的来访和咨询。

幼儿园应认真分析、吸收家长对幼儿园教育与管理工作的意见与建议。

幼儿园可实行对家长开放日的制度。

第五十条

幼儿园应成立家长委员会。

家长委员会的主要任务是:帮助家长了解幼儿园工作计划和要求,协助幼儿园工作;反映家长对幼儿园工作的意见和建议;协助幼儿园组织交流家庭教育的经验。

家长委员会在幼儿园园长指导下工作。

第五十一条

幼儿园应密切同社区的联系与合作。宣传幼儿教育的知识，支持社区开展有益的文化教育活动，争取社区支持和参与幼儿园建设。

第九章　幼儿园的管理

第五十二条

幼儿园实行园长负责制，园长在举办者和教育行政部门领导下，依据本规程负责领导全国工作。

幼儿园可建立园务委员会。园务委员会由保教、医务、财会等人员的代表以及家长的代表组成。园长任园务委员会主任。

园长定期召开园务会议（遇重大问题可临时召集）对全园工作计划，工作总结，人员奖惩，财务预算和决算方案，规章制度的建立、修改、废除，以及其他涉及全国工作的重要问题进行审议。

不设园务委员会的幼儿园，上述重大事项由园长召集全体教职工会议商议。

第五十三条

幼儿园应建立教职工大会制度，或以教师为主体的教职工代表会议制度，加强民主管理和监督。

第五十四条

党在幼儿园的基层组织要发挥政治核心作用。

园长要充分发挥共青团、工会等其他组织在幼儿园工作中的作用。

第五十五条

幼儿园应制定年度工作计划，定期部署、总结和报告工作。每学年末应向行政主管部门和教育行政部门报告工作，必要时随时报告。

第五十六条

幼儿园应接受上级教育督导人员的检查、监督和指导。要根据督导的内容和要求，切实报告工作，反映情况。

第五十七条

幼儿园应建立教育研究、业务档案、财务管理、园务会议、人员奖惩、安全管理以及与家庭、小学联系等制度。

幼儿园应建立工作人员名册、幼儿名册和其他统计表册，每年向教育行政部门报送统计表。

第五十八条

幼儿园在当地小学寒、暑假期间,以不影响家长工作为原则,工作人员可轮流休假,具体办法由举办者自定。

第十章 附 则

第五十九条

本规程适用于城乡各类幼儿园。

第六十条

各省、自治区、直辖市教育行政部门可根据本规程,制订具体实施办法。

各省、自治区、直辖市教育行政部门,可根据规程对不同地区、不同类别的幼儿园分别提出不同要求,分期分批地有步骤地组织实施。亦可制订本地区不同类型幼儿园的工作规程。

第六十一条

本规程由国家教育委员会负责解释。

本规程自1996年6月1日起施行、1989年6月5日国家教育委员会第2号令发布的《幼儿园工作规程(试行)》同时废止。

附录2　幼儿园教育指导纲要(试行)

第一部分　总　则

一、为贯彻《中华人民共和国教育法》、《幼儿园管理条例》和《幼儿园工作规程》，指导幼儿园深入实施素质教育，特制定本纲要。

二、幼儿园教育是基础教育的重要组成部分，是我国学校教育和终身教育的奠基阶段。城乡各类幼儿园都应从实际出发，因地制宜地实施素质教育，为幼儿一生的发展打好基础。

三、幼儿园应与家庭、社区密切合作，与小学相互衔接，综合利用各种教育资源，共同为幼儿的发展创造良好的条件。

四、幼儿园应为幼儿提供健康、丰富的生活和活动环境，满足他们多方面发展的需要，使他们在快乐的童年生活中获得有益于身心发展的经验。

五、幼儿园教育应尊重幼儿的人格和权利，尊重幼儿身心发展的规律和学习特点，以游戏为基本活动，保教并重，关注个别差异，促进每个幼儿富有个性的发展。

第二部分　教育内容与要求

幼儿园的教育内容是全面的、启蒙性的，可以相对划分为健康、语言、社会、科学、艺术等五个领域，也可作其他不同的划分。各领域的内容相互渗透，从不同的角度促进幼儿情感、态度、能力、知识、技能等方面的发展。

一、健康

(一) 目标

1. 身体健康，在集体生活中情绪安定、愉快；
2. 生活、卫生习惯良好，有基本的生活自理能力；
3. 知道必要的安全保健常识，学习保护自己；
4. 喜欢参加体育活动，动作协调、灵活。

(二) 内容与要求

1. 建立良好的师生、同伴关系，让幼儿在集体生活中感到温暖，心情愉快，形成安全感、信赖感。

2. 与家长配合，根据幼儿的需要建立科学的生活常规。培养幼儿良好的饮食、睡眠、盥洗、排泄等生活习惯和生活自理能力。

3. 教育幼儿爱清洁、讲卫生，注意保持个人和生活场所的整洁和卫生。

4. 密切结合幼儿的生活进行安全、营养和保健教育，提高幼儿的自我保护意识和能力。

5. 开展丰富多彩的户外游戏和体育活动，培养幼儿参加体育活动的兴趣和习惯，增强体质，提高对环境的适应能力。

6. 用幼儿感兴趣的方式发展基本动作，提高动作的协调性、灵活性。

7. 在体育活动中，培养幼儿坚强、勇敢、不怕困难的意志品质和主动、乐观、合作的态度。

（三）指导要点

1. 幼儿园必须把保护幼儿的生命和促进幼儿的健康放在工作的首位。树立正确的健康观念，在重视幼儿身体健康的同时，要高度重视幼儿的心理健康。

2. 既要高度重视和满足幼儿受保护、受照顾的需要，又要尊重和满足他们不断增长的独立要求，避免过度保护和包办代替，鼓励并指导幼儿自理、自立的尝试。

3. 健康领域的活动要充分尊重幼儿生长发育的规律，严禁以任何名义进行有损幼儿健康的比赛、表演或训练等。

4. 培养幼儿对体育活动的兴趣是幼儿园体育的重要目标，要根据幼儿的特点组织生动有趣、形式多样的体育活动，吸引幼儿主动参与。

二、语言

（一）目标

1. 乐意与人交谈，讲话礼貌；
2. 注意倾听对方讲话，能理解日常用语；
3. 能清楚地说出自己想说的事；
4. 喜欢听故事、看图书；
5. 能听懂和会说普通话。

（二）内容与要求

1. 创造一个自由、宽松的语言交往环境，支持、鼓励、吸引幼儿与教师、同伴或其他人交谈，体验语言交流的乐趣，学习使用适当的、礼貌的语言交往。

2. 养成幼儿注意倾听的习惯，发展语言理解能力。

3. 鼓励幼儿大胆、清楚地表达自己的想法和感受，尝试说明、描述简单的事物或过程，发展语言表达能力和思维能力。

4. 引导幼儿接触优秀的儿童文学作品，使之感受语言的丰富和优美，并通过多种活动帮助幼儿加深对作品的体验和理解。

5. 培养幼儿对生活中常见的简单标记和文字符号的兴趣。

6. 利用图书、绘画和其他多种方式，引发幼儿对书籍、阅读和书写的兴趣，培养前阅读和前书写技能。

7. 提供普通话的语言环境，帮助幼儿熟悉、听懂并学说普通话。少数民族地区还应帮助幼儿学习本民族语言。

（三）指导要点

1. 语言能力是在运用的过程中发展起来的，发展幼儿语言的关键是创设一个能使他们想说、敢说、喜欢说、有机会说并能得到积极应答的环境。

2. 幼儿语言的发展与其情感、经验、思维、社会交往能力等其他方面的发展密切相关，因此，发展幼儿语言的重要途径是通过互相渗透的各领域的教育，在丰富多彩的活动中去扩展幼儿的经验，提供促进语言发展的条件。

3. 幼儿的语言学习具有个别化的特点，教师与幼儿的个别交流、幼儿之间的自由交谈等，对幼儿语言发展具有特殊意义。

4. 对有语言障碍的儿童要给予特别关注，要与家长和有关方面密切配合，积极地帮助他们提高语言能力。

三、社会

（一）目标

1. 能主动地参与各项活动，有自信心；

2. 乐意与人交往，学习互助、合作和分享，有同情心；

3. 理解并遵守日常生活中基本的社会行为规则；

4. 能努力做好力所能及的事，不怕困难，有初步的责任感；

5. 爱父母长辈、老师和同伴，爱集体、爱家乡、爱祖国。

（二）内容与要求

1. 引导幼儿参加各种集体活动，体验与教师、同伴等共同生活的乐趣，帮助他们正确认识自己和他人，养成对他人、社会亲近、合作的态度，学习初步的人际交往技能。

2. 为每个幼儿提供表现自己长处和获得成功的机会，增强其自尊心和自信心。

3. 提供自由活动的机会，支持幼儿自主地选择、计划活动，鼓励他们通过多方面的努力解决问题，不轻易放弃克服困难的尝试。

4. 在共同的生活和活动中，以多种方式引导幼儿认识、体验并理解基本的社会行为规则，学习自律和尊重他人。

5. 教育幼儿爱护玩具和其他物品，爱护公物和公共环境。

6. 与家庭、社区合作，引导幼儿了解自己的亲人以及与自己生活有关的各行各业人们的劳动，培养其对劳动者的热爱和对劳动成果的尊重。

7. 充分利用社会资源，引导幼儿实际感受祖国文化的丰富与优秀，感受家乡的变化和发展，激发幼儿爱家乡、爱祖国的情感。

8. 适当向幼儿介绍我国各民族和世界其他国家、民族的文化，使其感知人类文化的多样性和差异性，培养理解、尊重、平等的态度。

（三）指导要点

1. 社会领域的教育具有潜移默化的特点。幼儿社会态度和社会情感的培养尤应渗透在多种活动和一日生活的各个环节之中，要创设一个能使幼儿感受到接纳、关爱和支持的良好环境，避免单一呆板的言语说教。

2. 幼儿与成人、同伴之间的共同生活、交往、探索、游戏等，是其社会学习的重要途径。应为幼儿提供人际间相互交往和共同活动的机会和条件，并加以指导。

3. 社会学习是一个漫长的积累过程，需要幼儿园、家庭和社会密切合作，协调一致，共同促进幼儿良好社会性品质的形成。

四、科学

（一）目标

1. 对周围的事物、现象感兴趣，有好奇心和求知欲；
2. 能运用各种感官，动手动脑，探究问题；
3. 能用适当的方式表达、交流探索的过程和结果；
4. 能从生活和游戏中感受事物的数量关系并体验到数学的重要和有趣；
5. 爱护动植物，关心周围环境，亲近大自然，珍惜自然资源，有初步的环保意识。

（二）内容与要求

1. 引导幼儿对身边常见事物和现象的特点、变化规律产生兴趣和探究的欲望。

2. 为幼儿的探究活动创造宽松的环境，让每个幼儿都有机会参与尝试，支持、鼓励他们大胆提出问题，发表不同意见，学会尊重别人的观点和经验。

3. 提供丰富的可操作的材料，为每个幼儿都能运用多种感官、多种方式进行探索提供活动的条件。

4. 通过引导幼儿积极参加小组讨论、探索等方式，培养幼儿合作学习的意识和能力，学习用多种方式表现、交流、分享探索的过程和结果。

5. 引导幼儿对周围环境中的数、量、形、时间和空间等现象产生兴趣，建构初步的数概念,并学习用简单的数学方法解决生活和游戏中某些简单的问题。

6. 从生活或媒体中幼儿熟悉的科技成果入手,引导幼儿感受科学技术对生活的影响,培养他们对科学的兴趣和对科学家的崇敬。

7. 在幼儿生活经验的基础上,帮助幼儿了解自然、环境与人类生活的关系。从身边的小事入手,培养初步的环保意识和行为。

(三)指导要点

1. 幼儿的科学教育是科学启蒙教育,重在激发幼儿的认识兴趣和探究欲望。

2. 要尽量创造条件让幼儿实际参加探究活动,使他们感受科学探究的过程和方法,体验发现的乐趣。

3. 科学教育应密切联系幼儿的实际生活进行,利用身边的事物与现象作为科学探索的对象。

五、艺术

(一)目标

1. 能初步感受并喜爱环境、生活和艺术中的美;

2. 喜欢参加艺术活动,并能大胆地表现自己的情感和体验;

3. 能用自己喜欢的方式进行艺术表现活动。

(二)内容与要求

1. 引导幼儿接触周围环境和生活中美好的人、事、物,丰富他们的感性经验和审美情趣,激发他们表现美、创造美的情趣。

2. 在艺术活动中面向全体幼儿,要针对他们的不同特点和需要,让每个幼儿都得到美的熏陶和培养。对有艺术天赋的幼儿要注意发展他们的艺术潜能。

3. 提供自由表现的机会,鼓励幼儿用不同艺术形式大胆地表达自己的情感、理解和想象,尊重每个幼儿的想法和创造,肯定和接纳他们独特的审美感受和表现方式,分享他们创造的快乐。

4. 在支持、鼓励幼儿积极参加各种艺术活动并大胆表现的同时,帮助他们提高表现的技能和能力。

5. 指导幼儿利用身边的物品或废旧材料制作玩具、手工艺品等来美化自己的生活或开展其他活动。

6. 为幼儿创设展示自己作品的条件,引导幼儿相互交流、相互欣赏、共同提高。

(三)指导要点

1. 艺术是实施美育的主要途径,应充分发挥艺术的情感教育功能,促进幼儿健全人格的形成。要避免仅仅重视表现技能或艺术活动的结果，而忽视幼儿在活动过程中的情感体验和态度的倾向。

2. 幼儿的创作过程和作品是他们表达自己的认识和情感的重要方式，应支持幼儿富有个性和创造性的表达，克服过分强调技能技巧和标准化要求的偏向。

3. 幼儿艺术活动的能力是在大胆表现的过程中逐渐发展起来的，教师的作用应主要在于激发幼儿感受美、表现美的情趣，丰富他们的审美经验，使之体验自由表达和创造的快乐。在此基础上，根据幼儿的发展状况和需要，对表现方式和技能技巧给予适时、适当的指导。

第三部分　组织与实施

一、幼儿园的教育是为所有在园幼儿的健康成长服务的，要为每一个儿童，包括有特殊需要的儿童提供积极的支持和帮助。

二、幼儿园的教育活动，是教师以多种形式有目的、有计划地引导幼儿生动、活泼、主动活动的教育过程。

三、教育活动的组织与实施过程是教师创造性地开展工作的过程。教师要根据本《纲要》，从本地、本园的条件出发，结合本班幼儿的实际情况，制定切实可行的工作计划并灵活地执行。

四、教育活动目标要以《幼儿园工作规程》和本《纲要》所提出的各领域目标为指导，结合本班幼儿的发展水平、经验和需要来确定。

五、教育活动内容的选择应遵照本《纲要》第二部分的有关条款进行，同时体现以下原则：

（一）既适合幼儿的现有水平，又有一定的挑战性。

（二）既符合幼儿的现实需要，又有利于其长远发展。

（三）既贴近幼儿的生活来选择幼儿感兴趣的事物和问题，又有助于拓展幼儿的经验和视野。

六、教育活动内容的组织应充分考虑幼儿的学习特点和认识规律，各领域的内容要有机联系，相互渗透，注重综合性、趣味性、活动性，寓教育于生活、游戏之中。

七、教育活动的组织形式应根据需要合理安排，因时、因地、因内容、因材料灵活地运用。

八、环境是重要的教育资源，应通过环境的创设和利用，有效地促进幼儿的发展。

（一）幼儿园的空间、设施、活动材料和常规要求等应有利于引发、支持幼儿的游戏和各种探索活动，有利于引发、支持幼儿与周围环境之间积极的相互作用。

（二）幼儿同伴群体及幼儿园教师集体是宝贵的教育资源，应充分发挥这一资源的作用。

（三）教师的态度和管理方式应有助于形成安全、温馨的心理环境；言行举止应成为幼儿学习的良好榜样。

（四）家庭是幼儿园重要的合作伙伴。应本着尊重、平等、合作的原则，争取家长的理解、支持和主动参与，并积极支持、帮助家长提高教育能力。

（五）充分利用自然环境和社区的教育资源，扩展幼儿生活和学习的空间。幼儿园同时应为社区的早期教育提供服务。

九、科学、合理地安排和组织一日生活。

（一）时间安排应有相对的稳定性与灵活性，既有利于形成秩序，又能满足幼儿的合理需要，照顾到个体差异。

（二）教师直接指导的活动和间接指导的活动相结合，保证幼儿每天有适当的自主选择和自由活动时间。教师直接指导的集体活动要能保证幼儿的积极参与，避免时间的隐性浪费。

（三）尽量减少不必要的集体行动和过渡环节，减少和消除消极等待现象。

（四）建立良好的常规，避免不必要的管理行为，逐步引导幼儿学习自我管理。

十、教师应成为幼儿学习活动的支持者、合作者、引导者。

（一）以关怀、接纳、尊重的态度与幼儿交往。耐心倾听，努力理解幼儿的想法与感受，支持、鼓励他们大胆探索与表达。

（二）善于发现幼儿感兴趣的事物、游戏和偶发事件中所隐含的教育价值，把握时机，积极引导。

（三）关注幼儿在活动中的表现和反应，敏感地察觉他们的需要，及时以适当的方式应答，形成合作探究式的师生互动。

（四）尊重幼儿在发展水平、能力、经验、学习方式等方面的个体差异，因人施教，努力使每一个幼儿都能获得满足和成功。

（五）关注幼儿的特殊需要，包括各种发展潜能和不同发展障碍，与家庭密切配合，共同促进幼儿健康成长。

十一、幼儿园教育要与0—3岁儿童的保育教育以及小学教育相互衔接。

第四部分　教　育　评　价

一、教育评价是幼儿园教育工作的重要组成部分，是了解教育的适宜性、有效性，调整和改进工作，促进每一个幼儿发展，提高教育质量的必要手段。

二、管理人员、教师、幼儿及其家长均是幼儿园教育评价工作的参与者。评价过程是各方共同参与、相互支持与合作的过程。

三、评价的过程，是教师运用专业知识审视教育实践，发现、分析、研究、解决问题的过程，也是其自我成长的重要途径。

四、幼儿园教育工作评价实行以教师自评为主，园长以及有关管理人员、其他教师和家长等参与评价的制度。

五、评价应自然地伴随着整个教育过程进行。综合采用观察、谈话、作品分析等多种方法。

六、幼儿的行为表现和发展变化具有重要的评价意义，教师应视之为重要的评价信息和改进工作的依据。

七、教育工作评价宜重点考察以下方面：

（一）教育计划和教育活动的目标是否建立在了解本班幼儿现状的基础上。

（二）教育的内容、方式、策略、环境条件是否能调动幼儿学习的积极性。

（三）教育过程是否能为幼儿提供有益的学习经验，并符合其发展需要。

（四）教育内容、要求能否兼顾群体需要和个体差异，使每个幼儿都能得到发展，都有成功感。

（五）教师的指导是否有利于幼儿主动、有效地学习。

八、对幼儿发展状况的评估，要注意：

（一）明确评价的目的是了解幼儿的发展需要，以便提供更加适宜的帮助和指导。

（二）全面了解幼儿的发展状况，防止片面性，尤其要避免只重知识和技能，忽略情感、社会性和实际能力的倾向。

（三）在日常活动与教育教学过程中采用自然的方法进行。平时观察所获的具有典型意义的幼儿行为表现和所积累的各种作品等，是评价的重要依据。

（四）承认和关注幼儿的个体差异，避免用划一的标准评价不同的幼儿，在幼儿面前慎用横向的比较。

（五）以发展的眼光看待幼儿，既要了解现有水平，更要关注其发展的速度、特点和倾向等。

附录3 儿童权利公约

序　言

本公约缔约国，考虑到按照《联合国宪章》所宣布的原则，对人类家庭所有成员的固有尊严及其平等和不移的权利的承认，乃是世界自由、正义与和平的基础，铭记联合国人民在《宪章》中重申对基本人权和人格尊严与价值的信念，并决心促成更广泛自由中的社会进步及更高的生活水平，认识到联合国在《世界人权宣言》和关于人权的两项国际公约中宣布和同意；人人有资格享受这些文书中所载的一切权利和自由，不因种族、肤色、性别、语言、宗教、政治或其他见解、国籍或社会出身、财产、出生或其他身份等而有任何区别，回顾联合国在《世界人权宣言》中宣布：儿童有权享受特别照料和协助，深信家庭作为社会的基本单元，作为家庭的所有成员、特别是儿童的成长和幸福的自然环境，应获得必要的保护和协助，以充分负起它在社会上的责任，确认为了充分而和谐地发展其个性，应让儿童在家庭环境里，在幸福、亲爱和谅解的气氛中成长，考虑到应充分培养儿童可在社会上独立生活，并在《联合国宪章》宣布的理想的精神下，特别是在和平、尊严、宽容、自由、平等和团结的精神下，抚养他们成长。

铭记给予儿童特殊照料的需要已在1924年《日内瓦儿童权利宣言》和在大会1959年11月20日通过的《儿童权利宣言》中予以申明，并在《世界人权宣言》、《公民权利和政治权利国际公约》(特别是第23和第24条)、《经济、社会及文化权利国际公约》(特别是第10条)以及关心儿童福利的各专门机构和国际组织的章程及有关文书中得到确认。

铭记如《儿童权利宣言》所示，"儿童因身心尚未成熟，在其出生以前和以后均需要特殊的保护和照料，包括法律上的适当保护"。

回顾《关于儿童保护和儿童福利、特别是国内和国际寄养和收养办法的社会和法律原则宣言》、《联合国少年司法最低限度标准规则》(北京规则)以及《在非常状态和武装冲突中保护妇女和儿童宣言》。

确认世界各国都有生活在极端困难下的儿童，对这些儿童需要给予特别的照顾。

适当考虑到每一民族的传统及文化价值对儿童的保护及和谐发展的重要性。

确认国际合作对于改善每一国家、特别是发展中国家儿童的生活条件的重要性。

兹协议如下：

第 一 部 分

第一条

为本公约之目的，儿童系指18岁以下的任何人，除非对其适用之法律规定成年年龄低于18岁。

第二条

1. 缔约国应遵守本公约所载列的权利，并确保其管辖范围内的每一儿童均享受此种权利，不因儿童或其父母或法定监护人的种族、肤色、性别、语言、宗教、政治或其他见解、民族、族裔或社会出身、财产、伤残、出生或其他身份而有任何差别。

2. 缔约国应采取一切适当措施确保儿童得到保护，不受基于儿童父母、法定监护人或家庭成员的身份、活动、所表达的观点或信仰而加诸的一切形式的歧视或惩罚。

第三条

1. 关于儿童的一切行为，不论是由公私社会福利机构、法院、行政当局或立法机构执行，均应以儿童的最大利益为一种首要考虑。

2. 缔约国承担确保儿童享有其幸福所必需的保护和照料，考虑到其父母、法定监护人、或任何对其负有法律责任的个人的权利和义务，并为此采取一切适当的立法和行政措施。

3. 缔约国应确保负责照料或保护儿童的结构、服务部门及设施符合主管当局规定的标准，尤其是安全、卫生、工作人员数目和资格以及有效监督方面的标准。

第四条

缔约国应采取一切适当的立法、行政和其他以实现本公约所确认的权利。关于经济、社会及文化权利，缔约国应根据其现有资源所允许的最大限度并视需要在国际合作范围内采取此类措施。

第五条

缔约国应尊重父母或于适用时尊重当地习俗认定的大家庭或社会成员、法定监护人或其他对儿童负有法律责任的人以下的责任、权利义务，以符合儿童不同阶段接受能力的方式适当指导和引导儿童行使本公约所确认的权利。

第六条

1. 缔约国确认每个儿童均有固有的生命权。

2. 缔约国应最大限度地确保儿童的存活与发展。

第七条

1. 儿童出生后应立即登记，并有自出生起获得姓名的权利，有获得国籍的权利，以及尽可能知道谁是其父母并受其父母照料的权利。

2. 缔约国应确保这些权利按照本国法律及其根据有关国际文书在这一领域承担的义务予以实施，尤应注意不如此儿童即无国籍之情形。

第八条

1. 缔约国承担尊重儿童维护其身份包括法律所承认的国籍、姓名及家庭关系而不受非法干扰的权利。

2. 如有儿童被非法剥夺其身份方面的部分或全部要素，缔约国应提供适当协助和保护，以便迅速重新确立其身份。

第九条

1. 缔约国应确保不违背儿童父母的意愿使儿童和父母分离，除非主管当局按照适用的法律和程序，经法院的审查，判定这样的分离符合儿童的最大利益而确有必要。在诸如由于父母的虐待或忽视、或父母分居而必须确定儿童居住地点的特殊情况下，这种裁决可能有必要。

2. 凡按本条第 1 款进行诉讼，均应给予所有有关方面以参加诉讼并阐明自己意见的机会。

3. 缔约国应尊重与父母一方或双方分离的儿童同父母经常保持个人关系及直接联系的权利，但违反儿童最大利益者除外。

4. 如果这种分离是因缔约国对父母一方或双方或对儿童所采取的任何行动，诸如拘留、监禁、流放、驱逐或死亡（包括该人在该国拘禁中因任何原因而死亡所致，该缔约国应按请求将该等家庭成员下落的基本情况告知父母、儿童或适当时告知另一家庭成员，除非提供这类情况会有损儿童的福祉，缔约国还应确保有关人员不致因提出这种请求而承受不利后果。

第十条

1. 按照第九条第 1 款所规定的缔约国的义务，对于儿童或其父母要求进入或离开一缔约国以便与家人团聚的申请,缔约国应以积极的人道主义态度迅速予以办理。缔约国还应确保申请人及其家庭成员不致因提出这类请求而承受不利后果。

2. 父母居住在不同国家的儿童，除特殊情况以外，应有权同父母双方经常保持个人关系和直接关系。为此目的,并按照第九条第 1 款所规定的缔约国的义务,缔约国应尊重儿童及其父母离开包括其本国在内的任何国家和进入其本国的权利。离开任何国家的权利只应受法律所规定并为保护国家安全、公共秩序、公共卫生或道德、或他人的权利和自由所必需且与本公约所承认的其他权利不相抵触的限制约束。

第十一条

1. 缔约国应采取措施制止非法将儿童转移国外和不使返回本国的行为。

2. 为此目的,缔约国应致力缔结双边或多边协定或加入现有协定。

第十二条

1. 缔约国应确保有主见能力的儿童有权对影响到其本人的一切事项自由发表自己的意见,对儿童的意见应按照其年龄和成熟程度给以适当的看待。

2. 为此目的,儿童特别应有机会在影响到儿童的任何司法和行政诉讼中,以符合国家法律的诉讼规则的方式,直接或通过代表或适当机构陈述意见。

第十三条

1. 儿童应有自由发表言论的权利,此项权利应包括通过口头、书面或印刷、艺术形成或儿童所选择的任何其他媒介,寻求、接受和传递各种信息和思想的自由,而不论国界。

2. 此项权利的行使可受某些限制约束,但这些限制仅限于法律所规定并为以下目的所必需:

(A) 尊重他人的权利和名誉;

(B) 保护国家安全或公共秩序或公共卫生或道德。

第十四条

1. 缔约国应遵守儿童享有思想、信仰和宗教自由的权利。

2. 缔约国应尊重方面并于适用时尊重法定监护人以下的权利和义务,以符合儿童不同阶段接受能力的方式指导儿童行使其权利。

3. 表明个人宗教或信仰的自由,仅受法律所规定并为保护公共安全、秩序、卫生或道德或他人之基本权利和自由所必需的这类限制约束。

第十五条

1. 缔约国确认儿童享有结社自由及和平集会自由的权利。

2. 对此项权利的行使不得加以限制,除非符合法律所规定并在民主社会中为国家安全或公共安全、公共秩序、保护公共卫生或道德或保护他人的权利和自由所必需。

第十六条

1. 儿童的隐私、家庭、住宅或通信不受任意或非法干涉,其荣誉和名誉不受非法攻击。

2. 儿童有权享受法律保护,以免受这类干涉或攻击。

第十七条

缔约国确认大众传播媒介的重要作用,并应确保儿童能够从多种的国家和国际来源获得信息和资料,尤其是旨在促进其社会、精神和道德福祉和身心健康的信息和资料。为此目的,缔约国应:

(A) 鼓励大众传播媒介本着第二十九条的精神散播在社会和文化方面有益于儿童的信息和资料;

(B) 鼓励在编制、交流和散播来自不同文化、国家和国际来源的这类信息和资料方面进行国际合作;

(C) 鼓励儿童读物的著作和普及;

(D) 鼓励大众传播媒介特别注意属于少数群体或土著居民的儿童在语言方面的需要;

(E) 鼓励根据第十三条和第十八条的规定制定适当的准则,保护儿童不受可能损害其福祉的信息和资料之害。

第十八条

1. 缔约国应尽其最大努力,确保父母双方对儿童的养育和发展负有共同责任的原则得到确认。父母、或视具体情况而定的法定监护人对儿童的养育和发展负有首要责任。儿童的最大利益将是他们主要关心的事。

2. 为保证和促进本公约所列举的权利,缔约国应在父母和法定监护人履行其抚养儿童的责任方面给予适当协助,并应确保发展育儿机构、设施和服务。

3. 缔约国应采取一切适当措施确保就业父母的子女有权享受他们有资格得到的托儿服务和设施。

第十九条

1. 缔约国应采取一切适当的立法、行政、社会和教育措施,保护儿童在受父母、法定监护人或其他任何负责照管儿童的人的照料时,不致受到任何形式的身心摧残、伤害或凌辱,忽视或照料不周,虐待或剥削,包括性侵犯。

2. 这类保护性措施应酌情包括采取有效程序以建立社会方案,向儿童和负责照管儿童的人提供必要的支助,采取其他预防形式,查明、报告、查询、调查、处理和追究前述的虐待儿童事件,以及在适当时进行司法干预。

第二十条

1. 暂时或永久脱离家庭环境的儿童,或为其最大利益不得在这种环境中继续生活的儿童,应有权得到国家的特别保护和协助。

2. 缔约国应按照本国法律确保此类儿童得到其他方式的照顾。

3. 这种照顾除其他外，包括寄养、伊斯兰法的"卡法拉"（监护）、收养或者必要时安置在适当的育儿机构中。在考虑解决办法时，应适当注意有必要使儿童的培养教育具有连续性和注意儿童的族裔、宗教、文化和语言背景。

第二十一条

凡承认和(或)许可收养制度的国家应确保以儿童的最大利益为首要考虑并应：

（A）确保只有经主管当局按照适用的法律和程序并根据所有有关可靠的资料，判定鉴于儿童有关父母、亲属和法定监护人方面的情况可允许收养，并且判定必要时有关人士已根据可能必要的辅导对收养表示知情的同意，方可批准儿童的收养；

（B）确认如果儿童不能安置于寄养或收养家庭，或不能以任何适当方式在儿童原籍国加以照料，跨国收养可视为照料儿童的一个替代办法；

（C）确保得到跨国收养的儿童享有与本国收养相当的保障和标准；

（D）采取一切适当措施确保跨国收养的安排不致使所涉人士获得不正当的财务收益；

（E）在适当时通过缔结双边或多边安排或协定促成本条的目标，并在这一范围内努力确保由主管当局或机构负责安排儿童在另一国收养的事宜。

第二十二条

1. 缔约国应采取适当措施，确保申请难民身份的儿童或按照适用的国际法或国内法及程序可视为难民的儿童，不论有无父母或其他任何人的陪同，均可得到适当的保护和人道主义援助，以享有本公约和该有关国家为其缔约国的其他国际人权和或人道主义文书所规定的可适用权利。

2. 为此目的，缔约国应对联合国和与联合国合作的其他主管的政府间组织或非政府组织所作的任何努力提供其认为适当的合作，以保护和援助这类儿童，并为只身的难民儿童追寻其父母或其他家庭成员，以获得必要的消息使其家庭团聚。在寻不着父母或其他家庭成员的情况下，也应使该儿童获得与其他任何由于任何原因而永久或暂时脱离家庭环境的儿童按照本公约的规定所得到的同样的保护。

第二十三条

1. 缔约国确认身心有残疾的儿童应能在确保其尊严、促进其自立、有利于其积极参与社会生活的条件下享有充实而适当的生活。

2. 缔约国确认残疾儿童有接受特别照顾的权利，应鼓励并确保在现有资源范围内，依据申请，斟酌儿童的情况和儿童的父母或其他照料人的情况，对合格儿童及负责照料该儿童的人提供援助。

3. 鉴于残疾儿童的特殊需要，考虑到儿童的父母或其他照料人的经济情况，在可能时应免费提供按照本条第2款给予的援助，这些援助的目的应是确保残疾儿童能有效地获得和接受教育、培训、保健服务、康复服务，就业准备和娱乐机会，其方式应有助于该儿童尽可能充分地参与社会，实现个人发展，包括其文化和精神方面的发展。

4. 缔约国应本着国际合作精神，在预防保健以及残疾儿童的医疗、心理治疗和功能治疗领域促进交换适当资料，包括散播和获得有关康复教育方法和职业服务方面的资料，以其使缔约国能够在这些领域提高其能力和技术并扩大其经验。在这方面，应特别考虑到发展中国家的需要。

第二十四条

1. 缔约国确认儿童有权享有可达到的最高标准的健康，并享有医疗和康复设施，缔约国应努力确保没有任何儿童被剥夺获得这种保健服务的权利。

2. 缔约国应致力充分实现这一权利，特别是应采取适当措施，以(A)降低婴幼儿死亡率；(B)确保向所有儿童提供必要的医疗援助和保健，侧重发展初级保健；(C)消除疾病和营养不良现象，包括在初级保健范围内利用现有可得的技术和提供充足的营养食品和清洁饮水，要考虑到环境污染的危险和风险；(D)确保母亲得到适当的产前和产后保健；(E)确保向社会各阶层、特别是向父母和儿童介绍有关儿童保健和营养、母乳育婴优点、个人卫生和环境卫生及防止意外事故的基本知识，使他们得到这方面的教育并帮助他们应用这种基本知识；(F)开展预防保健、对父母的指导以及计划生育教育和服务。

3. 缔约国应致力采取一切有效和适当的措施，以期废除对儿童健康有害的传统习俗。

4. 缔约国承担促进和鼓励国际合作，以期逐步充分实现本条所确认的权利。在这方面，应特别考虑到发展中国家的需要。

第二十五条

缔约国确认在有关当局为照料、保护或治疗儿童身心健康的目的下受到安置的儿童，有权获得对给予的治疗以及与所受安置有关的所有其他情况进行定期审查。

第二十六条

1. 缔约国应确认每个儿童有权受益于社会保障，包括社会保险，并应根据其国内法律采取必要措施充分实现这一权利。

2. 提供福利时应酌情考虑儿童及负有赡养儿童义务的人的经济情况和环境，以及与儿童提出或代其提出的福利申请有关的其他方面因素。

第二十七条

1. 缔约国确认每个儿童均有权享有足以促进其生理、心理、精神、道德和社会发展的生活水平。

2. 父母或其他负责照顾儿童的人负有在其能力和经济条件许可范围内确保儿童发展所需生活条件的首要责任。

3. 缔约国按照本国条件并其能力范围内，应采取适当措施帮助父母或其他负责照顾儿童的人实现此项权利，并在需要时提供物质援助和资助方案，特别是在营养、衣着和住房方面。

4. 缔约国应采取一切适当措施，向在本国境内或境外儿童的父母或其他对儿童负有经济责任的人追索儿童的赡养费。尤其是，遇对儿童负有经济责任的人住在与儿童不同的国家的情况时，缔约国应促进加入国际协定或缔结此类协定以及作出其他适当安排。

第二十八条

1. 缔约国确认儿童有受教育的权利，为在机会均等的基础上逐步实现此项权利，缔约国尤应：

（A）实现全面的免费义务小学教育；

（B）鼓励发展不同形式的中学教育、包括普通和职业教育，使所有儿童均能享有和接受这种教育，并采取适当措施，诸如实行免费教育和对有需要的人提供津贴；

（C）根据能力以一切适当方式使所有人均有受高等教育的机会；

（D）使所有儿童均能得到教育和职业方面的资料和指导；

（E）采取措施鼓励学生按时出勤和降低辍学率。

2. 缔约国应采取一切适当措施，确保学校执行纪律的方式符合儿童的人格尊严及本公约的规定。

3. 缔约国应促进和鼓励有关教育事项方面的国际合作，特别着眼于在全世界消灭愚昧与文盲，并便利获得科技知识和现代教学方法。在这方面，应特别考虑到发展中国家的需要。

第二十九条

1. 缔约国一致认为教育儿童的目的应是：

（A）最充分地发展儿童的个性、才智和身心能力；

（B）培养对人权和基本自由以及《联合国宪章》所载各项原则的尊重；

（C）培养对儿童的父母、儿童自身的文化认同、语言和价值观、儿童所居住国家的民族价值观、其原籍国以及不同于其本国的文明的尊重；

（D）培养儿童本着各国人民、族裔、民族和宗教群体以及原为土著居民的人之间谅解、和平、宽容、男女平等和友好的精神，在自由社会里过有责任感的生活；

（E）培养对自然环境的尊重。

2. 对本条或第二十八条任何部分的解释均不得干涉个人和团体建立和指导教育机构的自由，但须始终遵守本条第 1 款载列的原则，并遵守在这类机构中实行的教育应符合国家可能规定的最低限度标准的要求。

第三十条

在那些存在有族裔、宗教成语言方面属于少数人或原为土著居民的人的国家，不得剥夺属于这种少数人或原为土著居民的儿童与其群体的其他成员共同享有自己的文化、信奉自己的宗教并举行宗教仪式、或使用自己的语言的权利。

第三十一条

1. 缔约国确认儿童有权享有休息和闲暇，从事与儿童年龄相宜的游戏和娱乐活动，以及自由参加文化生活和艺术活动。

2. 缔约国应尊重促进儿童充分参加文化和艺术生活的权利，并应鼓励提供从事文化、艺术、娱乐和休闲活动的适当和均等的机会。

第三十二条

1. 缔约国确认儿童有权受到保护，以免受经济剥削和从事任何可能妨碍或影响儿童教育或有害儿童健康或身体、心理、精神、道德或社会发展的工作。

2. 缔约国应采取立法、行政、社会和教育措施确保本条得到执行。为此目的，并鉴于其他国际文书的有关规定，缔约国尤应：

（A）规定受雇的最低年龄；

（B）规定有关工作时间和条件的适当规则；

（C）规定适当的惩罚或其他制裁措施以确保本条得到有效执行。

第三十三条

缔约国应采取一切适当措施，包括立法、行政、社会和教育措施，保护儿童不致非法使用有关国际条约中界定的麻醉药品和精神药物，并防止利用儿童从事非法生产和贩运此类药物。

第三十四条

缔约国承担保护儿童免遭一切形式的色情剥削和性侵犯之害，为此目的，缔约国尤应采取一切适当的国家，双边和多边措施，以防止：

（A）引诱或强迫儿童从事任何非法的性活动；

（B）利用儿童卖淫或从事其他非法的性行为；

（C）利用儿童进行淫秽性表演和充当淫秽题材。

第三十五条

缔约国应采取一切适当的国家、双边和多边措施，以防止为任何目的或以任何形式诱拐、买卖或贩运儿童。

第三十六条

缔约国应保护儿童免遭有损儿童福利的任何方面的一切其他形式的剥削之害。

第三十七条

缔约国应确保：

（A）任何儿童不受酷刑或其他形式的残忍、不人道或有辱人格的待遇或处罚。对未满18岁的人所犯罪行不得判以死刑或无释放可能的无期徒刑；

（B）不得非法或任意剥夺任何儿童的自由。对儿童的逮捕、拘留或监禁应符合法律规定并仅应作为最后手段，期限应为最短的适当时间；

（C）所有被剥夺自由的儿童应受到人道待遇，其人格固有尊严应受尊重，并应考虑到他们这个年龄的人的需要的方式加以对待。特别是，所有被剥夺自由的儿童应同成人隔开，除非认为反之最有利于儿童，并有权通过信件和探访同家人保持联系，但特殊情况除外；

（D）所有被剥夺自由的儿童均有权迅速获得法律及其他适当援助，并有权向法院或其他独立公正的主管当局就其被剥夺自由一事之合法性提出异议，并有权迅速就任何此类行动得到裁定。

第三十八条

1. 缔约国承担尊重并确保尊重在武装冲突中对其适用的国际人道主义法律中有关儿童的规则。

2. 缔约国应采取一切可行措施确保未满15岁的人不直接参加敌对行动。

3. 缔约国应避免招募任何未满15岁的人加入武装部队。在招募已满15岁但未满18岁的人时，缔约国应致力首先考虑年龄最大者。

4. 缔约国按照国际人道主义法律规定它们在武装冲突中保护平民人口的义务，应采取一切可行措施确保保护和照料受武装冲突影响的儿童。

第三十九条

缔约国应采取一切适当措施，促使遭受下述情况之害的儿童身心得以康复并重返社会；任何形式的忽视、剥削或凌辱虐待；酷刑或任何其他形式的残忍、不人道或有辱人格的待遇或处罚；或武装冲突。此种康复和重返社会应在一种能促进儿童的健康、自尊和尊严的环境中进行。

第四十条

1. 缔约国确认被指称、指控或认为触犯刑法的儿童有权得到符合以下情况方式的待遇，促进其尊严和价值感并增强其对他人的人权和基本自由的尊重。这种待遇应考虑到其年龄和促进其重返社会并在社会中发挥积极作用的愿望。

2. 为此目的，并鉴于国际文书的有关规定，缔约国尤应确保；

（A）任何儿童不得以行为或不行为之时本国法律或国际法不禁止的行为或不行为之理由被指称、指控或认为触犯刑法；

（B）所有被指称或指控触犯刑法的儿童至少应得到下列保证：

（1）在依法判定有罪之前应视为无罪；

（2）迅速直接地被告知其被控罪名，适当时应通过其父母或法定监护人告知，并获得准备和提出辩护所需的法律或其他适当协助；

（3）要求独立公正的主管当局或司法机构在其得到法律或其他适当协助的情况下，通过依法公正审理迅速作出判决，并且须有其父母或法定监护人在场，除非认为这样做不符合儿童的最大利益，特别要考虑到其年龄或状况；

（4）不得被迫作口供或认罪；应可盘问或要求盘问不利的证人，并在平等条件下要求证人为其出庭和接受盘问；

（5）若被判定触犯刑法，有权要求高一级独立公正的主管当局或司法机构依法复查此一判决及由此对之采取的任何措施；

（6）若儿童不懂或不会说所用语言，有权免费得到口译人员的协助；

（7）其隐私在诉讼的所有阶段均得到充分尊重。

3. 缔约国应致力于促进规定或建立专门适用于被指称、指控或确认为触犯刑法的儿童的法律、程序、当局和机构，尤应：

（A）规定最低年龄，在此年龄以下的儿童应视为无触犯刑法之行为能力；

（B）在适当和必要时，制订不对此类儿童诉诸司法程序的措施，但须充分尊重人权和法律保障。

4. 应采用多种处理办法，诸如照管、指导和监督令、辅导、察看、寄养、教育和职业培训方案及不交由机构照管的其他办法，以确保处理儿童的方式符合其福祉并与其情况和违法行为相称。

第四十一条

本公约的任何规定不应影响更有利于实现儿童权利且可能载于下述文件中的任何规定：

（A）缔约国的法律

（B）对该国有效的国际法。

第 二 部 分

第四十二条

缔约国承担以适当的积极手段，使成人和儿童都能普遍知晓本公约的原则和规定。

第四十三条

1. 为审查缔约国在履行根据本公约所承担的义务方面取得的进展，应设立儿童权利委员会，执行下文所规定的职能。

2. 委员会应由10名品德高尚并在本公约所涉领域具有公认能力的专家组成。委员会成员应由缔约国从其国民中选出，并应以个人身份任职，但须考虑到公平地域分配原则及主要法系。

3. 委员会成员应以无记名表决方式从缔约国提名的人选名单中选举产生。每一缔约国可从其本国国民中提名一位人选。

4. 委员会的初次选举应最迟不晚于本公约生效之日后的六个月进行，此后每两年举行一次。联合国秘书长应至少在选举之日前四个月函请缔约国在两个月内提出其提名的人选。秘书长随后应将已提名的所有人选按字母顺序编成名单，注明提名此等人选的缔约国，分送本公约缔约国。

5. 选举应在联合国总部由秘书长召开的缔约国会议上进行。在此等会议上，应以三分之二缔约国出席作为会议的法定人数，得票最多且占出席并参加表决缔约国代表绝对多数票者，当选为委员会成员。

6. 委员会成员任期四年。成员如获再次提名，应可连选连任。在第一次选举产生的成员中，有5名成员的任期应在两年结束时届满；会议主席应在第一次选举之后立即以抽签方式选定这5名成员。

7. 如果委员会某一成员死亡或辞职或宣称因任何其他原因不再能履行委员会的职责，提名该成员的缔约国应从其国民中指定另一名专家接替余下的任期，但须经委员会批准。

8. 委员会应自行制订其议事规则。

9. 委员会应自行选举其主席团成员，任期两年。

10. 委员会会议通常应在联合国总部或在委员会决定的任何其他方便地点举行。委员会通常应每年举行一次会议。委员会的会期应由本公约缔约国会议决定并在必要时加以审查，但需经大会核准。

11. 联合国秘书长应为委员会有效履行本公约所规定的职责提供必要的工作人员和设施。

12. 根据本公约设立的委员会的成员，经大会核可，得以联合国资源领取薪酬，其条件由大会决定。

第四十四条

1. 缔约国承担按下述办法，通过联合国秘书长，向委员会提交关于它们为实现本公约确认的权利所采取的措施以及关于这些权利的享有方面的进展情况的报告；

（A）在本公约对有关缔约国生效后两年内；

（B）此后每五年一次。

2. 根据本条提交的报告应指明可能影响本公约规定的义务履行程度的任何因素和困难。报告还应载有充分的资料，以使委员会全面了解本公约在该国的实施情况。

3. 缔约国若已向委员会提交全面的初次报会，就无须在其以后按照本条第 1 款（B）项提交的报告中重复原先已提供的基本资料。

4. 委员会可要求缔约国进一步提供与本公约实施情况有关的资料。

5. 委员会应通过经济及社会理事会每两年向大会提交一次关于其活动的报告。

6. 缔约国应向其本国的公众广泛供应其报告。

第四十五条

为促进本公约的有效实施和鼓励在本公约所涉领域进行国际合作：

（A）各专门机构、联合国儿童基金会和联合国其他机构应有权派代表列席对本公约中属于它们职责范围内的条款的实施情况的审议。委员会可邀请各专门机构、联合国儿童基金会以及它可能认为合适的其他有关机关就本公约在属于它们各自职责范围内的领域的实施问题提供专家意见。委员会可邀请各专门机构、联合国儿童基金会和联合国其他机构就本公约在属于它们活动范围内的领域的实施情况提交报告；

（B）委员会在其可能认为适当时应向各专门机构、联合国儿童基金会和其他有关机构转交缔约国要求或说明需要技术咨询或援助的任何报告以及委员会就此类要求或说明提出的任何意见和建议；

（C）委员会可建议大会请秘书长代表委员会对有关儿童权利的具体问题进行研究；

（D）委员会可根据依照本公约第四十四条和四十五条收到的资料提出提议和一般性建议。此类提议和一般性建议应转交有关的任何缔约国并连同缔约国作出的任何评论一并报告大会。

第 三 部 分

第四十六条

本公约应向所有国家开放供签署。

第四十七条

本公约须经批准。批准书应交存联合国秘书长。

第四十八条

本公约应向所有国家开放供加入。加入书应交存于联合国秘书长。

第四十九条

1. 本公约自第二十份批准书或加入书交存联合国秘书长之日后的第三十天生效。

2. 本公约对于在第二十份批准书或加入书交存之后批准或加入本公约的国家，自其批准书或加入书交存之日后的第三十天生效。

第五十条

1. 任何缔约国均可提出修正案，提交给联合国秘书长。秘书长应立即将提议的修正案通知缔约国，并请它们表明是否赞成召开缔约国会议以审议提案并进行表决。

如果在此类通知发出之日后的四个月内，至少有三分之一的缔约国赞成召开这样的会议，秘书长应在联合国主持下召开会议。经出席会议并参加表决的缔约国多数通过的任何修正案应提交大会批准。

2. 根据本条第 1 款通过的修正案若获大会批准并为缔约国三分之二多数所接受，即行生效。

3. 修正案一旦生效，即应对接受该项修正案的缔约国具有约束力，其他缔约国则仍受本公约各项条款和它们已接受的任何早先的修正案的约束。

第五十一条

1. 秘书长应接受各国在批准或加入时提出的保留，并分发给所有国家。

2. 不得提出内容与本公约目标和宗旨相抵触的保留。

3. 缔约国可随时向联合国秘书长提出通知，请求撤销保留，并由他将此情况通知所有国家。通知于秘书长收到当日起生效。

第五十二条

缔约国可以书面通知联合国秘书长退出本公约。秘书长收到通知之日起一年后退约即行生效。

第五十三条

指定联合国秘书长为本公约的保管人。

第五十四条

本公约的阿拉伯文、中文、英文、法文、俄文和西班牙文文本具有同等效力，应交存联合国秘书长。

参考文献

[1] 上海市中小学(幼儿园)课程教材改革委员会办公室组. 幼儿园教师成长手册. 上海：华东师范大学出版社，2009.

[2] 虞永平. 幼儿教育观新论. 北京：人民教育出版社，2007.

[3] 人民教育出版社幼儿教育室. 幼儿卫生学. 2版. 北京：人民教育出版社，2003.

[4] 范慧静. 幼儿健康生活教育. 北京：北京师范大学出版社，2009.

[5] (英)莎曼. 观察儿童：实践操作指南. 单敏月，王晓平，译. 3版. 上海：华东师范大学出版社，2008.

[6] (英)里德尔-利奇. 观察，走进儿童的世界. 潘月娟，王艳云，译. 北京：北京师范大学出版社，2008.

[7] (澳)罗德. 理解儿童的行为：早期儿童教育工作者指南. 毛曙阳，译. 上海：华东师范大学出版社，2008.

[8] (美)简·尼尔森. 正面管教. 玉冰，译. 北京：京华出版社，2009.

[9] (芬)本·富尔曼. 成功儿童技能教养法：芬兰式教育. 徐宁，译. 北京：化学工业出版社，2009.

[10] (美)Marjorie V Fields，Debby Fields. 儿童纪律教育：建构性指导与规训. 原晋霞，蔡菡，陈晓红，译. 4版. 北京：中国轻工业出版社，2007.

[11] 郭玉玲. 迈好职场第一步：新员工守则. 北京：机械工业出版社，2010.

[12] 刘志赟. 职场博弈学：新人入职的365天. 北京：地震出版社，2009.

[13] 步社民. 给幼教实习生的101条建议. 南京：南京师范大学出版社，2007.

[14] (美)Ronald L Partin. 教师课堂实用手册——新老教师教学与管理策略. 徐富明，等译. 2版. 北京：中国轻工业出版社，2006.

[15] 埃斯特·希克斯，杰瑞·希克斯. 情绪的惊人力量. 钟玉玲，译. 北京：中国城市出版社，2010.

[16] 李耀东. 用心做事. 北京：电子工业出版社，2009.

[17] 无锡市实验幼儿园编写组. 来自幼儿教师的70问. 南京：南京出版社，2006.

[18] 张皖春. 家长必读(幼儿园小班)，南京：江苏少年儿童出版社，2007.

[19] (美)格温·斯奈德·科特曼. 幼儿教师88个成功的教育细节. 李旭晴，译. 上海：华东师范大学出版社，2010.

[20] 步社民. 给幼教实习生的101条建议. 南京：南京师范大学出版社，2007.

[21] 贺德辉. 如何提高自己的工作效率. 北京：中国长安出版社，2009.

[22] 张燕. 学前教育管理学. 2版. 北京：北京师范大学出版社，2009.

[23] Julia G Thompson. 从教第一年——新教师职场攻略. 赵丽，卢元娟，译. 北京：中国轻工业出版社，2007.

[24] 彭晓青. 大学生生活习惯现状分析及对策研究. 科技信息，2008(12).

后记

为建设一支师德高尚、业务精湛、结构合理、充满活力的高素质专业化教师队伍，进一步推动全国幼儿园教师的专业发展，全国教师教育课程资源专家委员会秘书处于2009年6月发函至江苏省教育科学研究院，委托该院刘明远研究员主持《实践取向的幼儿园教师专业发展丛书》的编写工作。

早在2003年12月，全国教育科学"十五"规划教育部重点课题《幼儿园教师专业发展组织形态与行动策略的研究》被正式批准（课题批准号：DHB030314），江苏省教科院刘明远研究员作为该课题主持人，就着手开展了幼儿园教师全员培训工作的调研工作。2004—2006年的三年时间里，先后在南京、无锡、苏州、常州、镇江、扬州、徐州、连云港、南通等市的36个幼儿园，成立了教师专业发展共同体，并作为科研基地开展合作性研究。2007年5月在河南的郑州幼儿师范学校，召开了全国第一次幼儿园教师培训工作研讨会；2009年4月又在贵州的贵阳幼儿师范学校，召开了全国第二次幼儿园教师培训工作研讨会。在这两次会议上，教育部师范教育司中小学教师培训处领导均到场并作了重要讲话。许多省、市、自治区的幼儿师范学校培训中心（培训处）的有关负责同志，对这10本书编写的指导思想、教材体例、个性特点、适用范围，提出了诸多很好的意见和建议。

2009年6月14日至16日，第一批5本书的编写工作在江苏省无锡市实验幼儿园正式启动。北京、福州、杭州等幼儿师范院校派代表参加了这次教材编写工作启动会，大家一致认为，教材应力求体现：国际视野、本土特色；优质精品、应用适用；必需必备，理论与经验相交融。同年11月18日至19日，第一批5本书的编写提纲及部分章节的样稿讨论会在无锡高等师范学校召开，《早期教育》、《幼儿教育》杂志主编及高等教育出版社的相关人员参加了这次提纲审定会，会议的主旨是：面向全员、突出骨干、倾斜农村；2010年3月5日，在江苏省省级机关实验幼儿园举行了这5本书的第二次提纲审定会，其中《幼儿园新教师导读》和《农村幼儿园教师导读》两本书的提纲已分别是九易和十易其稿了，但大家仍然不厌其烦，一丝不苟地听取意见，继续完善。

《幼儿园新教师导读》以适应新角色、胜任新工作为主线，从观察、记录、学习的角度,就教师专业发展与生涯规划的实施,提供了诸多丰富而鲜活的案例,对于刚刚走上幼儿园教师岗位的新手来说,不啻是一本适应与实用的指导用书。参加编写的人员是:第一章,李惠渝,王晓莉;第二章,陆艳,王芳,吴昀,范玉茹;第三章,蔡菡;第四章,秦璞;第五章,刘芸。最后,由江苏省教科院田燕博士负责全书的统稿。

特别需要指出的是,在具体编写过程中,无锡市锡山区教育局副局长、特级教师孟晓东,无锡市实验幼儿园原园长、特级教师吴颃琛,无锡市教育研究中心副主任李俐等同志对书稿框架的形成及最后的成书,提供了大力的支持。

由于时间匆促,加上绝大多数作者均来自幼儿园教育教学一线,书中尚有不妥与疏漏之处,敬请批评指正。

编　者

2011 年 5 月 22 日

郑重声明

高等教育出版社依法对本书享有专有出版权。任何未经许可的复制、销售行为均违反《中华人民共和国著作权法》，其行为人将承担相应的民事责任和行政责任；构成犯罪的，将被依法追究刑事责任。为了维护市场秩序，保护读者的合法权益，避免读者误用盗版书造成不良后果，我社将配合行政执法部门和司法机关对违法犯罪的单位和个人进行严厉打击。社会各界人士如发现上述侵权行为，希望及时举报，本社将奖励举报有功人员。

反盗版举报电话　（010）58581897　58582371　58581879
反盗版举报传真　（010）82086060
反盗版举报邮箱　dd@hep.com.cn
通信地址　北京市西城区德外大街4号　高等教育出版社法务部
邮政编码　100120